新 闻 传 播 学 文 库

新媒体舆论

匡文波 著

PUBLIC OPINION BASED ON
NEW MEDIA

中国人民大学出版社
·北京·

总　序

自 1997 年国务院学位委员会将新闻传播学擢升为一级学科以来，中国的新闻传播学学科建设突飞猛进，这也对教学、科研以及学术著作出版提出了新的、更高的要求。

继 1999 年中国人民大学出版社推出"21 世纪新闻传播学系列教材"之后，北京广播学院出版社、华夏出版社、南京大学出版社、中国社会科学出版社、新华出版社等十余家出版社纷纷推出具有不同特色的教材和国外新闻传播学大师经典名著汉译本。但标志本学科学术水平、体现国内最新科研成果的专著尚不多见。

同一时期，中国的新闻传播学教育有了长足进展。新闻传播学专业点从 1994 年的 66 个猛增到 2001 年的 232 个。据不完全统计，全国新闻传播学专业本科、专科在读人数已达 5 万名之多。新闻传播学学位教育也有新的增长。目前全国设有博士授予点 8 个，硕士授予点 40 个。中国人民大学新闻学院、复旦大学新闻学院等一批研究型院系正在崛起。北京大学和清华大学的新闻传播学教育以高起点、多专业为特色，揭开了这两所百年名校蓬勃发展的新的一页。北京广播学院（后更名为中国传媒大学——编者注）以令人刮目相看的新水平，跻身中国新闻传播教育名校之列。武汉大学新闻与传播学院等以新获得博士授予点为契机所展开的一系列办学、科研大手笔，正在展示其特有的风采与魅力。学界和社会都企盼这些中国新闻传播教育的"第一梯队"奉献推动学科建设的新著作和新成果。

进入 21 世纪以来，随着以互联网为突破口的传播新媒体的迅速普及，新媒体与传统媒体的联手共进，以及亿万国人参与大众传播能动性的不断强化，中国的新闻传媒事业有了全方位的跳跃式的大发展。人民群众对大众传媒的使用，从来没有像今天这样广泛、及时、须臾不可或缺，人们难以逃脱无处不在、无时不有的大众传媒的深刻影响。以全体国民为对象的新闻传播学大众化社会教育，已经刻不容缓地提到全社会，尤其是新闻传播教育者面前。为民众提供高质量的新闻传播学著作，已经成为当前新闻传播学界的一项迫切任务。

这一切都表明，出版一套满足学科建设、新闻传播专业教育和社会教育需求的高水平新闻传播学学术著作，是当前一项既有学术价值又有现实意义的重要工作。"新闻传播学文库"的问世，便是学者们朝着这个方向共同努力的成果之一。

"新闻传播学文库"希望对于新闻传播学学科建设有一些新的突破：探讨学科新体系，论证学术新观点，寻找研究新方法，使用论述新话语，摸索论文新写法。一句话，同原有的新闻学或传播学成果相比，应该有一点创新，说一些新话，文库的作品应该焕发出一点创新意识。

创新首先体现在对旧体系、旧观念和旧事物的扬弃上。这种扬弃之所以必要，人文社会科学工作者之所以拥有理论创新的权利，就在于与时俱进是马克思主义的理论品质，弃旧扬新是学科发展的必由之路。恩格斯曾经指出，我们的理论是发展的理论，而不是必须背得烂熟并机械地加以重复的教条。一位俄国作家回忆他同恩格斯的一次谈话时说，恩格斯希望俄国人——不仅仅是俄国人——不要去生搬硬套马克思和他的话，而要根据自己的情况，像马克思那样去思考问题，只有在这个意义上，"马克思主义者"这个词才有存在的理由。中国与外国不同，新中国与旧中国不同，新中国前 30 年与后 20 年不同，在现在的历史条件下研究当前中国的新闻传播学，自然应该有不同于外国、不同于旧中国、不同于前 30 年的方法与结论。因此，"新闻传播学文库"对作者及其作品的要求是：把握时代特征，适应时代要求，紧跟时代步伐，站在时代前列，以马克思主义的理论勇气和理论魄力，深入计划经济到市场经济的社会转型期中去，深入党、政府、传媒与阅听人的复杂的传受关系中去，研究新问题，寻找新方法，获取新知识，发现新观点，论证新结论。这是本文库的宗旨，也是对作者的企盼。我们期待文库的每一部作品、每一位作者，都能有助于把读者引领到新闻传播学学术殿堂，向读者展开一片新的学术天地。

创新必然会有风险。创新意识与风险意识是共生一处的。创新就是做前人未做之事，说前人未说之语，或者是推翻前人已做之事，改正前人已说之语。这种对旧事物旧体系旧观念的否定，对传统习惯势力和陈腐学说的挑战，对曾经被多少人诵读过多少年的旧观点旧话语的批驳，必然会招致旧事物和旧势力的压制和打击。再者，当今的社会进步这么迅猛，新闻传媒事业发展这么飞速，新闻传播学学科建设显得相对迟缓和相对落后。这种情况下，"新闻传播学文库"作者和作品的一些新观点新见解的正确性和科学性有时难以得到鉴证，即便一些正确的新观点新见解，要成为社会和学人的共识，也有待实践和时间。因此，张扬创新意识的同时，作者必须具备同样强烈的风险意识。我们呼吁社会与学界对文库作者及其作品给予最多的宽容与厚爱。但是，这里并不排斥而是真诚欢迎对作品的批评，因为严厉而负责的批评，正是对作者及其作品的厚爱。

当然，"新闻传播学文库"有责任要求作者提供自己潜心钻研、深入探讨、精心撰写、有一定真知灼见的学术成果。这些作品或者是对新闻传播学学术新领域的拓展，或者是对某些旧体系旧观念的廓清，或者是向新闻传媒主管机构建言的论证，或者是运用中国语言和中国传统文化对海外新闻传播学著作的新的解读。总之，文库向人们提供的应该是而且必须是新闻传播学学术研究中的精品。这套文库的编辑出版贯彻少而精的原则，每年从中国人民大学校内外众多学者的研究成果中精选三至五种，三至四年之后，也可洋洋大观，可以昂然耸立于新闻传播学乃至人文社会科学学术研究成果之林。

新世纪刚刚翻开第一页，中国人民大学出版社经过精心策划和周全组织，推出了这套文库。对于出版社的这种战略眼光和作者们齐心协力的精神，我表示敬佩和感谢。我期望同大家一起努力，把这套文库的工作做得越来越好。

以上絮言，是为序。

童　兵

2001 年 6 月

前　言

　　新媒体作为一种新兴的媒介形式，对社会发展、民众生活的影响力日益增强，逐渐渗透到政治、经济、文化等社会生活的各个领域，并开始在社会发展与大众生活中扮演日益重要的角色。新媒体成为社会公众新的话语平台，伴随而生的新媒体舆论作为一种新的舆论形式，成为社会总体舆论中日渐重要的组成部分。新媒体舆论已从影响甚微的边缘走到了主流的位置，成为各类社会事件发展进程的重要影响因素和主流舆论的组成部分。

　　"新媒体"其实是一个通俗的说法，严谨的表述是"数字化互动式新媒体"。从技术来看，"新媒体"是数字化的；从传播特征来看，"新媒体"具有高度的互动性。"数字化""互动性"是新媒体的根本特征。我们将新媒体定义为：借助计算机（或具有计算机本质特征的数字设备）传播信息的载体。目前的新媒体主要包括互联网和手机媒体，这两者具有真正的互动性。互联网本身就是计算机技术发展的产物。而当今手机已经不再仅仅是移动电话，而是具有通信功能的迷你型电脑。

　　与传统媒体相比，新媒体具有如下特征：即时性、开放性、个性化、分众性、信息的海量性、低成本全球传播、检索便捷、融合性等。但新媒体的本质特征是技术上的数字化、传播上的互动性。新媒体的外延会随着技术的发展而不断扩展。

以互联网和手机媒体为代表的新媒体出现的意义不亚于中国人发明纸张和印刷术的革命意义。新媒体不仅成为主流媒体、传媒产业的重要支柱，而且也成为多学科研究的热点。

与新媒体发展同步，新媒体舆论也逐步成为社会舆论的重要主体。新媒体舆论是指在互联网、手机媒体等新媒体上传播的、公众对焦点问题所发表的具有影响力的意见或言论，亦是现实民意借助新媒体的表达。

新媒体的舆论化趋势为公众提供了一个相对自由的言论平台，使得人们获得了更大的表达空间。但新媒体的互动性、开放性、匿名性等特性，以及传播内容的不可预知性、群发转发的不可控制性，使得"把关"难度增大，加之整个传媒行业发展环境和新媒体环境管理还不够规范，新媒体的舆论化也带来了一系列现实的和潜在的问题。

正因为如此，新媒体舆论不仅是各级政府部门关注的焦点之一，也是学术界研究的热点之一。新媒体舆论是一个崭新的、涉及面很广的研究领域。在国际上，与国内研究最相近的是网络危机传播研究。在国内，新媒体舆论的研究主要集中在量化分析、案例研究、对策研究等三个领域；而新媒体舆论的理论研究，尤其是理论框架研究，却是一个薄弱点，而这正是本书的重点。由于新媒体舆论是一个崭新的跨学科研究领域，而且涉及的影响因子很多，因此本书只能起到一个抛砖引玉的作用。

本书的出版得到了闽江学院的全额资助，在此表示衷心的感谢！

匡文波

2022 年 2 月于北京

目　录

第一篇
新媒体舆论的理论基础

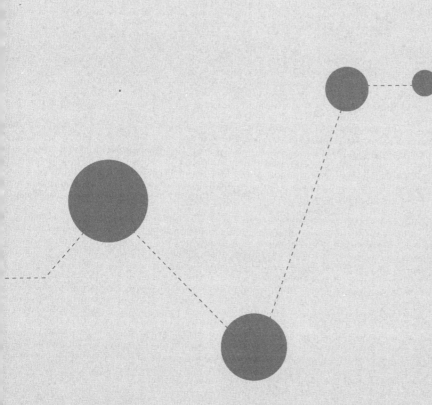

第一章　新媒体概论

回顾人类传播史，我们不难发现，信息技术的发展起着历史性杠杆作用。信息技术的每次创新，都带来了信息传播的大革命，每一次革命都给人类的政治、经济、文化和社会生活带来不可估量的影响，推动人类文明不断向更高层次迈进。信息技术强有力地改变了人类的生产与生活面貌，信息技术集中反映的标志就是信息传播方式的变革。人类的信息传播迄今为止可分为三个阶段（口头传播阶段、文字传播阶段和电子传播阶段），前一阶段向后一阶段的跃升无不以信息技术的革命性进步为前提。计算机网络技术的进步，尤其是互联网的发展，为信息传播的发展奠定了新的基础。

第一节　到底什么是新媒体？

关于"新媒体"的确切定义，业界和学界目前尚未达成共识。

一、新媒体的概念

新媒体（new media）一词源于美国 CBS（哥伦比亚广播公司）技术研究所所长 P. 戈尔德马克（P. Goldmark）的一份商品开发计划书（1967）。之后，美国传播政策总统特别委员会主席 E. 罗斯托（E. Rostow）在向尼克松总统提交的报告书中，也多处使用了"new media"一词（1969）。由此，新媒体一词开始在美国流行并很快扩展至全世界。

关于新媒体的定义，国内外专家各执一词。早期，联合国教科文组织对新媒体下过一个定义：新媒体就是网络媒体。与之类似的是把新媒体定义为"以数字技术为基础，以网络为载体进行信息传播的媒介"[①]。

清华大学的熊澄宇教授提出，所谓新传媒，或称数字媒体、网络媒体，是建

---

① 陶丹，张浩达．新媒介与网络广告．北京：科学出版社，2001：3.

立在计算机信息处理技术和互联网基础上，发挥传播功能的媒介总和。它除了具有报纸、电视、电台等传统媒体的功能外，还具有交互、即时、延展和融合的新特征。互联网用户既是信息的接收者，又是信息的提供者和发布者。包括数字化、互联网、发布平台、编辑制作系统、信息集成界面、传播通道和接收终端等要素在内的网络媒体，已经不仅仅属于大众媒体的范畴，而是全方位、立体化地融合了大众传播、组织传播和人际传播方式，以有别于传统媒体的功能影响我们的社会生活。①

上海交通大学的蒋宏和徐剑从内涵和外延两个方面对新媒体做出了界定。他们认为，就内涵而言，新媒体是指 20 世纪后期在世界科学技术发生巨大进步的背景下，在社会信息传播领域出现的，建立在数字技术基础上的，能使传播信息大大扩展、传播速度大大加快、传播方式大大丰富的，与传统媒体迥然相异的新型媒体。就外延而言，新媒体包括了光纤电缆通信网、有线电视网、图文电视、电子计算机通信网、大型电脑数据库通信系统、卫星直播电视系统、互联网、手机短信、多媒体信息的互动平台、多媒体技术广播网等。②

中国传媒大学的黄升民教授将网络电视（IPTV）、地面移动电视、手机电视视为新媒体的三大部分。③

宫承波认为，门户网站、搜索引擎、虚拟社区、电子邮件、网络文学、网络游戏属于新媒体。④

综合起来，我们认为，在对新媒体的界定中存在的最大问题就是界定过宽且逻辑混乱。

有人把近十年内基于技术变革而出现的一些新的传播形态，或一直存在但传播价值长期未被社会发现的渠道、载体都称作新媒体。⑤ 持这种观点的人将手机电视、网络电视、网络广播、博客、播客、楼宇电视、车载移动电视、光纤电缆通信网、都市型双向传播有线电视网、高清晰度电视、互联网、手机短信、数字杂志、数字报纸、数字广播、数字电视、数字电影、触摸媒体等，均视作新媒体。这种界定不仅过宽，而且将以上媒体并列本身就存在分类混乱的逻辑错误。

① 熊澄宇，廖毅文．新媒体：伊拉克战争中的达摩克利斯之剑．中国记者，2003(5)：2.
② 蒋宏，徐剑．新媒体导论．上海：上海交通大学出版社，2006：14.
③ 虢亚冰，黄升民，王兰柱．中国数字新媒体发展报告．北京：中国传媒大学出版社，2006：1.
④ 宫承波．新媒体概论．北京：中国广播电视出版社，2007：1.
⑤ 陈晓宁．广播电视新媒体政策法规研究．北京：中国法制出版社，2001：16-35.

因为按照分类的逻辑，子类之和应等于母类，子类之间应相互排斥。很多人对新媒体内涵和外延的界定就存在以上逻辑错误。

（一）互动性是新媒体的本质特征

"新媒体"是一个通俗的说法，严谨的表述是"数字化互动式新媒体"。从技术上看，"新媒体"是数字化的；从传播特征看，"新媒体"具有高度的互动性。"数字化""互动性"是新媒体的根本特征。新媒体的传播过程具有非线性的特点，信息的发送和接收可以是同步的，也可以异步进行。诸如楼宇电视、车载移动电视，由于缺乏互动性，不属于"新媒体"的范畴。

"新媒体"是一个相对概念，其内涵会随着传媒技术的进步而有所发展，但从人类传播史的角度而言应是一个时代范畴，特指"今日之新"而非"昨日之新"或"明日之新"。我们不应当以"昨日之新"为标准来界定新媒体，20世纪初出现的广播、电视，在当时都是新出现的媒体，但现在则属于传统媒体。我们更无法以"明日之新"为标准来界定新媒体，否则目前就没有新媒体了。

"新媒体"的新是以国际标准为依据的。一些在国人看来"新"的媒体形式，在发达国家早就有了，因此不能称为新媒体，例如车载移动电视。

我们不赞成使用"数字媒体"这一概念。因为此处的"数字"也可以被人理解为制作过程的数字化，这样的理解几乎可以将所有的媒体都列入数字媒体的范畴。

与传统媒体相比，新媒体具有如下特征：即时性、开放性、个性化、分众性、信息的海量性、低成本全球传播、检索便捷、融合性等。但新媒体的本质特征是技术上的数字化、传播上的互动性[①]。

传统媒体中传者和受者的定位非常明确，传者是信息的发布者，受者只能被动地接收，不管喜欢还是讨厌，都无从表达对信息的看法。但是新媒体使传者和受者之间的界限变得模糊，受者不再是被动的信息消费者，而具有了与传者交互信息的功能，甚至身份转变成传者。

Online 杂志给"新媒体"下过一个定义：由所有人面向所有人进行的传播（communications for all，by all）。传统媒体使用两分法把世界划分为传播者和受众两大阵营，不是作者就是读者，不是广播者就是观看者，不是表演者就是欣赏者。新媒体与此相反，它使每个人不仅有听的机会，而且有说的条件。新媒体实

---

① 所谓互动性，英文是 interactive，国内也有人称为交互性。

现了前所未有的互动性。因此，在新媒体研究中，我们认为已经不存在"受众"的概念，建议用"用户"取代"受众"一词。

因此，用互动性的标准来衡量目前所出现的各种新媒体形态，我们就可以发现，一些所谓的"新媒体"其实只是"新出现的传统媒体"。比如，车载移动电视、户外媒体、楼宇电视就是典型的"新出现的传统媒体"。

车载移动电视和户外媒体就只是在中国新出现的传统媒体形态，因为它们缺乏新媒体的本质特征——互动性。对用户而言，车载移动电视毫无互动性可言。它具有这样的特征：封闭的空间、无选择性地被动接收信息，不能调换频道，不能屏蔽广告，强制收视，不以人的意志为转移，随时移动、随时收看。

楼宇电视通过导线传播，具有传统广播电视所具有的特征：对象广泛、时效性强、丰富直观、接受随意、顺序接受、转瞬即逝。按照传输方式划分，楼宇电视可以而且应属于有线广播或闭路广播之列。楼宇电视目前传播的内容主体是广告。当一个人处在比广告更无聊的时间和空间时（如等电梯），他宁愿选择看广告，这就是楼宇电视广告的心理强制性。因此，楼宇电视的信息传播具有很强的受众的被动性，而不是用户的主动性与互动性，这与新媒体的本质特征背道而驰。

（二）哪些不应属于新媒体

纸质媒体、传统的模拟广播电视显然是传统媒体，对此，学界没有异议。但是，除此之外的媒体形态都能称为新媒体吗？

笔者认为，并非新出现的媒体形态都可以称为新媒体，例如，有人将自行车身，甚至额头作为广告媒体，这就不能称为新媒体，只能称为新出现的传统媒体。

美国内布拉斯加州东部城市奥马哈市居民安德鲁·菲舍尔是一名网页设计者，2005 年，他将自己的前额作为广告位招商，为治鼾药物"鼾停"打广告，获得了 37 375 美元的收入。他在前额上展示了"鼾停"标识，时间是 1 个月。① 2006 年 2 月，我国一名陈姓男子在淘宝网以 10 万元底价拍卖额头广告发布权，但是无人问津。

那么，数字电视是否属于新媒体呢？

数字电视（digital TV）又称数位电视或数码电视，是指从演播室到发射、传输、接收的所有环节都使用数字电视信号或对该系统所有的信号传播都通过由

---

① 收入近四万美元　广告"爬上"额头. 北京晚报，2005 - 01 - 27.

0、1数字串所构成的二进制数字流来传播的电视类型，与模拟电视相对。其特点是信号损失小，接收效果好。

数字电视采用了双向信息传输技术，增加了交互功能，赋予了电视许多全新的功能，使人们可以按照自己的需求获取各种网络服务，包括视频点播、网上购物、远程教学、远程医疗等新型服务。数字电视提供的最重要的服务就是视频点播（VOD），这是一种全新的电视收视方式。与传统电视用户只能被动地收看电视台播放的节目不同，它提供了更大的自由度、更多的选择权，有效地提高了节目的参与性、互动性和针对性。数字电视还提供了其他服务，包括数据传送、图文广播、上网服务等。用户能够使用电视实现股票交易、信息查询、网上冲浪等，从而赋予了电视新的用途，扩展了电视的功能，把电视从封闭的窗户变成了交流的窗口。

但是，在现阶段，国内所推广的数字电视只增加了电视频道，提高了清晰度，依然缺乏互动性。

因此，我们认为，目前数字电视依然不属于新媒体。但是，目前的智能电视正在走智能手机的路，成为电脑的一种类型，正成为一种新媒体。

新媒体是未来媒体发展的重点，是媒体传播市场发展的趋势和必然方向。

（三）新媒体的科学定义：借助计算机传播信息的载体

目前的新媒体包括互联网和手机媒体，因为只有这两者具备真正的互动性。互联网本身就是计算机技术发展的产物。当今的手机也不再只是移动电话，更是具有通信功能的迷你型电脑。

在手机诞生及发展初期，即第一代模拟制式手机（1G）时代，手机只是能移动的电话，没有新闻内容的传播。

1973年4月的一天，一名男子站在纽约街头，掏出一部约有两块砖头大的无线电话，并打了一通，引得过路人纷纷驻足侧目。这个人就是手机的发明者马丁·劳伦斯·库珀[①]（见图1-1）。从1973年注册手机专利，一直到1985年，才诞生出第一部现代意义上的、真正可以移动的电话，但是其重量达3千克，非常重且不方便，使用者要像背背包那样背着它行走。不过从那以后，手机的发展越来越迅速。1999年时，手机的重量降低到60克，与一个鸡蛋的重量相差无几。

---

① 马丁·劳伦斯·库珀（Martin Lawrence Cooper, 1928—　），生于美国伊利诺伊州芝加哥市，著名发明家，因为率先研发出移动电话，被称为"移动电话之父"。

除了重量越来越轻和体积越来越小外，手机的功能也越来越多。1995 年问世的第一代模拟制式手机（1G）只能进行语音通话。

图 1-1 　最早的手机及其发明人马丁·劳伦斯·库珀

2G 手机除了具有最基本的通话功能外，还可以用来收发邮件和短消息、上网、玩游戏、拍照等。2G 手机虽然在硬件技术上存在屏幕小、电池使用时间短、上网速度慢等缺点，但是建立在 2.5G 技术基础上的各种增值业务，尤其是手机新闻业务、手机报、手机电视、手机上网、移动商务、移动搜索、手机广告等被广泛使用。在 2G 时代，手机媒体基本成形。

回顾手机的发展，我们可以发现，手机技术演进的规律是：外观越来越轻巧，功能越来越多，价格越来越低。

智能手机（smartphone）是指具有独立的操作系统以及独立的中央处理器（central processing unit，CPU）的手机。目前具有电脑功能的智能手机已经成为移动通信的主流。

手机 CPU 如同电脑 CPU 一样，是整部手机的控制中枢，也是逻辑部分的控制中心。微处理器通过运行存储器内的软件及调用存储器内的数据库，达到对手机整体监控的目的。

2013 年，应用于智能手机的操作系统主要有 PalmOS、Symbian、Windows Mobile、Linux、Android、iOS 与黑莓七种。

2020 年 10 月，全球排名第一的依然是 Android 系统，市场份额高达 74%；iOS 系统凭借 25% 的市场份额，位居全球第二；排名第三、第四、第五的依次是 Tizen 系统、KaiOS 系统、HarmonyOS 系统，分别拥有 0.3%、0.2%、0.1% 市场份额。

截至 2021 年 5 月，Android 市场占有率为 73%，iOS 的市场占有率为 26.5%；HarmonyOS 2 正式发布后，升级用户数突破 1 000 万。

根据中华人民共和国工业和信息化部（简称工信部）发布的数据，2021 年，中国手机用户达到 16.43 亿户，手机普及率为 116.3 部/百人。其中，4G 用户为 10.69 亿户，5G 用户达到 3.55 亿户，二者占移动电话用户数的 86.7%。

2022 年 1 月，工信部发布的《2021 年通信业统计公报》显示，目前我国已建成全球最大的 5G 网络，5G 基站总量占到了全球的 60% 以上。2021 年，全国移动通信基站总数达 996 万个，全年净增 65 万个。其中 4G 基站达 590 万个，5G 基站为 142.5 万个，全年新建 5G 基站超过 65 万个。

综上所述，我们可以将新媒体定义为：借助计算机（或具有计算机本质特征的数字设备）传播信息的载体。

二、相关概念

与新媒体密切相关的概念主要有：网络传播、网络媒体、手机媒体。

何谓网络传播？所谓网络传播，就是指通过计算机网络的人类信息（包括新闻、知识等信息）传播活动。网络传播中的信息，以数字形式存在光、磁等存储介质上，通过计算机网络高速传播，并通过计算机或类似设备阅读使用。网络传播以计算机网络为基础，进行信息传递、交流和利用，从而达到其社会文化传播的目的。

在此，我们要特别强调，这里所说的计算机网络应该是广义的，不仅包括目前流行的互联网，还包括基于计算机网络技术、现代通信技术的移动通信网络，下一代高速互联网等。不应将网络传播局限于目前的互联网传播。

同理，网络媒体也不仅仅是指互联网，网络媒体包括互联网、手机媒体、网络电视等多种形态。媒体又称媒介、媒质，是承载信息的载体。按照《现代汉语词典》的解释，媒体是"指交流传播信息的工具，如报刊、广播、电视、互联网等"[①]。因此，我们认为网络媒体是借助计算机网络进行信息传播的工具。

网络媒体曾经被一些人称为"第四媒体"。他们认为，纸质媒体是第一媒体、

---

① 中国社会科学院语言研究所词典编辑室．现代汉语词典．7 版．北京：商务印书馆，2016：887.

广播是第二媒体、电视是第三媒体、互联网是第四媒体。1998年5月，在联合国新闻委员会年会上，网络作为"第四媒体"被正式提出。但是，"第四媒体"的称谓并不严谨，只是一种通俗的说法。在日本，约定俗成的说法是报纸是第一媒体，期刊是第二媒体，广播是第三媒体，电视是第四媒体，互联网是第五媒体。因此，"第四媒体"的说法不仅不够科学，还容易在国际传播中被人误解。

所谓手机媒体，是指借助手机进行信息传播。通信技术、计算机技术的发展与普及，使手机成为具有通信功能的迷你型电脑。而且，手机媒体也成为网络媒体的延伸。不过，手机媒体也只能成为信息海量的网络媒体新的组成部分，否则它将面临信息贫乏的难题。

手机可以分为智能手机与功能手机，目前智能手机已经是主流。截至2020年12月，智能手机普及率最高的是韩国，高达94%；美国排名第八，智能手机普及率为77%。我国智能手机普及率为68%，在世界上排名第十五。这是因为我国人口基数较大，其中老人和小孩就占据了很大一部分。不过，我国生产的智能手机占全球总产量的70%；2021年全球出货量排前五名的智能手机制造企业中，中国品牌占三席，即小米、OPPO、vivo。

根据Canalys公布的2021年全球智能手机出货量排行榜来看，除了排在前两名的三星和苹果，前五名中第三名至第五名都是中国品牌（见图1-2）。

供货商	2021出货量（百万）	2021市场份额	2020出货量（百万）	2020市场份额	年增长率
三星	274.5	20%	255.5	20%	7%
苹果	230.1	17%	207.2	16%	11%
小米	191.2	14%	149.6	12%	28%
OPPO	145.1	11%	119.4	9%	22%
vivo	129.9	10%	112.6	5%	15%
其他	379.4	28%	420.5	33%	−10%
总计	1 350.2	100%	1 264.7	100%	7%

图1-2 2021年全球智能手机出货量排行榜

数据分析机构Newzoo在2022年3月1日公布的数据表明，我国在智能手机用户数方面遥遥领先于所有其他国家。我国市场拥有超过9.5亿的智能手机用户，比位列第二名至第四名的印度、美国和印度尼西亚的总和还要大。

第二节　新媒体的优势

从传播学的分类来看，目前较流行的是将传播分为五类：内向传播、人际传播、群体传播、组织传播、大众传播。新媒体传播将人际传播和大众传播融为一体，是一种全新的、特殊的传播类型。

新媒体的基本技术特征是数字化，基本传播特征是互动性。新媒体具有信息量大、使用方便、检索快速便捷、图文声像并茂、互动性强、信息通过计算机网络高速传播，以及信息获取快、传播快、更新快等特性，并且具有计算机检索功能、超文本功能，是一种具有强大生命力的传播媒体，给人类社会带来了深刻的影响。新媒体允许读者与作者之间进行网络交流，能及时获得反馈，改变了传统的学术交流方式。具体来说，新媒体具有以下特征。

一、传播与更新速度快、成本低

新媒体是一种数字化传播。它将一定的信息转成数字，经过传播，数字在操作平台上还原为一定的信息。由于其传播介质是比特（bit）而非原子，所以这种传播就具备了迅速、快捷、方便和"高保真"等优点。新媒体可以通过互联网高速传播并实时更新，可以像电台、电视一样进行实时、实况报道，显然优于传统的传播方式。新媒体传播速度快，时效性强，它不受印刷、运输、发行等因素的限制，信息上网的瞬间便可同步发送到所有用户手中。

更新速度快，而且更新成本低。新媒体的更新周期可以分秒计算，而电视、广播的周期以天或小时计算，纸质报纸的出版周期以天甚至以周计算，纸质期刊与图书的更新周期则更长。

新媒体可以做到同步传播与异步传播的统一。新媒体的即时刷新提高了新闻的时效性，其本身"接收的异步性"又方便用户随时随地接收。接收的异步性还可以使用户不受媒体传播时间的限制，按自己的需要随时接收信息。

二、信息量大、内容丰富

互联网使用户能够共享全球信息资源，没有任何一种媒体在信息量上可以与海量信息的网络媒体相提并论。报纸若多印1万字的内容，就需增加一个版面，给印刷、排版、发行、成本控制带来很多问题。广播、电视更是这样，内容要精确到几十秒、几秒的时间，字数有时要算到几十个。新媒体则不同，它存储数字信息的是硬盘。容量大的优势还体现在新媒体的专题报道和数据库中，新媒体可以不限时不限量地存储和传播信息，运行各种信息数据库，读者可以随时对历史文件进行检索。对新闻传播来说，新媒体的这一重要功能开拓了实施"深度报道"的新的纵深途径，它能够保证读者对新闻发生的广阔背景及所造成的影响进行全程观察，从而更准确地判断生存环境发生的真实变化。

三、零成本全球传播

新媒体突破地域、没有疆界，而且跨国传播成本几乎为零。无论从传播者的角度还是从接收者的角度来看，信息在网络上跨国传播的成本与速度与本地传播是相同的。换言之，新媒体的传播距离、范围与成本无关。这一点与传统媒体截然不同。纸质媒体、广播、电视，虽然在理论上也能进行全球传播，但是其传播成本与传播距离成正比。

新媒体完全突破了传统的或者说物理上的空间概念，网络信息传播实现了无阻碍化。世界变成了"地球村"。真实的地理隔离不存在了，国界等限制也不存在了，网络上的新闻传播不是单一文化而是跨文化的传播。互联网成了不同国家之间在跨文化传播方面前所未有的、方便和迅捷的信息交流渠道。

新媒体的全球性使网民可以在世界范围内低成本地、便捷地选择其喜爱的新闻网站，主动获取所需的信息，从而提高了政治的开放性和透明度。

四、检索便捷

这种特征是传统传播方式难以具备的。报纸、电视等传统媒体每天发送大量的新闻信息，存储时占用大量的空间和金钱，检索时更是费时费力。传统的报刊、电台、电视检索靠人工在资料室、图书馆中一页页去找，一盘盘去挑。新媒体则完全不同。凡是在互联网中存储的数据，网民只要动动手指，便可以从搜索引擎、各类数据库中迅捷地获取所需的信息。

五、多媒体传播

所谓多媒体，就是使计算机成为一种可以作用于人的多种感知能力的媒体，它集合了多种媒体表现形式（如文字、声音、图片、动画、视频等），来传送信息。新媒体传播是一种多媒体传播，它可借助文字、图片、图像、声音中的任何一种或几种的组合来进行传播活动。这种具有立体效应的多媒体传播组合可以更加真实地反映所报道的对象，给用户带来逼真而生动的感觉。新媒体打破了传统媒体的界限。网络上的新闻融合了文字、声音、图像、动画、视频等多种形式，跨越了传统的文字媒介（报刊）、声音媒介（广播）和视觉媒介（电视）之间难以逾越的鸿沟。

新媒体不仅可以表现出电视的功能，还因容量大、可检索等功能，其多媒体特性显得更实用。一种新媒体，实际上是三种媒体的综合体。网上音频、视频和图片节目，等于是开办了网上电台、电视台和图片社。现在，在大型网站上，如中央电视台网站、凤凰网等，都有专门的视频、音频频道。由于操作平台软件的成熟，人们可以在计算机里打开多个窗口，一边听音乐，一边看视频新闻、文字新闻或写作。随着宽带网的普及，多媒体的新闻报道越来越多。

5G、人工智能、大数据等信息技术的进步，使得短视频成为主要的信息传播媒介之一。

六、超文本

所谓超文本，是一种非线性的信息组织方式。超文本被设计成模拟人类思维方式的文本，即在数据中又包含其他数据的链接。用户单击文本中加以标注的一些特殊的关键词和图像，就能打开另一个文本。超媒体又进一步扩展了超文本所链接的信息类型，用户不仅能从一个文本跳转到另一个文本，还可以激活一段声音，显示一个图形，或播放一段视频。网络以超文本、超媒体方式组织新闻信息，用户接收新闻内容时可方便地联想和跳转，更加符合人们的阅读和思维习惯。

人类的思维活动是多维的、发散的，而不是线性的。传统新闻媒体的表达方式是顺序的、线性的，而不是跳跃的、多向的，这样的表达方式不符合人们的思维习惯。人们要求新的新闻媒体能够突破线性表达的桎梏，采用多维的表达方式，使其具有联想功能，从而更接近于人类对知识、概念、思想的表达习惯。

新媒体改变了信息组合方式，它的魅力在于将分布于全世界的、图文并茂的多媒体信息以超链接的方式组织到一起，用户只要连接到一个网页，用鼠标轻点链接就可以访问其他相关的网页。这改变了传统的阅读方式，极大地方便了用户。网络新闻采用互联网的"超链接"概念，以超文本、超媒体方式来组织新闻内容及有关新闻背景，使用户在阅读新闻时，能按照自己的意愿和思路，实现新闻内容的"跳转"及表达方式的转换，更好地体现读者的主体地位及思维习惯。超文本结构是网络上信息的组织方式，它大大提高了新闻报道的综合性、信息量、可选择性和自主性。

七、互动性

从传播学的角度看，互动性是新媒体的根本性特征。网络新闻传播是一种开放的互动式传播。传统媒体的传播方式通常是单向的，编读双方无法随时随地进行双向沟通。

在互动的背后，一个根本的概念是个人的自主。用户可以创造自己的表达，寻求自己需要的信息，大幅度减少对商业性大众媒体的依赖。在新媒体中，社交媒体（social media）的互动性最强。社交媒体是指互联网上基于用户关系的内容生产与交换平台。在社交媒体上，人们彼此之间分享意见、见解、经验和观点，现阶段主要包括社交网站、微博、微信、论坛等。社交媒体大幅分流了传统主流媒体的受众。

第三节 新媒体给传媒业带来的冲击

一、改变现有传播格局

媒体技术发展一般会经历三个阶段。新媒体初入世界时是供人娱乐的玩具，谁也没有注意其中的内容。人们习惯了新技术之后，技术就退居次要地位而进入了现实的镜像阶段，人们开始对内容做出回应。有的时候媒体还会进入第三阶段。此时的媒体不仅反映现实，而且要重新安排、重新构建现实。新媒体的发展也正在经历这样一个过程。有越来越多的人关注通过网络呈现出的丰富内容和不同媒体形态。新媒体继续发展，必然会进一步改变现有传播方式，并有可能打破传媒业和通信业、信息技术业的界限，模糊有线网、无线网、通信网、电视网的分割，兼容整合各种媒体形态，塑造新的传播格局。

（一）形成新的交流环境

网络重要性的上升，网络功能的增强，正在形成一个瞬间完成传播、全方位包围我们头脑的新的交流环境。在新的交流环境中，信息传播空间发生了变化，传播者和受众之间的距离被拉近，传受双方的界限被打破。在新媒体时代，从理论上说，每个人几乎都有可能成为传播者，传播机构和个体受众的区别也减小了；全球化传播渠道更加畅通了，网络即时通信、网络博客、无线互联网等很可能实现全球互联互通，地理上的区隔被进一步打破，"地球村"进一步变成现实。信息传播的时间发生了变化，静态的信息接收方式向动态实时接收信息转变，信息的及时互动或暂时延宕得以自主实现。人际交流的话语空间也通过新媒体实现了有机整合，点对点的私人空间和连接无线互联网形成的点对面的公共空间既可以相对独立，又能即时贯通。

（二）媒体生态更加复杂

网络成为一种崭新的传播媒体，使媒体生态更加复杂，传播主体更加多元，受众分化更加明显，舆论引导难度明显加大。这给既有的信息传播秩序带来了深刻的冲击，特别是给传统的媒体格局和当前的新闻宣传工作带来了前所未有的深远影响。

我国正处于传媒事业高速发展、传播技术深刻变革的时期，媒体数量十分庞大，新型媒体不断涌现，传播渠道多种多样，媒体生态环境日益复杂。不同媒体间的竞争态势也较为明显。新媒体迅速发展可能导致部分传统媒体的覆盖面缩小，甚至出现被互联网边缘化的情况，主流舆论阵地面临新的压力。

新媒体中的社交媒体在 2016 年美国大选中起到巨大的助推作用，顺利将特朗普推上总统之位。社交媒体的崛起为普通民众提供了发声平台，并且逐渐成为能够形成议程的重要力量，与此同时，社交媒体能够为大选提供低成本平台，甚至在一定程度上改变民众的政治立场。

（三）传播主体更加多元

新媒体的发展使介入新闻信息传播的主体进一步趋于多元。新媒体是以运营商为主导发展起来的，目前网络运营商正在实施战略转型，即通过多网络、多终端、多业务的融合和价值链的延伸，实现由传统基础网络运营商向综合信息服务提供商的转变。新媒体的个人化趋势十分明显，普通网络用户可以通过网络方便地采集、发布信息，"个人媒体"有可能获得较大发展。可以预计，传播主体多元化，特别是个人掌握的传播工具越来越多、在信息传播中的地位空前提升，个人发布信息、形成舆论、"动员社会"、"穿透"管理的能力不断增强，产生不良信息和不可控因素的可能性大大增加，不可避免地会对主流舆论形成冲击。

（四）受众分化更加明显

人类新闻传播活动经历了从小众传播到大众传播、从大众传播到分众传播的漫长过程，这一过程的产生有复杂的社会历史原因。现在，人们在获取信息的途径、接收信息的方式、所需信息的类型、媒体偏好等方面的差异越来越大，媒体的专业化、小众化传播趋势日益明显，受众群体分化趋势逐步加剧。新媒体更多地体现了以个人为单位的个人兴趣、个人需求，是完全个性化的传播平台。网络信息传播将会最大限度地体现个人的差异和需求，并最大限度地实现在信息需求方面的个人价值。新媒体的应用和普及，必然会进一步改变人们的信息获取途径和接收方式，推动分众传播、小众传播更深入地发展，这也会在一定程度上使得传统的主流媒体无法触达某些特定受众群体，影响新闻宣传效果。

二、冲击舆论调控机制

新媒体的舆论化趋势为用户提供了一个自由的言论平台，使人们获得了更大的表达空间。但新媒体的互动性、开放性、匿名性等特性，以及传播内容的不可预知性、群发转发的不可控制性，使得"把关"难度增大，"把关"机制失效或缺失。加之整个行业发展环境和新媒体环境还不规范，新媒体的舆论化也带来了一系列现实的和潜在的问题。

（一）对传统的舆论调控机制的冲击

新媒体的出现，使信息传递更加及时，传播范围更加广泛，形成了一个"无所不在"的"5A"网络环境。从理论上讲，通过新媒体，"任何人"（anyone）可以在"任何时间"（anytime）和"任何地点"（anywhere）通过文字、声音、图像等"任何媒体"（any media）传播"任何信息"（any message）。这给传统的舆论调控机制造成了深刻影响。从对热点引导的影响看，新媒体可以使个别媒体报道的地方性事件迅速演变成全国媒体关注的对象，由"局部热点"迅速演变成"全局热点"；可以在几天甚至几小时内就炒作出一个"××事件"、一个"××现象"，而且往往难以事先发现征兆，事后找不到责任主体，造成较大负面影响。从对正面宣传的影响看，新媒体形式多样、信息内容庞杂，很容易将正面宣传的内容淹没，难以产生预期的社会效果，而错误的观点、非理性的舆论获得了传播渠道和生存空间，这对传统的舆论调控机制构成了冲击，对如何确保舆论导向正确提出了新的挑战。

（二）冲击信息传播秩序

一方面，伴随新媒体的舆论化发展，一些捕风捉影的流言、谣言迅速扩散，垃圾信息无孔不入，低俗信息大行其道，少数网站提供的黄色小说、图片、视频浏览或下载业务"受到追捧"，扰乱了互联网的信息传播秩序。另一方面，新媒体舆论化带来的不是信息平等，而是在传统媒体、新媒体已经造成的信息不对称基础上，加剧了这一趋势。早在20世纪70年代，美国传播学者蒂奇诺等人就提出了"知沟"理论假说："由于社会经济地位高者通常能比社会经济地位低者更快地获取信息，因此，大众媒体传送的信息越多，这两者之间的知识鸿沟也就越有扩大的趋势。"① 这一理论随着新媒体的产生和发展持续得到验证。而作为媒体发展的最新进展，网络信息传播的舆论化趋势更是加剧了这种信息不对称的情况。

（三）冲击媒体发展环境

网络信息传播的舆论化趋势，不断冲击新媒体发展环境，影响新媒体公信力的建构。进而言之，一方面，新媒体技术造成的"把关人"缺失和"把关机制"失效，加剧了新媒体的舆论化趋势。新媒体融合了点对点的线性传播、面对面的网状传播等特性，其传播路径在理论上来说是无限的，无论是政府在宏观层面建立的"把关"机制，还是运营商、服务商在微观层面建立的"把关"机制，都存在漏洞和滞后等问题，这就使"把关"难度大幅提升，"把关"甚至变得不可能，也使得新媒体舆论的自由空间增大，舆论化趋势不断加剧。另一方面，新媒体的舆论化趋势，又不断冲击"把关人"和"把关机制"。越来越多的人通过新媒体提供的平台自由地表达意见，或许越来越多的人希望成为"意见领袖"，新媒体上的舆论变得更加多元，传统的"把关机制"受到的冲击增大，新媒体的发展环境也就更加复杂。

目前，社交媒体快速发展和普及。据北京日报2021年3月12日报道，截至2020年9月，微博月活用户数达5.11亿，日活用户数达2.24亿。微博用户群体继续呈现年轻化趋势，其中"90后"和"00后"的占比接近80%，女性用户规模高于男性用户。在生活消费、兴趣关注上，不同年龄段微博用户呈现出明显的代际特征。根据腾讯公布的2021年第三季度财报，截至第三季度末，微信及WeChat的月活跃合并账号数为12.6亿，和市场预估的12.6亿基本一致，当季增加约1 000万，同比增长4.1%。QQ智能终端的月活跃账号数为5.74亿，同

---

① 赛佛林，坦卡德. 传播理论：起源、方法与应用. 郭镇之，等译. 北京：华夏出版社，2000：56.

比下降 7.1%。截至 2020 年 12 月，Facebook 每月活跃用户超过 24.5 亿，Twitter 每日活跃用户达 1.92 亿。2022 年 2 月 10 日，元（Meta，原 Facebook）公布了 2021 年第四季度的相关数据，其中 Facebook 平台全球月活用户数为 29.1 亿，日活用户数为 19.3 亿。随着网络社交媒体的运用不断发展，舆论引导面临着更加复杂多变的环境，需要协同公众、意见领袖、主流媒体以及政府等复合主体共同治理。各部门应更加关注社交媒体环境下的内容创作与生产引导问题，洞察网络信息生产者的动机，熟悉其内容传播路径，从培育创作意识、引导内容生产、提升传播质量、监督生产行为等方面，建立完善的网络舆论引导机制，提高各大媒体对网络舆论参与者行为的引导能力，促进社会和谐稳定发展。

三、纸质媒体可能走向消亡

"纸质媒体是否会消亡"不仅是一个富有争议的理论热点问题，也是一个涉及千百万人职业发展甚至是饭碗的现实问题。在这场争论中，不少人带有浓厚的感情色彩，还有人认为纸质媒体也有不少"优点"，将与新媒体并存。如果我们排除感情因素，理性地分析，就会发现纸质媒体的这些"优点"其实可能并不成立。

（一）纸质媒体便于携带吗？

有人认为，传统的纸质媒体有自身的优势，如便于携带，直观性强，阅读方便。果真如此吗？这种观点忽略了一个重要的事实，即纸的信息存储密度大大低于新媒体，新媒体体积小、容量大、存储密度极高。事实上，在信息量相同的情况下，新媒体远比纸质媒体更容易携带。

从便携性的角度看，一张重量只有几克的 DVD 光盘可以存储 4.7G 的信息，相当于 $4.7 \times 1\,024 \times 1\,024 \times 1\,024 = 5\,046\,586\,572.8$ 字节（byte），即可以存储 2 523 293 286 个汉字。若以一本书平均 20 万字计算，一张 DVD 光盘可以存储 12 616 册图书。试问，几克重的光盘与 1 万多册图书，到底哪种更容易携带？

事实上，携带方便、阅读方便自由，正是手机媒体、电子书阅读器的优势。

（二）纸质媒体比新媒体更具权威性、真实性吗？

有人认为纸质媒体权威性强。理由是纸质文献经历了上千年的洗礼，已建立起完善发达的编辑、生产、发行系统；在新闻报道方面，大多数纸质媒体有着严密的新闻采编和发布流程；在科学评价方面，出版社、杂志社建立健全了学术评审委员会或类似机构来保证所出版文献的学术水平。

我们认为，在各类媒体的权威性、真实性上，我们需要具体对象具体分析。我们不否认发布在 BBS、个人微博上的信息，其权威性、真实性在整体上不如传统媒体，但是，谁能否认在雅虎（Yahoo!）、MSN 等知名网站上发布的信息的权威性与真实性呢？在纸质媒体方面，难道一些格调低下的小报上的消息也具有权威性与真实性吗？还有人认为新媒体的报道缺乏深度，但是这同样需要具体案例具体分析。无论是新媒体，还是传统媒体，都不难找到在深刻性方面的正反案例。新媒体发布信息的迅速性与深刻性之间并没有必然的矛盾关系。事实上，在一些突发与敏感事件的报道方面，新媒体比传统媒体具有更高的即时性、客观性与真实性，例如，手机所拍摄的画面就具有很高的真实性和准确性。

在学术评价方面，国外不少高校、研究机构逐渐认可在学术性新媒体上发表的学术文献；因为这些学术性新媒体跨越国界，聚集全世界顶尖的同行专家，这些专家可借助互联网便捷地讨论各类学术问题。

研究表明，新媒体在新闻可信度方面并不亚于传统媒体。

我们采用了手机用户随机电话调查的方法。抽样方法是随机抽样。调查范围为我国 4 个具有代表性的城市：北京、武汉、广州、成都。调查时间是 2010 年 6 月 1 日至 7 月 31 日。调查对象为个人手机用户，按性别、年龄、职业进行条件划分。设计样本规模为 4 000 人，在 4 个城市中，按调查对象条件各选择 1 000 人。本次调查共收到有效样本 3 421 份。

通过对新媒体使用现状进行定量分析，我们发现了以下有趣的结果：可信度方面的调查结果显示，以互联网、手机为代表的新媒体丝毫不亚于传统媒体。

有人认为，新媒体的新闻可信度低于严肃的传统媒体，尤其是低于报纸等纸质媒体。但是我们的研究发现，手机、网络、报纸、广播和电视的新闻可信度分别为 22.4%、19.6%、20.7%、12.6% 和 34.2%（见图 1-3）。

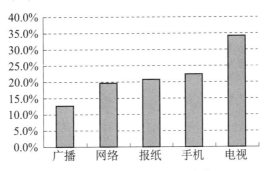

图 1-3　各类媒体新闻可信度

我们的调查颠覆了很多人认为的新媒体新闻可信度低的偏见。其实，之所以出现假新闻，与媒体形态没有必然关联，关键在于背后是否具有利益驱动，即是否有人通过假新闻来提高发行量、收听率、收视率，从而获得更多的商业利益。

《新闻记者》每年第 1 期都会评选上一年度的"十大假新闻"。

通过对《新闻记者》评选出的"十大假新闻"的统计分析，我们发现：假新闻的易发媒体多是那些市场化程度较高的媒体，这与媒体竞争日趋激烈的媒体生态有一定关系，与市场利益驱动有关。另外，记者专业技术不济也会造成这种底线上的失手。假新闻的重灾区是社会、文化教育、体育类新闻，这与中国新闻语境下的新闻控制机制有关，也与受众日常新闻偏好有关。近年来，新闻娱乐化趋向日益明显，"眼球"新闻泛滥成灾。在这过程中，假新闻频频发生。相对而言，时政、财经等"硬新闻"造假的比重不太大。

我们发现，除了个别假新闻来自传统媒体的网站之外，其实没有一条假新闻真正来自新媒体。

（三）纸质媒体更经济吗？

有人认为，纸质媒体不需要专门的阅读工具，价格低廉、阅读成本低。

但是，在社会总成本方面，纸质媒体其实远不如新媒体经济。

新媒体的传播省去了制版、印刷、装订、投递等工序，不仅省掉了印刷、发行的费用，还避免了纸张的开支，从而大大降低了总成本。

纸质媒体消耗了大量的森林资源，同时在纸张生产过程也造成了严重污染。曾经有人计算过，一棵树平均可以制成 15 900 张 A4 纸，或 31 800 张 B5 纸。如一本书平均 280 页 B5 纸，一棵树平均可做 227 本书。我国目前有在校中小学生 2 亿多人，以每个学生一年两学期用 15 册课本计算，每年要用 30 多亿册课本，消费纸张达 55 万吨之多，需砍伐 1 100 多万棵树。这从自然生态和环境保护的角度而言，是极为浪费的一件事。它显然是在增加人类社会发展的总成本。

随着技术的发展，电脑、手机等数字技术产品的价格越来越低；而森林资源会越来越稀缺和珍贵，纸质媒体会越来越不经济。

（四）纸质媒体更符合人们的阅读习惯吗？

有人认为，人类对纸质媒体的依赖、依恋及千百年来形成的线性阅读的习惯，不可能在一朝一夕就彻底改变。纸质媒体伴随着人们跨越了近两千年的风雨历程，人们已经习惯它，并且对其充满了感情。

　　我们认为，感情与习惯是可以改变的。对于从小就只接触纸质图书的年长者来说，纸质媒体的确符合阅读习惯；但是对于从小就接触新媒体的新一代读者来说，相较于阅读传统的图书、报刊，他们更习惯阅读新媒体。在发达国家，不仅携带笔记本电脑上学的小学生越来越多，而且正在推行的电子书包计划使小学生刚入学就能接触新媒体。电子书包不仅存储了大量的教科书、教学参考书、多媒体讲义，可以上网更新最新的教材版本，还可以在上面批注、圈点、记笔记。显然，经过一两代人之后，新一代的读者会更习惯、更喜欢新媒体的阅读方式。

　　（五）纸质媒体对读者身体健康影响更小吗？

　　有人认为，人们阅读纸质媒体，除了接收媒体中的信息之外，还可以非常直观地得到美的享受。纸质媒体美观，墨与纸的对比度大，分辨率高，字符稳定性强，图像色彩效果好，很适合读者阅读，对他们的身体健康尤其是对眼睛的影响很小。

　　但是，这只是一种经验主义的判断。其实，长时间地伏案阅读，不管是纸质媒体还是新媒体，都会对人的健康有所损害；与其说是屏幕损害了读者的眼睛，倒不如说是不科学的生活方式、不正确的阅读习惯损害了人们的健康。目前大多数读者的近视眼恰恰是从小阅读纸质媒体造成的。随着科技发展和越来越人性化，如人体工程学的大量运用、显示屏技术的改善，阅读新媒体损害健康的观点将很难成立。

　　（六）纸质媒体更便于保存吗？

　　有人认为纸质媒体便于保存，有收藏价值，我国古代就有许多收藏家，由于他们的孜孜收藏，大量纸质媒体得以流传至今。读者阅读纸质媒体，除了从中接收信息汲取知识外，还可以直观地欣赏到崇高美和朴素美。例如，宋代书版，盛行骨架挺拔、秀丽悦目的宋体字，所印图书成为读者喜闻乐见的千古珍品。而光盘、磁带、磁盘易损坏，任何污渍、划伤、磨损，甚至阳光、有机溶剂都可能导致载体损坏。计算机病毒使计算机系统很容易被破坏。

　　新媒体的最大优势之一是信息存储密度极高、单位信息存储成本极低，因此，可以用极低的成本，迅速对数字信息进行大量的复制，作为备份，以防不测。而这是纸质媒体无法做到的。例如，《人民日报》有史以来的所有报纸内容可以制成几张 DVD 光盘，而其成本不超过 100 元。事实是，难以大量备份的纸质媒体更容易损毁。纸质媒体的确有收藏价值，但是这恰恰证明其容易受损。

　　还有人认为，纸质媒体具有美感。但新款的电脑、手机也具有高科技、人性化的美感。

（七）智能手机加速纸质媒体的消亡

新媒体将人际传播和大众传播融为一体，其基本技术特征是数字化，基本传播特征是互动性。新媒体具有传播与更新速度快、信息量大、内容丰富、全球性和跨文化性、检索便捷、多媒体、超文本、互动性、成本低的优势。[①]

新媒体在不断进步与完善，存在的不足也正在被迅速地逐一克服。而具有千年历史的纸质媒体目前看来技术飞跃的可能性较低。例如，人们在阅读纸质媒体时可以在上面画线、批注、圈点、折页，甚至撕页等，过去的新媒体则不行；但是现在许多电子书已经实现了对图书内容的批注、圈点功能。

新媒体的许多功能是纸质媒体永远不可能具备的，尤其是高速便捷的检索功能与知识聚类功能。新媒体能够实现聚类知识项的功能。新媒体中的各个知识项，可以根据需要在某一基准上自动聚合；而在另一基准上又可以换一种角度自动进行新的聚合。纸质媒体的不足，如检索不便、信息存储密度低、无法实现多媒体跨国传播、印刷发行成本高，正日益突出。

随着电脑的掌上化和新一代手机技术的普及，手机正在成为重要的新媒体，这使得纸质媒体所具有的便携性等优势完全丧失。因为从小就接触新媒体的新一代读者更易接受新媒体阅读习惯，电子书使得人们的口袋中永远有一个完整的图书馆，从纸上阅读到屏幕阅读，新媒体有望革新整个世界的阅读形式。

有人认为，过去关于纸质媒体消亡的预言都错了，但是关于纸质媒体消亡的大趋势并没有错，只是时间后移了。预言家是很难当的，对任何事物都做出准确的预言是不现实的，能够把握大趋势的预言家就已经很了不起了。

由于中国、日本、美国等世界各主要国家的纸质媒体读者平均年龄均超过40岁，而其人均寿命均未超过90岁，因此，可以预言50年后纸质媒体将在主要国家退出历史舞台。考虑到全球社会经济科技发展的不平衡，100年后，人们也许只能在博物馆中见到纸质媒体了。

美国北卡罗来纳州立大学教授菲利普·迈耶在《正在消失的报纸：如何拯救信息时代的新闻业》一书中写道："到2044年，确切地说是到2044年10月，最后一位日报读者将结账走人。"[②]

---

① 匡文波.网络传播学概论.2版.北京：高等教育出版社，2004：24.
② 迈耶.正在消失的报纸：如何拯救信息时代的新闻业.张卫平，译.北京：新华出版社，2007：12.

随着智能手机的高度普及，近 20 年来，手机已经逐步成为新闻阅读的主要终端。根据工信部发布的数据，截至 2021 年 12 月，中国手机用户达到 16.43 亿户；我国已建成全球最大的 5G 网络。

2019 年 4 月 1 日至 9 月 30 日，我们在北京、上海、广州、深圳四个一线城市，武汉、西安、长春三个二线城市，保定、岳阳、韶关三个三线城市，开展了关于"新闻阅读习惯"的问卷调查。

在问卷调查城市的选择上，之所以选择上述 10 个城市，理由如下：

"一线城市""二线城市"和"三线城市"，并非一个学术概念，亦没有达成绝对的共识。但是，很多人约定俗成地将北京、上海、广州、深圳称为"一线城市"。这四个城市，是中国经济最发达、文化素质最高，也是新旧媒体最集中和最发达的城市。"一线城市"概念来自房地产行业，其平均房价在全国是最高的。

二线城市和三线城市很多。之所以选择武汉、西安、长春三个二线城市，以及保定、岳阳、韶关三个三线城市，主要是考虑其地理分布。它们分布在中国的中部、西部、北部，具有较强的代表性，同时在经济发展水平、风土人情等方面具有一定的差异性。

问卷的样本规模为 20 000 人，共收到有效样本 16 108 份，并且对其中 100 名网民做了深度访谈。

在有效样本对应的 16 108 人中，18～30 岁共 6 208 人，30～45 岁共 6 207 人，45～60 岁共 2 125 人，60 岁以上共 1 568 人。

(1) 你每天阅读以下哪些媒体（多选）？

A 微博　B 微信群　C 今日头条　D 纸媒　E 电视　F 其他

回答统计：A 微博 25.03%；B 微信群 40.25%；C 今日头条 26.61%；D 纸媒 0.68%；E 电视 5.56%；F 其他 7.24%（见图 1-4）。

(2) 你对以下哪些媒体的信任度高（多选）？

A 微博　B 微信群　C 今日头条　D 纸媒　E 电视　F 其他

回答统计：A 微博 12.53%；B 微信群 20.25%；C 今日头条 17.11%；D 纸媒 15.61%；E 电视 17.58%；F 其他 19.62%（见图 1-5）。

实证研究发现，借助于智能手机终端的阅读已经成为新闻阅读的绝对主要方式；阅读社交媒体的用户，数量远远高于传统媒体的受众。微信群是信任度最高的媒体，超过纸媒、电视等传统主流媒体。因此，舆论引导要重视智能手机终端和社交媒体平台。

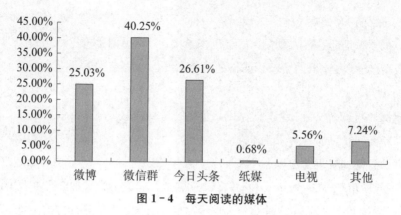

图1-4　每天阅读的媒体

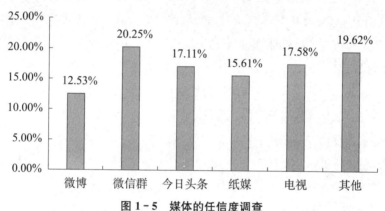

图1-5　媒体的任信度调查

1973年，美国社会学者马克·格兰诺维特（Mark Granovetter）在《弱连接的力量》（*The Strength of Weak Ties*）中，提出了强连接和弱连接理论。格兰诺维特将社会关系网络分成了两种：由接触频繁的亲人、同事、朋友等构成的强连接（strong ties）网络，这种网络结构非常稳定，但是传播范围却十分有限；由社会关系较弱的人组成的弱连接（weak ties），这种网络结构非常松散，但是传播范围却非常广泛，能让人接触到许多意外的信息。

强连接传播强化新闻获取习惯。微信便属于典型的强连接媒体，微信通讯录中的好友，都是用户自己熟知，或是知晓的人，彼此之间的了解程度较高。同时，这种强关系网络也能提升微信用户之间的互动。像在新冠肺炎疫情中，不少家族群中便充斥着各种有关新冠病毒的流言，但是受强关系网络的影响，不少人还是对此抱有信任的态度。

近20年来，智能手机阅读使纸质媒体阅读率大幅下降。在都市报中，最早停刊的是上海《新闻晚报》，2014年停刊。在2017年有大批的都市报相继停刊，其中有著名的《汕头都市报》《楚天金报》《渤海早报》《京华时报》等。

2019年，全国有近40份都市报相继休刊，其中包括北京的《北京晨报》以及《法制晚报》，山西的《三晋都市报》，辽宁的《华商晨报》，天津的《城市快报》，哈尔滨的《黑龙江晨报》，成都的《天府早报》《成都晚报》，等等。

2020年的新冠肺炎疫情，使传统媒体的经营状况进一步恶化。以美国来说，《纽约时报》2020年12月的报道称，美国有超过3.7万名新闻工作者受到失业、强制休假和减薪等的影响。

根据美国皮尤研究中心2020年10月的报告，美国报章2020年第二季的广告收入同比下滑42%、发行收入下跌8%。美国媒体研究机构Poynter Institute的资料显示，从2020年3月起，至少有60家美国新闻室受新冠肺炎疫情影响停止营运，另一些则合并或暂时休刊。

美国北卡罗来纳大学一份报告指出，过去15年来，超过2 100份美国报纸停刊，相当于美国四分之一的报纸，其中多数是地方报纸。

在国内，2020年停刊的有《武汉晨报》、《生活日报》（山东济南）、《拉萨晚报》等。全国生活都市类等报纸近三年停刊休刊多达约100多家。

2021年，又有7家纸媒停刊、休刊：《遵义晚报》、《益阳城市报》、《内江晚报》、《广元晚报》、《铜陵日报·铜都晨刊》、《德阳晚报》、《皖北晨报》（安徽宿州）；此外，新疆报业集团旗下最大的都市报《都市消费晨报》正式调整刊期，由以往的日报（周一到周五）调整为周刊。

笔者曾预言纸媒在中国将会边缘化，但是没有想到会来得如此之快。

受到读者阅读习惯改变、新媒体发展和新冠肺炎疫情等因素影响，台湾纸媒普遍生存艰难。2020年4月，旺旺中时媒体集团旗下以报道两岸消息为主要内容的《旺报》不再单独发行，转成夹报与《中国时报》共同发行，读者买《中国时报》即送《旺报》。

在2020年6月1日下午出街的《联合晚报》头版，整版用创刊11 783天以来的所有头版版面缩图为背景，勾勒出"谢谢"两个大字，并宣布"《联晚》明起停刊，向读者告别"。《联合晚报》创刊逾32年，是台湾少数经营超过30年的报纸。

2020年4月2日，伦敦《阿拉伯圣城报》报道，突尼斯全国已有9家报纸和包括周刊、月刊在内的约20家出版物停刊。

2020年5月，传媒大亨默多克名下的新闻集团宣布，在6月底前停止印刷

100多种澳大利亚报纸，其中76家改为数字报，36家将完全关闭。这些报纸将共保留375名员工。而新闻集团2019年的年报显示，其在澳大利亚共拥有1万名员工。

不过，我们要特别强调，人类的阅读行为不会消失，报社、出版社、杂志社、图书馆不会消亡，相关职业和从业人员不会消失，但是信息传播形态将彻底改变。今日的新媒体也会被更新的媒体形态所取代。让我们去拥抱一个崭新的数字化新媒体时代吧！

第二章 新媒体舆论成为社会舆论的主流

新媒体舆论，是指在互联网、手机媒体等新媒体上传播的公众对焦点问题所发表的有影响力的意见或言论，亦是现实民意借助于新媒体的表达。网络舆论，包括有线互联网和无线互联网上的舆论，是目前新媒体的主体。在严谨的理论研究中，网络舆论应该是新媒体舆论的子集；但是在实践中，网络舆论与新媒体舆论不容易严格区分，而且随着无线互联网逐渐成为主流，两者通常被当成近义词甚至是同义词。

近年来，我国相继发生的几件大事被新媒体聚焦并在"虚拟社会"上掀起了巨大波澜，引起现实社会的广泛关注，使人们开始关注新媒体舆论的影响力。新媒体已成为我国公众表达民意、讨论公共事务、参与经济社会及政治生活以及进行舆论监督的重要公共平台。当前，新媒体舆论已经成为我国社会舆论的重要组成部分，对政府行为产生越来越重要的影响。

根据中国互联网络信息中心（CNNIC）2022 年 2 月发布的第 49 次《中国互联网络发展状况统计报告》，截至 2021 年 12 月，我国网民规模达 10.32 亿人，互联网普及率达 73.0%。

新媒体作为一种新兴的媒介形式，对社会发展、民众生活的影响力日益增强，逐渐渗透到政治、经济、文化等社会生活的各个领域，并在社会发展与大众生活中扮演日益重要的角色。新媒体成为社会公众新的话语平台，伴随而生的新媒体舆论作为一种新的舆论形式，成为社会舆论中日渐重要的组成部分。"孙志刚事件""宝马撞人案""周久耕事件""躲猫猫事件""70 码事件""邓玉娇事件""石首事件"等，都说明新媒体舆论已从影响甚微的边缘走到了主流的位置，成为各类社会事件发展进程的重要影响因素和主流舆论的组成部分。

正因为如此，新媒体舆论不仅是各级政府部门关注的焦点之一，也是学界研究的热点之一。

新媒体舆论是一个崭新的、涉及面很广的研究领域。在国际上，与国内研究最相近的研究是网络危机传播。在国内，新媒体舆论的研究主要分为几个部分：

(1) 综合性研究：如北京大学谢新洲教授主持的教育部哲学社会科学研究重大课题攻关项目"互联网等新媒体对社会舆论影响与利用研究"等。

(2) 经验主义研究：主要是对网络舆论的量化研究、网络信息的内容分析，如中国人民大学喻国明教授主编的《中国社会舆情年度报告（2012）》，人民网舆情数据中心、新华网舆情在线、中国传媒大学公关舆情研究所发布的研究报告等。

(3) 案例研究：主要体现为各种案例库，专著方面有中国传媒大学丁俊杰、张树庭教授的《网络舆情及突发公共事件危机管理经典案例》（2010）；华中科技大学余红教授的《网络时政论坛舆论领袖研究——以强国社区"中日论坛"为例》（2010）等。

(4) 对策研究：此类论文数量最多，但是不少论文提出的所谓对策缺乏新意和可操作性。

不过，国内外关于新媒体舆论的理论研究，尤其是理论框架研究，却是一个薄弱点；而这正是本章的重点。关于新媒体舆论的理论框架研究，国外多借鉴混沌理论模型，国内较早的研究有匡文波的《论新媒体传播中的"蝴蝶效应"及其对策》（2009），以及其博士生党生翠的博士毕业论文《网络舆论蝴蝶效应研究》（2011）。

第一节 新媒体舆论的特点

一、新媒体舆论的概念界定

通过检索我们发现，2000 年前后，在国内学术期刊和大众媒体上相继出现"在线舆论""网上舆论"的提法。2003 年，互联网在"孙志刚事件"及其他热点事件中所扮演的民意表达平台角色，使网络舆论成为一种正式的社会现象，并进入公众话语。随着与互联网相对独立的手机媒体等新媒体也成为民意表达的重要平台，"新媒体舆论"逐渐开始流行。我们认为，新媒体舆论，是指在互联网、手机媒体等新媒体上传播的公众对焦点问题所发表的有影响力的意见或言论，亦是现实民意借助于新媒体的表达。

（一）舆论的界定

舆论是一种极为丰富和复杂的人类精神现象，目前人们对舆论的定义不一。国内外学者对舆论的定义各抒己见，到目前为止已多达七八十种，但一直未能有一个公认的定义。

　　舆论，我国古代称之为"舆诵""舆颂""清义"，指众人的意见。目前，我国的多数专家学者也把舆论看成意见，认为舆论是多数人对某一事件有效的公共意见。

　　联合国教科文组织的专题报告《多种声音，一个世界》给舆论下的定义是：舆论是一种常常难以进行确切的科学分析的集体现象，它是同人的社会性紧紧联系在一起的。但舆论既不是无变化的，也不能从地理角度上构成一个整体。

　　李普曼在《舆论学》中对舆论做了粗糙的描述："他们头脑中的想象，包括对他们自己、别人、他们的需要、意图和关系等，都属于他们的舆论。"[①]

　　刘建明在《社会舆论原理》指出："舆论是一定范围内多数人的集合意识及共同意见。"[②]

　　李广智在《舆论学通论》中指出："舆论是社会公众对涉及个人利益事件的意见的自由表达和传播而形成的共同趋向。"[③]

　　甘惜分认为："舆论是社会生活中经济政治地位基本接近的人们或社会集团对某种事态发展大体相近的看法。"[④]

　　项德生在《舆论与信息》中指出："舆论，就是社会公众或集团对人们普遍关心的事态所做的公开评价。"[⑤]

　　喻国明认为："舆论是社会或社会群体对近期发生的、人们普遍关心的某一争议性社会问题的共同意见。"[⑥]

　　沙莲香在《社会心理学》中指出："舆论是在大家共同关心的有争议的问题上多数人意见的总和，是社会上的众人对某些社会事件的一致反应和判定，是具有代表性的综合性意见。"[⑦]

　　陈力丹认为："舆论是公众关于现实社会以及社会中的各种现象、问题所表达的信念、态度、意见和情绪表现的总和，具有相对的一致性、强烈程度和持续性，对社会发展及有关事态的进程产生影响，其中混杂着理智和非理智的成分。"[⑧]

①　李普曼 . 舆论学 . 林珊，译 . 北京：华夏出版社，1989：22.
②　刘建明 . 社会舆论原理 . 北京：华夏出版社，2002：70.
③　李广智，等 . 舆论学通论 . 哈尔滨：黑龙江教育出版社，1989：4.
④　甘惜分 . 新闻理论基础 . 北京：中国人民大学出版社，1982：42.
⑤　项德生 . 舆论与信息 . 郑州：河南人民出版社，1992：9.
⑥　喻国明 . 解构民意：一个舆论学者的实证研究 . 北京：华夏出版社，2001：26.
⑦　沙莲香 . 社会心理学 . 北京：中国人民大学出版社，2002：44.
⑧　陈力丹 . 舆论学：舆论导向研究 . 北京：中国广播电视出版社，1999：14.

胡钰在《新闻与舆论》中指出："舆论就是社会中特定群体对特定事件表现出来的特定意见。"[1]

综合以上不同观点我们不难发现，舆论具有以下几个特征：舆论应该是公众的意见；舆论必须有一个焦点；舆论是不断发展变化的；舆论是一种巨大的社会精神力量（见图2-1）。

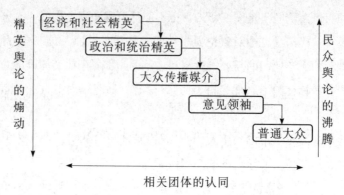

图2-1　多伊彻[2]的舆论形成"瀑布模式"

在社会现实中，人们往往把大众传媒或媒介的言论等同于社会舆论；把民意等同于社会舆论；把众意或公意等同于社会舆论。

（二）网络舆论与新媒体舆论

舆论作为公众发表的集合性意见，在古代社会主要是通过口耳相传，舆论的载体也主要是人群自身。现代舆论的形成和大众传播媒介有着密不可分的关系。在20世纪90年代以前，现代舆论的载体主要是报纸、广播、电视等大众传播媒介。随着网络作为"第四媒体"而出现，一种新的舆论类型——网络舆论也应运而生。

"网络舆论"与传统意义上的舆论相比，主要是因其传播主体、载体、传播方式和受众特点等具有不同特征，但作为舆论在网络传播方式下的延伸，网络舆论仍然具备舆论本身的性质，因此我们在这里将"网络舆论"界定为：网络舆论是伴随着网络传播方式的流行而兴起的一种特殊的舆论形态，是网民对出现在网

---

① 胡钰．新闻与舆论．北京：中国广播电视出版社，2001：112．

② 伊萨克·多伊彻（Isaac Deustcher，1906—1967），犹太人，是一位出生于波兰，后在二战爆发时迁居英国的马克思主义作家、新闻工作者和社会活动家。他最为人知的身份便是列夫·托洛茨基和约瑟夫·斯大林的传记作者和苏联时事评论家。他的三卷本托洛茨基传记《先知三部曲》在英国的新左翼中有着巨大影响，迄今仍是举世公认的研究托洛茨基的最权威著作，已被译成多种文字。

络上或社会现实（两者往往相交）中的各种现象、问题所表达的具有共同性的观点、态度、信念和情绪的总和，具有相对的一致性、影响力和持续性，并对社会发展及有关事态的进程产生影响。也就是说，网络舆论是公众意见与网络传播媒介相结合的产物，只要满足两个条件，即在方式上以网络媒体为载体进行传播，内容上是公众发表的集合性意见，就是网络舆论。

网络舆论的兴起是社会发展过程中的必然现象。目前中国正处于社会转型期，社会摩擦急剧增加，不同的集团、群体存在不同的利益诉求和文化需求，因此有必要提供一个活跃的公共话语平台，来促使他们充分、合法地发表各自的意见，从而实现沟通、化解偏见、消除冲突。网络正好适应了这一要求，由此形成了活跃的公共话语平台。在网络传媒时代，借助电子邮件、BBS、博客、微博等信息交互工具，网民结合内容讨论、参与媒体建设的热情极为高涨，舆论的影响大大增强。而且网络舆论有相当的言论自由度，许多用户在其中发表自己现实中不愿意说或不敢说的意见，因此网络舆论常常是社会焦点问题的意见集散地，其地位也日益受到人们的关注。

随着手机的普及，手机媒体亦成为民意表达的重要平台。由手机传播的言论更具有开放性和民主性，范围也更具广度和深度，传播起来更加快捷、方便，形式也更多种多样，社情民意的表达更加自由和高效，这使得手机媒体成为公民参与政治的一个新平台。手机媒体政治参与已成为我国民众参与政治的一条重要途径。因此，包括网络舆论与手机舆论在内的"新媒体舆论"一词逐渐开始流行。

作为舆论形式的一种，新媒体舆论必然具有舆论的特征。但是，与传统舆论相比，因传播空间的不同，加之新媒体传播机制的影响，特别是传统"把关人"角色在新媒体传播中部分失效，新媒体舆论成为与传统舆论有较大差别的舆论形态。

二、新媒体舆论的特性

（一）丰富性与多元性

新媒体舆论的丰富性是指新媒体舆论内容无所不包、无所不及。新媒体所具有的虚拟性、匿名性、无边界和即时互动等特性，使网上舆情在价值传递、利益诉求等方面呈现多元化、非主流的特点。加上传统"把关人"作用的部分失效，积极健康的、庸俗和灰色的都可以找到立足之地，以致新媒体舆论的内容异常丰富。

新媒体本身承载着海量信息，可以超越时空的限制，快速汇总和整合信息并对其进行存储。随着网络技术的发展，网络论坛、博客、微博日益成为活跃的公共话语空间。新媒体舆论包罗万象，既存在轻松话题，也存在严肃话题，既有庸俗话题，也有高雅话题。网络论坛、博客、微博等作为新闻的集散地，网民可以在最短的时间内看到世界各地的重要新闻和突发事件，这就为舆论的产生提供了丰富的"议题"，同时网络又是自由互动交流平台，使得新媒体舆论的内容五花八门、异常丰富。

过去，由于地理位置的自然屏障作用，交通和通信技术相对落后，加上传统媒体"把关人"的存在，恶意的政治信息难以入侵。但是，互联网的自由性与开放性使得天然的地域障碍不复存在，新媒体舆论的意识形态呈多元化。

（二）开放、自由与互动性

在现实社会中，人们处于特定的群体中，个人行为往往会受到各种社会习俗与制度的制约，很多人戴着"面具"。而在虚拟的网络世界中，虚拟的身份与匿名的形式给了人们一种前所未有的平等，人们感受到空前的安全感。正是这种安全感增强了人们对自我意志的认同，并激发了人们表达与表现的欲望。

新媒体舆论的主体是成千上万分布在不同区域的网民，这些网民通常在网上匿名表达自己的观点与意见，具有很强的虚拟性。网民的匿名性特点决定了新媒体舆论具有开放性与自由性的特点。

新媒体的即时互动性特征使新媒体舆论传播过程得以延续和更为完整。新媒体舆论的受众不再是毫无主动性可言的"靶子"，传播者也不再占有绝对的话语主导权和控制权。而且，在新媒体传播中，传播者与受众的角色模糊，可以在瞬间相互转换。相对于传统媒体的强势，网民个体逐渐成为网上信息发布主体，个人的力量在增强。

（三）速成性

新媒体舆论的迅速形成得益于新媒体传播的优势。互联网打破了时间和空间的界限，新媒体舆论的速成性主要表现为新媒体舆论形成时间的缩短与空间的缩小。

与传统媒体相比，新媒体在信息传播过程中省去了印刷与录制等诸多环节，缩短了从媒介议程转向公众议程，也就是形成社会舆论的周期。

由于新媒体传播的优势，信息发布迅速，并且能够借助新媒体快速传播。帖子或言论一旦引起网民的关注，就会被反复转载，以惊人的速度扩散。

新媒体的即时互动性使交流成为一个动态的系统，网民能够迅速对网上意见做出反应。这种互动的过程可以迅速使新闻事件成为大众普遍关注的焦点，很快引发并形成舆论。新媒体为网民提供相互交流的平台，消除了传统媒体中在信息的传递和反馈过程中存在的滞后问题，使各种意见能在短时间内迅速聚集，并得到整合，进而形成舆论。一些重大新闻和热点问题仅在网上发布几个小时，新媒体舆论便会沸腾。

互联网传播具有广泛性，作为舆论主体的网民虽然散布于世界的各个角落，但在短时间内就可以打破地域的界限与空间的阻隔，实现意见的互动，从而快速形成舆论。

新媒体舆论既可能"兴""衰"迅速，也可能长期持续。新媒体舆论分为两大类：一类是信息类的舆论；另一类是观点类的舆论。由于新媒体传播效率超过一切传统媒体，当遇到重大突发事件时，新媒体都会在第一时间予以报道，迅速吸引网民眼球，引发网民表明立场，交流信息，引起共鸣，形成一个主导性意见，在网上迅速形成舆论。这是典型的信息类舆论。观点类舆论，如社会不公、腐败等网上舆论，就长期滞留，即使网上删除了引起某种舆论的信息和言论，相关话题也难以消除。观点类舆论一旦形成，在舆论目的没有实现之前，网民不会改变原来的观点，舆论在短期往往难以消除，它总会在新闻跟帖、论坛或者博客上出现。

新媒体舆论容易"一边倒"。在很多案例中，多数网民的认识和看法普遍简单直接，不深刻不全面，带有很强的群体盲从性，出现"一边倒"态势。对于网民普遍关注的问题，如敏感的国际关系问题、社会阴暗面、腐败案件和负面的突发事件等，种种偏激的言论甚至比正面的主流言论传播得更快，波及面更广，出现舆论"一边倒"或"关键时刻的雪崩现象"，从而导致网民意见的"高度集中"，即使这些舆论是非理性、情绪性的。

互联网是一个开放的、参与性十分强的世界。任何人，不论其社会地位、富贵程度、文化高低、性别、种族，在互联网上一律平等。最突出的是在网络论坛中，所有访问者都能在上面发布自己的消息和对事物的看法。

（四）非理性和理性因素并存

新媒体作为民意表达的重要平台，在社会中的作用和影响力越来越不可小觑，新媒体舆情也日益成为政府执政所必须参照的"晴雨表"。由于新媒体的匿名性、开放性等特征，有人会把新媒体作为发泄情绪的场所，形成一种情绪型舆论。这种舆论包括政治情绪型、社会情绪型、文化情绪型和生活情绪型等。

新媒体情绪型舆论在网上出现，有助于政府了解真实民意，新媒体在日益成为公共民主生活"推进器"。

但是情绪型舆论也存在着非理性、消极性、感染性、扩散性的特点。新媒体的匿名性和互动性加剧了新媒体舆论在感性上的膨胀和理性上的匮乏，使新媒体舆论呈现出一定程度的盲目、冲动、偏激、缺乏理智等特点。

新媒体舆论的非理性还可能造成现实的冲突。新媒体舆论的冲突性是指新媒体舆论的伦理相对主义强化和伦理基础准则的冲突。伦理基础准则有一定的地域性，但互联网却是全球范围内共享的，这就造成了在互联网上不同地域间的伦理基础准则相互冲突。在某些国家和地区，法律与道德允许向成人提供色情服务，在网上提供色情服务和信息合法；而在绝大多数国家和地区，在网上提供色情服务和信息是要受到反对、谴责甚至法律制裁的。由于新媒体的跨地域性、跨国性，与各国政府的地理管辖权相矛盾，一些在现实世界属于违反法律而受到制裁的行为，一旦转移到新媒体空间，由谁充当制裁主体以及如何制裁变得模糊不清。这就造成了新媒体舆论的伦理相对主义强化和伦理基础准则的冲突。

在很多案例中，新媒体舆论具有"群体化"倾向。一方面，群体非理性在网民中十分严重；另一方面，新媒体下聚集的群体极易导致群体认同的问题。通过说服的机制，网民会向讨论时的倾向性结果靠拢。这一特点很容易导致言说者态度偏激，话语权的争夺在一定程度上走向"语不惊人死不休"的极端。

（五）难控性

新媒体舆论的难控性是指在新媒体上要对舆论进行控制是比较困难的。对于传统大众传媒的舆论控制，各国政府可以通过规定大众传播体制，制定有关法律、法规和政策，分配传播资源，对创办新的媒体进行审核登记，限制或禁止某些信息内容的传播等予以规范。对传统媒体来说，由于"把关人"的存在，舆论控制不难做到。然而互联网是高度开放的空间，每个人都有"麦克风"，新媒体信息的传播者数以亿计，网上信息的传播不可能都受到相关机构的审批。

新媒体的开放性理论上使每个人都能成为"新闻发布者"。对于海量的新媒体用户，不可能在"信息高速公路"上检查所有言论，更不可能对其做出全面的客观评价，这就使得新媒体舆论控制变得复杂和难以操作。新媒体舆论的难控性是新媒体舆论最重要的一个特征。新媒体舆论的丰富性、复杂性、多元性、冲突性等特征都是由难控性派生出来的。

新媒体舆论的调控难度表现为以下四点。

（1）新媒体舆论主导权不完全由网站掌握，而是由参与议论的网民密集度和讨论强度所决定。

（2）新媒体的开放性使信息传播者往往可以想方设法绕开各种障碍来发布消息，网站管理者也不可能逐一对网上的言论进行检查评价。

（3）新媒体舆论具有复杂性。新媒体舆论混乱、无序，自觉舆论与自发舆论并存。由于网民可以在网上对任何事情畅所欲言，新媒体舆论以自发舆论为主。

（4）新媒体舆论的多元性。新媒体舆论的意识形态呈多元化。世界上存在着对立的社会政治制度和意识形态，随着新媒体的发展，地域屏障已不复存在，希望在网上完全控制言论不太现实，网络信息可以从地球的任何一个地方无限量地向另一个地方传输，从而使新媒体舆论的意识形态呈现多元化。

（六）容易被人操纵

由于网络水军的存在，新媒体舆论呈现出容易被人操纵的特点。网络水军受雇于网络公关公司，为他人发帖、回帖造势。网络水军有专职和兼职之分。关于网络水军对新媒体舆论的操纵，我们将在后面的网络论坛部分进行详细的论述。

第二节　新媒体舆论的管理

互联网已经成为舆论斗争的主战场，在移动大数据时代，这个问题更加突出。如果新媒体舆论管理不当，很容易诱发网民的不良情绪，从而导致各种过激行为，造成严重的后果。

一、新媒体舆论的功能

舆论监督。政府决策、法律法规的制定，现在都可以通过互联网、手机上传播的舆论来施加影响。如《中华人民共和国物权法》的制定，全国人大常委会就通过网络公开征求意见。一些学者、专家呼吁叫停征收养路费，以及国务院法制办等部门对此的回应也都是通过网络的快速传播而为人们知晓。

信息传播。由于新媒体的存在，信息的传播速度越来越快，网络的即时传播特性使之超过了传统媒体。如 2013 年 3 月，对缅甸籍毒枭糯康、桑康·乍萨、依莱、扎西卡等 4 名湄公河案罪犯执行死刑仅仅几分钟后，各大门户网站就对此进行了报道。由于新媒体舆论具有集散、传播甚至放大效应，网络成为人们获取信息的重要渠道，过去存在的一些信息不透明、不对称的现象得到很大改变。

交流思想。新媒体舆论通常是多种声音并存，使网络成为各种思想相互碰撞的场所。2010 年 3 月 30 日，因被很多人嫌弃长相丑陋，认为受人歧视的四川某大学学生曾世杰，在持续的心理压力下走向极端，于校园湖边杀死一名女生、刺伤两名男生。曾世杰"因丑杀人案"是否要进行精神病的司法鉴定，成为法学专家与网民争辩的热点。许多网站开通的辩论台、网上投票等，为不同舆论的争辩提供了场所。

新媒体舆论对政府行为也产生了一定影响，主要表现为以下几点。

第一，以敏捷反应形成即时性影响。

2001 年广西南丹矿区发生特大渗水事故，正是由于新媒体的披露，内幕才得以揭开。同样，2003 年的"孙志刚事件"，也正是由于新媒体舆论的力量，涉案人员才受到法律的严惩，同时也推动了我国的法制进程。2009 年 5 月 7 日的杭州飙车案"70 码事件"也被中国网民称为"欺实马事件"（音同 70 码，取欺负老实人之意），2010 年河北大学"10·16"交通肇事逃逸案（即"我爸是李刚事件"）、2008 年孙伟铭案、2010 年药家鑫案等，都产生了较大的社会反响。

新媒体舆论传播更敏捷、更快速，对政府的行政效率提出了更高要求。广大民众有权质询政府，政府也有责任回复民众。面对质询，政府要有更快捷的反应能力和引起足够的重视，及时公布有关信息，对民众所关心的社会问题予以反馈，以消除民众的疑惑。很多时候，公众的质疑、猜测大多源于信息的不畅通，极个别是少数部门的乱作为和不作为。

第二，以多元反应形成印证性影响。

新媒体的出现，使信息可在瞬间从一个地方无限量地向任何地方传输。任何组织或个人都可以在网上找到发布信息的空间。传播的开放性和传播者的多元化打破了传统媒体舆论传播的垄断局面。

第三，以海量反应形成复杂性影响。

与传统媒体相比，新媒体突破了报纸版面、广播电视固定时段、节目容量等诸多限制。由于传播主体的多元化，每个网民都成为潜在的信息提供者，使网络信息源源不断。同时，数据库的存在使历史信息得以保存，而正是信息集纳的广度型与深度型积累，形成了新媒体舆论的海量信息。

第四，以互动反应形成挖掘性影响。

新媒体的快速回应使互动成为一种必然的经常性交流方式。在传统媒体时代，也有传统意义上的互动，但其范围和影响有限，而且内容也必须受到严格审查，是一种"分时"互动。而网络将互动变成为一种"即时"互动。网络在线调查、及时点评和多渠道的参与，使新媒体舆论形成速度远远快于传统新闻舆论。一个热点事件的存在加上一种情绪化的意见，就可以成为点燃一片舆论的导火索。

二、新媒体舆论存在的问题

新媒体舆论的巨大影响力，导致了新媒体舆论可能产生巨大"杀伤力"，甚至演变为网络暴力。网络传播中的"把关人"缺失导致舆论失控。从近年来的情况看，新媒体舆论存在的问题主要表现在以下方面。

第一，谩骂与攻击。

网络的匿名性及隐藏性使网民对他人的攻击和谩骂成为一种多见现象，特别是在门户网站的新闻跟帖、贴吧、论坛里，对新闻报道的主角或者特定的当事人、单位进行辱骂指责的现象司空见惯，很多是情绪性的发泄。也包括利用博客骂人的，南京大学教授陈堂发就因此状告中国博客网且胜诉。

2005 年 9 月，陈堂发偶然搜索自己的名字，发现自己被指名道姓地在私人博客上辱骂。陈堂发与总部设在杭州的中国博客网联系后，被告知该文章不能删除。于是，陈堂发向南京市鼓楼区人民法院递交了诉状，成为"中国博客第一案"。

第二，发布虚假信息。

由于网络信息发布的便利性，以及网络信息审查与传统媒体的信息审查存在巨大差异，在网络上发布虚假信息非常容易。2006 年 12 月 18 日，温州鹿城警方在论坛上发现对某国家机关的工作人员进行造谣、污蔑的帖子，发帖者陈某被治安拘留 10 天。

2012 年 7 月 26 日，海口市工商局美兰分局执法人员在网络抽检时发现，阿里巴巴网站上有这样一则消息，宣称"海南南×塑料制品有限责任公司成立于1987 年，注册资本：人民币 436 万元，是海南省规模最大、设备最先进的塑料制品加工企业，并拥有一批实践经验丰富的专业技术人才。厂房面积 21 000 平方米，员工 301～500 人，营业额 5 001 万元/年～1 亿元/年，注塑车间拥有全电脑控制精密注塑机 30 多台，月产量 700 吨"等。美兰分局执法人员经初步核查发现，位于海口市桂林洋经济开发区的海南南×塑料制品有限责任公司有利用网络平台进行虚假宣传的嫌疑，随即向该公司下达行政约见书，要求该公司法定代表人于 7 月 30 日到工商部门进行详谈。

经与该公司副总经理详谈并着手调查后，美兰分局执法人员发现该公司实际工人数仅 130 多人，3 年期间的营业额为 2 648.987 1 万元，平均年产量约为 900 吨，且机器设备老化，皆由人工操作。

工商部门认为，该公司在其网络广告中发布与事实不符、夸大企业信息的行为已违反了《中华人民共和国反不正当竞争法》和《中华人民共和国消费者权益保护法》，于是对其做出处罚。由于当事人海南南×塑料制品有限责任公司的认错态度较好，遂责令该公司停止违法行为、消除影响，并处罚款 3 000 元。①

第三，大量民事侵权。

新媒体舆论侵权既有侵犯人身权的，也有侵犯财产权的，如侵犯名誉权、隐私权、肖像权、著作权、信息网络传播权等。未经同意在网上公布当事人的姓名、电话、地址等个人信息，如一些明星电话、地址大公开，干扰了当事人的生活安宁并侵犯了其隐私权。在网络上随便公布他人照片，甚至进行恶搞，则侵犯了他人的肖像权。未经同意，大量转载文章，侵犯他人著作权的现象更是随处可见。

网络并不是法律的真空，新媒体舆论中存在的侵权行为同样要承担相应的法律责任。在民事责任方面，姓名权、肖像权、名誉权、荣誉权受到侵害的，有权要求停止侵害，恢复名誉，消除影响，赔礼道歉，并可以要求赔偿损失。在行政责任方面，根据《中华人民共和国治安管理处罚法》的规定，侮辱或者诽谤他人的、多次发送淫秽等信息的，偷窥、偷拍、散布他人隐私的，要处以拘留或罚款。如果侵权情节严重，构成犯罪的，则要承担刑事法律责任。根据《中华人民共和国刑法》的规定，犯侮辱罪、诽谤罪者要处三年以下有期徒刑、拘役、管制或者剥夺政治权利。

三、新媒体舆论的管理

新媒体舆论是对普通民众话语权限的解放，它满足甚至激发了普通民众想说

① 符玲. 海口首例网上发虚假信息案件被查 已罚款 3 000 元.（2012 - 09 - 20）[2021 - 01 - 24]. http://hinews.cn/news/system/2012/09/20/014986299.shtml.

敢说的欲望。网络是一个巨大的舆论集市，混杂着理性和非理性的各种意见。新媒体舆论热点集中，目前主要话题事关民生，医疗、住房、教育、工资等话题是舆论的焦点，涉官、涉贪的政治话题也是热点。新媒体舆论虚虚实实，情绪化表现突出，既有有根有据的报道，也有无中生有的炒作。

新媒体舆论中有的是谏言，有的则是怨言，谏言固然可嘉，怨言也未必就可畏。有效的社会参与是危机治理的重要环节，让民怨及时发泄出来往往可以缓解冲突，消除某些潜在的隐患，无视甚至压制民怨乃不智之举，日积月累的民怨得不到解决反而会酝酿出更严重的危机。新媒体舆论调控已成为社会管理一个极其重要的方面，如何引导网上舆论，平衡网民心态，理顺网民情绪，关系到发展稳定的大局。

目前，在我国，新媒体舆论的主要平台是网络论坛和微博。网络论坛是用户进行信息交换的场所，是新媒体舆论的主要生成地与集散地。网络的特性使得新媒体舆论与传统舆论相比，舆论生成更为迅速，各种意见纷争也更为激烈，因此，网络在当今社会的舆论传播中扮演了一个不容忽视的角色。

网民们就热点问题展开激烈的讨论，形成强大的舆论影响，甚至对有关部门的决策和施政产生了影响。

但是，网络论坛的舆论功能是有限的，它只能是监督而不可能代替独立的司法程序和行政程序来做出定论和决策。网络舆论的声浪再大也不能取代独立的司法调查或直接参与决策过程，其最根本的功能应该是反映民情民意，对决策过程予以监督，施加或大或小的影响。

此外，网络言论是由网友自由发言而成，难免会泥沙俱下、鱼龙混杂，也会带来负面影响。

新媒体的特性使得任何人只要进入网络，都可借助虚拟身份畅所欲言。每个人都有"麦克风"，受众的地位空前提升，传方的主导性减弱。传统意义上的受众摆脱了被动的地位，开始成为主动的信息传播参与者，这样就使得各种议题纷呈，消解了舆论的整合性，出现了极度的舆论多元化和分散性。

在争夺眼球的竞争中，个别网站为了吸引受众，将道听途说的消息编发上网，转发或引用虚假新闻误导公众、混淆视听，从而产生了很大的负面影响。

新媒体舆论是时代发展和社会进步的产物，这就注定了我们必须积极应对而不能消极回避。对待新媒体舆论，要像大禹治水，重在疏而非堵，既要发挥新媒体舆论的积极作用，又要把它的负面影响降到最低，这需要做到以下几点。

（1）管理舆论。言论自由是有界限的，这个界限就是不能超越法律的限度，《全国人民代表大会常务委员会关于维护互联网安全的决定》《信息网络传播权保护条例》等法律法规的规定是不能逾越的。目前，规范网络的法律法规并不少，但也存在多头管理、交叉管理、职责不明的现象。规范新媒体舆论，需要进一步完善、清理立法，形成系统、有序地调整网络关系的法律体系。

（2）掌握舆论。在网络时代，要形成健康向上、法治文明的新媒体舆论，就必须让网民喜闻乐见、弘扬正气的舆论占据主导地位，及时清除有害信息与消极舆论。同时要积极引导舆论，政府网站与门户网站应当在这方面发挥重要的作用。

（3）自律舆论。作为网站，应当文明办网；作为网民，应当文明上网、理性上网，倡导网络文明道德，使网络成为先进文化的传播阵地。对网上的不良信息不点击、不评论、不转发，并积极向有关部门进行举报，创造洁净的网络空间，促进网络健康和谐发展。新媒体在对社会产生影响的同时，也必须承担相应的社会责任，充分运用其强大的影响力，发挥媒体的舆论引导作用。

新媒体舆论多元分散的特点对舆论管理提出了整合和针对性的新要求。整合是一个含义宽泛的用语，这里主要是指包容、宽容、寻找共同点、组织为一体。

针对性是新媒体舆论管理的重要要求。网络是一个多元世界，各种思潮都在网上积极寻找自己的空间。

内容的针对性包括五点：一是针对公众对事实了解的需求；二是针对被歪曲的事实；三是针对对事实的曲解；四是针对对主流意识形态的攻击；五是针对各种偏激的非理性言论。手段的针对性主要是指分众。分众是个性化的扩展，若干共同个性要求的集合形成一个共性群体，将一个整体划分成若干个共性群体就是分众。新媒体的个性化或分众化服务，是新媒体相互竞争的重要手段。应当引起新媒体舆论引导者的高度重视。

我们要特别强调，不能将新媒体妖魔化，不能将新媒体舆论的混乱完全归咎于新媒体本身。新媒体仅仅是交流的工具，是信息流通的渠道。新媒体上流通的信息一部分是有害的，但更多的是无害的。新媒体所带来的正面社会效益远远超过其负面效应。

与官方权力话语相比，民间舆论尚较为薄弱，属于我国较为稀缺的话语资源。新媒体舆论表达了来自社会的声音和话语，并能形成较大的辐射面和影响力。这对形成舆论的多元化格局有着不可替代的作用。而舆论多元的良性状态正是言论自由这一理念的主旨，更是构建和谐社会的应有之义。

第三章　新媒体舆论研究的理论模型

新媒体的快速兴起和蓬勃发展不仅带来了信息传播技术的根本性变革，而且改变了人们的生产活动、生活方式、人际交往以及思维方式，对社会生活的各个领域和人自身的生存与发展产生广泛而深刻的影响。20 世纪 50 年代，著名的传播学者麦克卢汉就断言，媒体革命的后果是：所有个人和社会生活都要为适应新技术建立起来的新感觉模式进行调整。然而，在新技术面前，相应的基础理论研究往往是滞后的。

第一节　新媒体研究理论模型

目前，新媒体产业飞速发展，产生了巨大的社会影响力，已经渗透到政治、经济、科技、教育、文化等社会各个方面。但是，新媒体的基础理论在全球范围内都十分薄弱。

目前国际学术界认可并被广泛采用的新媒体理论模型主要有以下几个。

一、创新扩散理论

创新扩散理论是美国学者埃弗雷特·罗杰斯于 20 世纪 60 年代提出的一种关于通过媒介劝服人们接受新观念、新事物、新产品的理论，侧重于大众传播对社会和文化的影响。目前，创新扩散理论在西方学术界已被广泛应用到新媒体研究中。

罗杰斯认为，创新是一种被个体或其他采用单位视为新颖的观念、实践或事物；创新扩散是指一种基本社会过程，在这个过程中，个体主观感受到的关于某种新语音的信息被传播。通过一个社会构建过程，某创新的意义逐渐显现。

1962 年，罗杰斯研究了多个有关创新扩散的案例，出版了《创新的扩散》（*Diffusion of Innovations*）一书，他考察了创新扩散的进程和各种影响因素，总结出创新事物在一个社会系统中扩散的基本规律，提出了著名的创新扩散 S 曲线理论。

罗杰斯总结了有关创新扩散的研究。该书将创新扩散这一过程分为知晓、劝服、决定、确定四个阶段，并提出了"创新扩散"的基本假设（见图 3-1）。

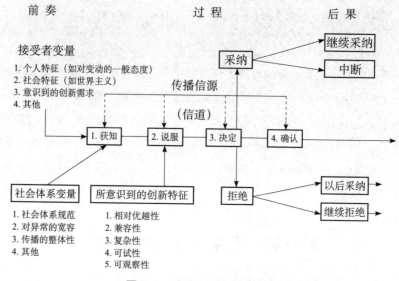

图 3-1　创新扩散理论模型[①]

20 世纪七八十年代，创新扩散研究转向在社会和文化境况中研究传播媒介和受众，编码与译码、传媒与社会发展等注重双向性和宏观层面的研究成为热点。

第一，个人创新性的等级。

罗杰斯将"个人创新性"分为五个等级，即先驱者（innovator）、早期使用者（early adopter）、早期大多数（early majority）、晚期大多数（late majority）以及迟缓者（laggard）五种不同类型的采用者。

（1）先驱者是采用"创新"的先锋，但是过于快速接受"创新"常显示出其喜欢冒险与鲁莽之缺憾。

（2）早期使用者常具有意见领袖的特质，其审慎特性与领导能力对后续的采用者有着决定性影响，因此，对"创新"的推广影响深远。早期使用者所具有的工作热忱、人际关系及影响力，使其成为担任组织内"创新媒介者"的最佳候选人。

① 罗杰斯. 创新的扩散. 辛欣，译. 北京：中央编译出版社，2002：10.

（3）早期大多数在深思熟虑后接受"创新"。

（4）晚期大多数是多疑的一群人，在对"创新"的相关疑虑消除后逐渐接受成为采用者。

（5）迟缓者则是传统、保守，不到万不得已不采用"创新"的那群人。

第二，创新扩散的过程可以分为以下阶段。

（1）获知：接触创新并略知其如何动作。

（2）说服：有关创新的态度形成。

（3）决定：确定采用或拒绝一项创新活动。

（4）实施：投入创新运用。

（5）确认：强化或撤回关于创新的决定。

第三，影响采用率的创新特征。

（1）相对优越性：某项创新优越于它所取代的旧主意的程度。

（2）兼容性：某项创新与现有价值观、以往经验、预期采用者需求共存的程度。

（3）复杂性：某项创新理解和运用的难度。

（4）可试性：某项创新在有限基础上可被试验的程度。

（5）可观察性：某项创新结果能被他人看见的程度。

创新扩散的传播过程可以用一条"S"形曲线来描述。在扩散的早期，采用者很少，进展速度也很慢；当采用者人数扩大10％～25％时，进展突然加快，曲线迅速上升并保持这一趋势，即所谓的"起飞期"；在接近饱和点时，进展又会减缓。整个过程类似于一条呈"S"形的曲线（见图3-2）。

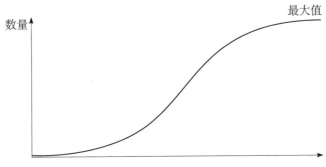

图 3-2　创新扩散模型 S 曲线

资料来源：罗杰斯.创新的扩散.辛欣，译.北京：中央编译出版社，2002：12.

在创新扩散过程中，早期使用者为后来的起飞做了必要的准备。这个看似势单力薄的群体能够在人际传播中发挥很大的作用，劝说他人接受创新。在罗杰斯看来，早期使用者就是愿意率先接受和使用创新事物并甘愿为之冒风险的那部分人。这些人不仅对创新初期的种种不足有着较强的忍耐力，还能够对自身所处群体的意见领袖展开游说，使之接受以至采用创新产品。之后，创新又通过意见领袖们迅速向外扩散。这样，创新距其"起飞期"已然不远。

罗杰斯指出，创新事物在一个社会系统中要能继续扩散下去，首先必须有一定数量的人采纳这种创新事物。通常，这个数量是人口的10％～20％。创新扩散比例一旦达到临界值，扩散过程就起飞，进入快速扩散阶段。饱和点（saturated point）的概念是指创新在社会系统中一般不总能百分之百地扩散。事实上，很多创新在社会系统中最终只能扩散到某个百分比。当系统中的创新采纳者不再增加时，系统中的创新采纳者数量（绝对数量表示）或创新采纳者比例（相对数量表示），就是该创新扩散的饱和点。

罗杰斯认为，创新扩散总是借助一定的社会网络进行，在创新向社会推广和扩散的过程中，信息技术能够有效地提供相关的知识和信息，但在说服人们接受和使用创新方面，人际交流则显得更为直接、有效。因此，创新推广的最佳途径是将信息技术和人际传播结合起来加以应用。①

二、技术接纳模型

技术接纳模型（technology acceptance model，TAM）是1989年由戴维斯在菲伯特和埃捷的理性行为理论的基础上提出的，用以研究用户对新媒体的接受的一个模型。根据理性行为理论，消费者的行为是由其行为意向决定的，而消费者的行为意向又受其行为态度的影响。技术接纳模型被广泛地应用于新媒体研究，尤其是对用户的行为意向的研究。所谓行为意向（behavioral intention）是指个体企图执行特定行为的主观概率，它是个体从事某种行为的意愿强度。按照技术接纳模型，用户使用新媒体的行为意向受到其态度（attitude）和有用性感知（perceived usefulness）的共同影响。态度是指个体对特定行为喜欢或反感的程度，受到有用性感知和易用性感知（perceived ease of use）的影响。有用性感知是指个体相信使用一个特定系统能提高其工作绩效的程度，可以直接影响参与意向。易用性感知则是指个体相信使用特定系统能够省力的程度，它通过有用性感知来影

① 罗杰斯. 创新的扩散. 辛欣，译. 北京：中央编译出版社，2002：12.

响行为意向。技术接纳模型在国际传播学界亦被较多引用。

技术接纳模型有两种常见的表述（见图 3-3、图 3-4）：

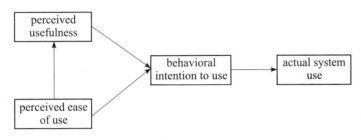

图 3-3 技术接纳模型的英文表述

资料来源：FISHBEIN M，AJZEN I. Predicting and changing behavior：the reasoned action approach. East Sussex：Psychology Press，2010：43.

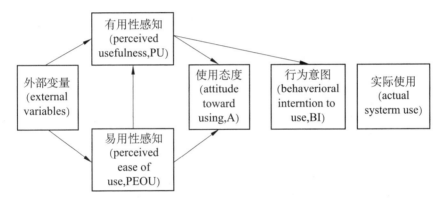

图 3-4 技术接纳模型的中文表述

资料来源：FISHBEIN M，AJZEN I. Predicting and changing behavior：the reasoned action approach. East Sussex：Psychology Press，2010：43.

注：中文为本书作者所译。

三、计划行为理论

计划行为理论（theory of planned behavior，TPB）能够帮助我们理解人是如何改变自己的行为模式的。计划行为理论认为，人的行为是经过深思熟虑的计划的结果。

计划行为理论是由埃捷（1988，1991）提出的。它是埃捷和菲伯特（1975，1980）共同提出的理性行为理论（theory of reasoned action，TRA）的继承者。埃捷经过研究发现，人的行为并不是完全出于自愿，而是处于控制之下，因此，他将理性行为理论予以扩充,增加了一个对自我"行为控制认知"的新概念,从而发展成为新的行为理论研究模式——计划行为理论(见图3-5)。

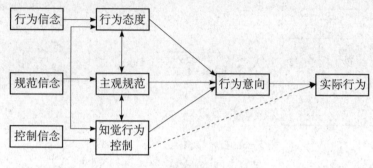

图3-5 计划行为理论模型

资料来源:FISHBEIN M,AJZEN I. Belief, attitude, intention, and behavior: an introduction to theory and research. Boston:Addison-Wesley Publishing Company, 1975:53.

(一)计划行为理论五要素

(1)态度是指个人对该项行为所抱持的正面或负面的感觉,亦即由个人对此特定行为的评价经过概念化之后所形成的态度,所以态度的组成部分经常被视为个人对此行为结果的显著信念的函数。

(2)主观规范(subjective norm)是指个人对于是否采取某项特定行为所感受到的社会压力,亦即在预测他人的行为时,那些对个人的行为决策具有影响力的个人或团体对个人是否采取某项特定行为所发挥的影响作用的大小。

(3)知觉行为控制(perceived behavioral control)是指反映个人过去的经验和预期的阻碍,当个人认为自己所掌握的资源与机会越多、所预期的阻碍越少,对行为的知觉行为控制就越强,其产生影响的方式有两种:一是对行为意向具有动机上的含义;二是能直接预测行为。

(4)行为意向(behavior intention)是指个人对采取某项特定行为的主观概率的判定,它反映了个人对采行某一项特定行为的意愿。

(5)行为(behavior)是指个人实际采取行动的行为。

埃捷认为,所有可能影响行为的因素都是经由行为意向来间接影响行为表现的。而行为意向受到三项相关因素的影响:其一是个人本身的"态度",即对采取某项特定行为所抱持的"态度";其二是外在的"主观规范",即会影响个人采取某项特定行为的"主观规范";其三是"知觉行为控制"。

一般而言,个人对某项行为的态度越正向,个人的行为意向越强;对某项行为的主观规范越正向，同样，个人的行为意向也会越强；而当态度与主观规范越正向且知觉行为控制越强，则个人的行为意向也会越强。反观理性行动理论的基本假设，埃捷主张将个人对行为的意志控制力视为一个连续体，一端是完全在意志控制之下的行为，另一端则是完全不在意志控制之下的行为。而人类大部分的行为落于这两个极端之间的某一点。因此，要预测不完全在意志控制之下的行为，有必要增加知觉行为控制这个变项。不过，当个人对行为的控制接近最强的程度，或是控制问题并非个人所考量的因素时，则计划行为理论的预测效果与理性行为理论是相近的。

（二）计划行为理论的主要观点

（1）非个人意志完全控制的行为不仅受行为意向的影响，还受执行行为的个人能力、机会以及资源等实际控制条件的制约，在实际控制条件充分的情况下，行为意向直接决定行为。

（2）准确的知觉行为控制反映了实际控制条件的状况，因此它可作为实际控制条件的替代测量指标，直接预测行为发生的可能性（如图 3-5 中的虚线所示），预测的准确性依赖于知觉行为控制的真实程度。

（3）行为态度、主观规范和知觉行为控制是决定行为意向的三个主要变量，态度越积极、重要他人支持越大、知觉行为控制越强，行为意向就越强，反之就越弱。

（4）个人拥有大量有关行为的信念，但在特定的时间和环境下只有相当少量的行为信念能被获取，这些可获取的信念也叫突显信念，它们是行为态度、主观规范和知觉行为控制的认知与情绪基础。

（5）个人以及社会文化等因素（如人格、智力、经验、年龄、性别、文化背景等）通过影响行为信念间接影响行为态度、主观规范和知觉行为控制，并最终影响行为意向和行为。

（6）行为态度、主观规范和知觉行为控制从概念上可完全区分开来，但有时它们可能拥有共同的信念基础，因此它们既彼此独立，又两两相关。

四、新媒体研究的理论模型整合："STIP 模型"

通过前文的分析与梳理，创新扩散理论模型、计划行为理论模型、技术接纳模型都有着严格的适用范围，创新扩散理论旨在研究新事物的扩散过程，计划行为理论对态度与行为的一致性进行探讨，技术接纳模型则用于人们对新技术的接受过程。这三个经典模型在新媒体领域有一定的适用性，但不能完全满足对新媒体产品及技术使用的研究需求。基于对以上模型的梳理、归纳和总结，笔者试图建立一种新的、适用于新媒体研究的理论模型——"STIP 模型"。

（一）新媒体研究"STIP 模型"的提出

"STIP 模型"的内容就是：用户是否接受并使用一种新媒体产品，主要受到四方面因素的影响，即社会制度、技术特征、周围人影响以及个人特征。简化的模型更具有普适性，同时也易于传播，因此我们简化了计划行为理论和技术接纳模型中从"行为态度"到"行为意向"，再到"实际使用"的复杂过程，直接采用"实际使用"作为结果变量（见图 3-6）。

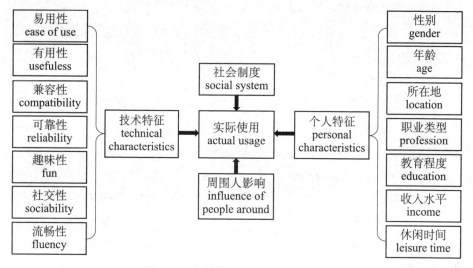

图 3-6 新媒体研究的"STIP 模型"

（二）新媒体研究"STIP 模型"的四要素

1. 社会制度

在不同的社会制度下，对新媒体产品及新媒体内容的管制程度不同，会影响用户对新媒体的使用。关于不同社会制度下对传媒（报刊）的划分，一般可以分为报刊的威权主义理论（authoritarian theory of the press）、报刊的自由主义理论（libertarian theory of the press）、报刊的社会责任理论（social responsibility theory of the press）以及报刊的苏联共产主义理论（soviet communist theory of the press）。虽然对不同社会制度下传媒的划分没有那么绝对，且随着时间的推移也在变化当中，但能达成共识的是不同的社会制度对传媒的管制程度不同，这也会直接影响到用户对某种新媒体产品的接受程度。

2. 技术特征

技术特征是指某种新媒体产品所具备的一些技术层面的特征，也就是能使用户感受到的产品特点，如易用性、有用性、兼容性、可靠性、趣味性、社交性、流畅性。易用性是指这种新媒体产品操作简单、上手容易，大多数人使用起来没有困难和障碍。有用性是指这种新媒体产品所提供的内容是有用且有价值的，比如说能提供一些职场技能、生活妙招、兴趣爱好等有用的信息。兼容性是指使用这种新媒体产品与用户的学习/工作/休闲方式相契合，比如说适应现在快节奏、碎片化的信息获取方式。可靠性是指这种新媒体产品是安全可靠的，不会随意泄露用户隐私，不会将数据拿来二次利用和售卖等。趣味性是指这种新媒体产品能满足用户的娱乐需求，借此能看到好玩、有趣的内容，达到愉悦身心的目的。社交性是指这种新媒体产品不仅能自己使用，而且还能评论或分享里面有意思或有价值的内容，起到社交的作用。流畅性是指这种新媒体产品使用起来是流畅的，不会突然被广告打扰或者接收到一些用户很不感兴趣或者质量很低的内容，破坏用户使用的流畅感。

3. 周围人影响

个体在社会中生活，就会受到周围人的影响，我们将其对个人产生的影响细化为同辈影响和上级影响。同辈影响是指周围同伴对个体的影响，个体或出于耳濡目染的环境熏陶而接受新技术，或因害怕被同伴排挤而做出放弃自我也要顺从群体的选择。上级影响则指社会生活中权威、地位、知识、能力等超过个体的个人或团体，对个体做出的规范。这有时是命令性规范，是上级对下级提出的"认为个体该怎么做"；有时是示范性规范，个体出于学习和模仿的动机产生对特定行为主观规范的感知。

4. 个人特征

用户的个人特征也影响到其对新媒体产品的接受和使用。一般来说，性别、年龄、所在地、职业类型、教育程度、收入水平这几个变量在很多研究中都是通用的变量，会影响个体的实际行为。在此，特别加入休闲时间这个变量，因为对新媒体产品的使用要占据用户的时间，而时间和注意力都是当今快节奏工作和生活中的稀缺资源，所以能有多少可支配的休闲时间也直接影响到用户是否使用新媒体产品，以及使用新媒体产品的程度如何。

（三）新媒体研究"STIP 模型"与前三个模型的联系

"STIP 模型"中的社会制度主要源于创新扩散模型中的"社会体系变量"，

包括社会体系规范、对异常的宽容、传播的整体性等。在不同的社会制度下，对新媒体产品及新媒体内容的管制程度不同，会影响用户对新媒体的使用。

"STIP 模型"中的技术特征主要源于创新扩散模型中的"所意识到的创新特征"及技术接纳模型中的"有用性感知"和"易用性感知"。创新扩散模型中的"所意识到的创新特征"包括相对优越性、兼容性、复杂性、可试性以及可观察性，其中的"复杂性"与技术接纳模型中的"易用性感知"以及计划行为理论模型中的"知觉行为控制"，即个体感知到的采取某项特定行为的难易程度，这三者代表同一个意思，因此我们将"易用性"作为"STIP 模型"技术特征中的第一点，同时也对其他几个特征进行了取舍，仅保留了有用性和兼容性，并添加了新媒体时代对产品特征的新要求，如社交性、可靠性、趣味性、流畅性等。

"STIP 模型"中的周围人影响主要源于计划行为理论中的"主观规范"，也就是指个体在决定是否采取某项特定行为时所感受到的社会压力，反映了重要他者（significant others）对个体行为决策的影响。

"STIP 模型"中的个人特征主要源于创新扩散模型中的"接受者变量"和技术接纳模型中的"外部变量"。根据新媒体时代用户的需求、心理及生活习惯，采用性别、年龄、所在地、职业类型、教育程度、收入水平、休闲时间作为个人特征的二级变量。

第二节　新媒体舆论研究的蝴蝶效应模型

美国气象学家爱德华·洛伦兹（Edward N. Lorenz）1963 年在一篇提交纽约科学院的论文中分析了蝴蝶效应。通俗的阐释是：一只南美洲亚马孙河流域热带雨林中的蝴蝶，偶尔扇动几下翅膀，可以在两周以后引起美国得克萨斯州的一场龙卷风。原因就是蝴蝶扇动翅膀的运动，导致其身边的空气系统发生变化，并产生微弱的气流，而微弱的气流的产生又会引起四周空气或其他系统产生相应的变化，由此引起一种连锁反应，最终导致其他系统的极大变化。蝴蝶效应是混沌学的一个比喻，说明不起眼的一个小动作却能引起一连串的巨大反应。在网络舆情中，蝴蝶效应经常发生，即一个很小的事件却能引起较大的舆论风波。

一、新媒体舆论演化的蝴蝶效应

(一)网络舆论蝴蝶效应的定义

从沃尔特·李普曼在《舆论学》中提出"舆论"概念肇始,其定义呈现多样化特征,普遍认同的一种定义是指在一定社会范围内,消除个人意见差异,反映社会知觉和集合意识的、多数人的共同意见。其主体是"意见",舆论的传播也就是意见的流动过程。

如果只把网络视作传播工具,则"网络舆论"可界定为"网络舆论就是在互联网上传播的、公众对某一焦点所表现出的、有一定影响力并带倾向性的意见或言论"[①]。实际上,"网络舆论"的基本定义超越了简单的技术层面解读,而被看作社会表达渠道,更加符合我国当下的国情。

蝴蝶效应由美国人洛伦兹于1963年提出。网络舆论蝴蝶效应,是对网络舆论产生巨大社会影响的一种隐喻。蝴蝶效应说的是复杂混沌的系统无法精确预计和完全控制,虽然个人不具有传统意义上控制者的力量,但都是拥有微妙影响的蝴蝶力量,即"无力者的力量"[②]。有学者提出,网络舆论中的蝴蝶效应,是一种在网络舆论初始条件不确定的情况下,进行意见表达时形成的非线性不规则的混沌现象。[③]这个定义强调了蝴蝶效应中网络意见表达的"非线性不规则"性及"混沌性",但将网络舆论初始条件的细微性及引起结果的不确定性省略为"网络舆论初始条件的不确定性",忽视了蝴蝶扇动翅膀的本来含义及风暴产生的可能性。也有研究者提出,蝴蝶效应是指日常生活中的"平常"小事在网络作用场中产生巨大的连锁反应,引起文化界、思想界乃至政界的普遍反响。[④]这种提法实质是强调"小事"可以演变成舆论"龙卷风"或产生"轰动效应",注意到了蝴蝶效应的中立性,但作为定义描述的较为宽泛,缺乏对演变过程的分析,失于空泛。

我们认为,网络舆论蝴蝶效应是指微内容经过舆论压力集团——网民对信息的细化与叠加,引发网络媒体与传统媒体的协同效应,经实体社会的相关方反馈

---

① 谭伟.网络舆论概念及特征.湖南社会科学,2003(5):3.

② 捷克作家哈维尔提出了"无力者的力量"一词,见布里格斯,皮特.混沌七鉴.陈忠,金纬,译.上海:上海科学教育出版社,2008。

③ 韩晓杰.混沌理论视野下的网络舆论监督特点与管理初探:对人民网"强国论坛"的个案观察.人民网,2009-12-21.

④ 王益富,申可君.网络社会角色心理现象与分析.淮阴师范学院学报(哲学社会科学版),2009,31(3):4.

后，最终形成舆论的倍增效应。

在这个概念中，首先，强调网络舆论产生的初始条件具有敏感性；其次，强调蝴蝶效应并非突然间的风暴，而是有着自相似性；再次，初始条件经过演变产生的结果强调具有不确定性，而非必然的破坏性；最后，蝴蝶效应发生的过程具有混沌性，在无序中见到有序，分形和迭代即为其秩序。

（二）网络舆论蝴蝶效应的要素及特点

在网络舆论蝴蝶效应演变中，网民通过对网络事件细节的细化与叠加，形成树状的信息结构。对于某些热点事件，受众会把知识和认知范围内的情绪和倾向作为增效剂，利用普通网页、新闻、论坛、博客、跟帖、回帖等多种通道，混合放大成新的信息，形成新的舆论。同时自身身份出现转变，从单纯的信息接收者变为同时扮演信息发现者、传送者的角色，在反馈的同时向网络中不同方向、不同群体进行信息反馈，诱发大范围、多层次受众的思想和行为"共振"，借助网络独特的双向互动、多向互动作用，"共振"循环往复，产生叠加效应。[1] 不断扩展"共振"区域，扩大"共振"幅度，以几何倍数的扩散速度，呈现爆发式影响力，最后产生"雪崩"效应，舆论风暴就此形成并不断推进，社会动员功能不断增强。

可见，网络舆论蝴蝶效应的发生有三个要素：微内容的发布，网络媒体与传统媒体的协同反应，利益相关者的反馈。

网络舆论蝴蝶效应的舆论倍增、指数级放大效果，主要体现在以下几个方面：一是微内容发布者与事件相关者所拥有社会资源的对比，体现的是弱者之力；二是初始内容之"微"与舆论风暴引起的物质、信息、能量等的变动之大；三是体现为舆论压力集团人数之巨，观点触角之深。

网络舆论蝴蝶效应既包括社会事件，其特点是以新闻人物为主体，以媒体，尤其是网络媒体为实施权利救济的主要渠道等；也包括文化事件，其特点是以某个人物作为某种文化的代表，大众追捧某种异质文化，形成社会舆论。本书重点讨论网络舆论蝴蝶效应中的社会事件。

二、新媒体舆论演化的模型与变量

（一）模型概述

为解释网络传播产生社会影响的演变路径，需要构建一个网络传播蝴蝶

---

① 任贤良．舆论引导艺术：领导干部如何面对媒体．北京：新华出版社，2010.

效应的演变模型，将看似繁杂的网络传播过程按照信息源、传播主体、反馈主体、反馈指数等要素进行模式化处理。然而，"适用于一切目的和一切分析层次的模式是不存在的"，任何模型都有适用性和局限性。此外，鉴于某些数据的有限性及现阶段研究面临的限制，本书所构建的模型也只能是一次有益的尝试。

网络舆论蝴蝶效应是非线性系统。在非线性方程中，一个变量的微小变化可能会对其他变量有不成比例的，甚至倾覆性的影响。各要素之间的相关性可以在很大范围内保持相对不变，但在某些临界点会发生分裂，系统进入新的状态。同样，在舆论演进的不同阶段，某个变量的微小变化会对其他变量产生影响，造成舆论传播效果的指数级放大，模型的设立具有一定难度。

同时，模型不仅要反映网络与外部世界的复杂联系，还要重现传播过程中各种因素在各个阶段的作用及相互影响，将整体与局部、要素与因素、内在结构与外在关系等有机结合起来。最重要的是，网络与外界环境进行交流的方式是复合式的，是点对点、多对多、双向、水平散布的网状模式。在这种网络模式中，哪些因素居于中心位置，需要大量数据和实验才能明确把握。

本书构建的模型既有结构性模型特点，侧重于描述网络舆论蝴蝶效应发生的结构体系，又有功能性模型特点，从传播功能、能量、信息流向等角度，描述传播系统及传播要素间的关系及相互影响。

需要指出的是，网络舆论蝴蝶效应的发生概率与信息本身的重要程度并没有必然联系。一些重要而敏感的事件可能不会进入蝴蝶效应的发生轨道，因为传统媒体已经注入了足够的注意力。同样重要的事件，由于发布平台和解读机制不同，会出现截然不同的效果。因此，网络舆论蝴蝶效应演变模型的一个重要问题是，同等重要和敏感的事件，哪些因素促成了网络舆论的倍增效应？本书提出一个简单公式，即：网络舆论蝴蝶效应＝网络参与度×传统媒体参与度/相关方正反馈度。

可以看出，这个模型包括了以下几个要素（见图3-7）。

一是传者。在网络舆论蝴蝶效应中，传者具有多元化特点，包括网民、网络媒体、传统媒体、公共机构、网络推手。网络舆论中传者的特点主要是每种传者，包括网民在内，都具有自我议程设置功能，摆脱了原来纸质媒体的权威地位，摆脱了失语状态。在网络舆论蝴蝶效应中，传者同样可以决定传播的时间、内容和形式，但少了对信息的把关和过滤。

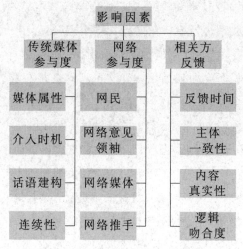

图 3-7　网络舆论的影响因素

二是受众，即信息的接收者。受众是传播过程中信息的接收者，是传播的对象或"目的地"，同时又是传播者积极主动的接收者和反馈者。传统意义的受众具有以下特点：人数众多、广泛性、复杂性和分散性及无组织性、不固定、不确定及隐匿性。在网络传播中，受众（网络用户）由隐匿走向公开，由接收者变为发布者。

三是传播媒介。随着技术的进步和应用日益广泛，媒介大规模融合。传播媒介不仅融合了传统媒体和网络媒体，而且在网络媒体中，又有微博、播客、流媒体等新形式。值得关注的是，突发性新闻事件，可能从发酵和媒体介入开始，直接发展到爆发阶段，也有一些热点事件，由于事件的不断发展，线索的不断提供，形成一波又一波的舆论热点。随着便携式终端的发展，网络舆论不再局限于互联网，移动互联网也成为值得关注的领域。

四是传播内容。通常而言，在蝴蝶效应发生过程中，不仅包括原创微内容，也包括纸媒内容，二者交替出现，呈乘数效应。从数量上看，原创微内容具有小体积、大容量的特点，在短期内集中出现，并且在信息和观点交换的过程中碰撞出新的观点，发现信息的新线索，增长速度惊人。纸媒内容则与前者有交叉，其出现速率与前者成正比。从质量上看，原创微内容由于缺乏传统"把关人"对信息的过滤筛选机制，质量良莠不齐。而纸媒内容虽然在出现时间点上稍微滞后，但由于较为严谨的工作流程及现实社会的诸多约束，对观点的平衡和客观性也要求更高。二者皆具有井喷和发酵的特点。

五是传播方向。网络舆论蝴蝶效应的传播方向最明显的特点是多向互动性。网络媒体与传统媒体之间，网民与网民之间，普通网民与意见领袖之间，网络虚拟世界与线下实体社会之间，时刻保持着活跃的互动状态。由于网络媒体的互动性、即时性、多媒体性等特点，信息传播方向在网络共同体的小范围内有明确指向，而在大范围内则呈网状发散。

六是传播效果。网络舆论蝴蝶效应在传播效果方面最大的特点是指数级放大，突出体现为初始条件与最后结果之间在等级、数量、影响范围等方面的巨大反差，也体现在影响人群数量之庞大、观点冲击力之强等方面。由于蝴蝶效应中信息传播呈现短期集中爆发等特点，因此信息噪声突出。信息噪声的处理过程也是传者与受众、线上与线下、网络媒体与传统媒体交相互动的过程。传统媒体的介入，实体社会的反馈皆扩大了传播效果。

（二）网络参与度

中国互联网络信息中心提出"互动参与指数"以反映网民的社会参与程度。报告显示，我国网民 2009 年的互动参与指数为 49.0，高于 2008 年的 47.0，也高于美国的 45.8。[①] 这一特征在各种突发公共事件中突出表现为公众在公共领域中参与程度的提高。

1. 网民的内部协同

网民作为一种自媒体，在起源于微内容的网络热点事件发展过程中扮演着重要角色，具有一系列协同优势。

第一，庞大的用户群加上瞬时传播造就了"压力集团"。网络传播由线性传播进化为非线性传播，受众由"聆听者"和"被教育者"演进为拥有与媒体几乎同样话语权的信息发布者，由传统媒体一人布道式的"教堂式传播"，变为众语喧哗的"大集市式传播"。庞大的用户基础，将网络媒体推上了主流媒介的位置。而且，这种靠体制外监督产生的体制内监督，在当今我国特殊的管理体制下，有着巨大的影响力。

第二，自我赋权意识强烈。赋权一般被定义成"给予权力或权威；给予能力；使能，给机会"。哈佛大学著名管理学家奎因·米勒指出，赋权是指发展积极的自我能力意识，对周围的社会政治环境有批判性的、分析性的理解和认识，

---

① 中国互联网络信息中心. 第 25 次中国互联网络发展状况统计报告.（2013 - 05 - 03）［2012 - 08 - 04］. https://www.cnnic.net.cn/hlwfzyj/hlwxzbg/201001/P020120709345300487558.pdf.

同时可以增加个人和集体的资源。网络社群因观点而结成暂时的联盟,对意见的发布和社会动员进行自我赋权。这种赋权不是与政府权力和既有权威部门的简单交接,而是各种力量错综交织和此消彼长的长期博弈过程。

第三,信任感与约束感强。网络舆论复杂自适应系统具有约束力。一是意见的约束。新的媒介技术赋予人们越来越强的信息"过滤"以及"自我选择"的能力,也使网络公共空间分化的问题凸显。随着舆论的不断推进,网络舆论会自动聚集为针锋相对的两种意见,其他零散的意见会逐渐被排挤出公众视野。这种约束呈现出网络舆论主体的分化倾向,使得舆论主体同质化特点更加明显。二是对未来行动的约束。舆论主体不仅会对事件本身发表看法,而且会对如何发挥网络的社会动员功能提出计划和步骤。两种约束机制发挥何种效力,取决于网络意见领袖的组织力和凝聚力。

第四,共享偏好度高。网络舆论蝴蝶效应发生过程中的网民具有较强烈的共享偏好,乐于将自己的目标、技术和信息与他人分享。克劳科认为,即使缺乏直接的收益,信息也能得到广泛共享,这是在线互动的某些特征以及互联网参与者的文化所致。与物理社区的交换文化不同,网络中严格的、双向的、实时的互惠并非必需。对于贡献者而言,提供信息的成本远远低于其能获得的潜在回报,并使其在网络世界中被奉为信息灵通人士,提高了其自我成就感。而且,由于接收者众多,形成了规模经济,创造了积极的外在效应。

第五,网络的数据库功能。信息数字化带来的数据库功能和记忆特性为搜索引擎、技术的更广泛应用及网民信息需求的自我满足提供了可能。网络记录的个人言行,尽管权威性难以保证,但容量却在不断更新和扩大,经过相互印证后也具有了某种权威性。同时,它还具有公开性,任何人只要进行简单注册,就可以从时间和空间两个层面接近信息。网络事件中,越是经过数据挖掘得到的信息,越具有吸引力。越是被他者客观记录的内容,越被视为权威资料。对这些细节进行反思性解读,在许多事件中具有"敲门砖"的功能。

第六,隐性议题的发掘。在网络事件发生之始,信息呈现井喷趋势。众多网民通过微内容集聚,思维方式呈树状。信息需求具有立体性,既有与事件本身高度相关的细枝末节,又有其发生背景、前因后果等制度性反思。这就使得一个网络事件的"信息树"格外庞大。

2. 网民内部协同效果影响因素分析

第一,自我议程设置效果。在网络舆论蝴蝶效应发生后,网民通过论坛、博客、新闻点击、留言等方式，对某些重要问题进行反馈、讨论、传播，实现自我设置议题，促使传统媒体、权力部门关注热点事件，引导热点事件的解决。议程设置的主体变化后，议程设置的力度并没有减弱，而是在和传统媒体的交互性设置中，议程主题的传播范围更广，影响更大。传统媒体中，议程设置沿着议程设置者→媒体→受众的单线程流动，在网络媒体中则是网民↔网络媒体↔传统媒体议程设置者↔传统媒体的环形立体流动。① 不容忽视的另一面是，议程设置主体的更迭，在依靠意见的自由市场难以掌握充分的信息时，也会滋生谣言，使得网络暴力肆意横行，在网络媒体和传统媒体中交互推波助澜。

第二，议题转换次数。互联网凭借技术特性在信息扩散和动员方面具有无与伦比的优势，其能否建构有效的公众舆论，则取决于网络舆论的分割程度。一方面，网民态度的极化降低了这种分割程度，舆论形成初期，网民意见的极化程度越高，越容易形成具有影响力的舆论，进入传统媒体的选择体系。另一方面，舆论形成后期，网络舆论是否具有一致性和持久性，则取决于隐性议题的发掘。网络舆论具有共同目标，运用一定的网络技术共同完成这个虚拟目标，甚至进行线下行动时，这种分割也会在共同行动目标、步调中得以弥合。这在一定程度上抵消了网上公共行动风险带来的冲击。

第三，舆论信息树的立体化程度。在网络事件发生之始，信息需求会呈现井喷趋势。众多网民通过微内容集聚，思维方式呈树状。网络舆论总是从一个中心点开始。每个关键词都成为一个子中心或者联想，合起来以一种无穷无尽的分支链的形式向四周放射，或者归于一个共同的中心。

第四，与网络历史事件的关联度。网络事件在经过一定时间的发酵之后形成一个热点，之后由于缺乏新近信息的刺激会处于冷冻状态，即网友既未完全忘却，也由于没有新的刺激而无从再次"冲高"。在这个新闻节点上，如果有类似事件发生，联想机制也会发挥作用，再次形成新闻热点。

联想机制发挥作用的另一面是跻身网络事件的门槛不断提高。换句话说，发生网络舆论蝴蝶效应的阈值不断提升。随着社会极端事件的不断发生，天然偏爱"坏消息"，甚至以"坏消息就是好消息"为职业信条的新闻媒体对某些曾经敏感的新闻产生了钝感。同样，网民的新闻敏感性和社会同情心及责任感也在不断发生的网络事件的门槛前钝化。

---

① 焦德武. 网络议程设置与网民自我赋权. 淮南师范学院学报，2009(6)：3.

3. 网络意见领袖

网络意见领袖是指以互联网为平台，经常为网民提供信息、观点或建议并对网民施加个人影响的人物。Burson-Marsteller 研究小组（2005）调查发现，网络上有一批 "e-influential"，意即网络意见领袖。他们通过在聊天室、论坛、公司网站和博客上进行信息传播而创造或改变舆论、建构潮流、引领时尚。

网络舆论蝴蝶效应中的舆论领袖是指能够敏锐感知和判断网络舆论微内容发布的重要性，能对事件形成自身鲜明观点，影响其他网民持久关注，实现信息落地，从虚拟世界走向现实参与的人群。权力分散到个人之后，最重要的资产不再只是原有的金钱、地位，还包括想象力、人格特性和决策力。

第一，网络意见领袖三要素。意见领袖是指在人际传播网络中经常为他人提供信息，同时对他人施加影响的"活跃分子"，他们在大众传播效果的形成过程中起着重要的中介或过滤作用，信息由他们扩散给受众，形成信息传递的两级传播。与传统意见领袖相比，网络意见领袖面临的环境更复杂，信息接收量更大，意见形成和传播的门槛也更高，就像一场没有终点的信息竞赛。传统媒体中意见领袖与三个因素有关：一是体现了某些价值观，对追随者具有吸引力；二是获知大量信息的能力；三是社会联系，即此人认识谁。美国加州大学伯克利分校的萧强教授认为，网络活动中的"代表性人物"或者"发言人"应该具备以下几种要素：拥有发言平台，言说可以形成身份认同，身体力行，某方面的"专家"及私人品行可靠。换句话说，"基于对公共领域关注的价值观""认知、判断和行动力具备优势"及"社会联系的广泛性"是网络舆论领袖需要具备的三大要素。

首先，价值观具有草根性。与以往社会资本较为丰富、社会地位较高、拥有精英式价值观的传统意见领袖相比，网络舆论意见领袖产生范围更广、草根性更强。从产生途径看，是通过非政治制度渠道，如网络发帖数、点击率、影响力等文化、心理等因素自然选择的结果，而不是由正式制度安排——组织任命或选举产生的。网络意见领袖的价值观具有鲜明的草根性。已有网络舆论意见领袖评选结果也证明，具有草根性价值观是成为网络舆论意见领袖的重要条件之一。当然，我们并不是否定官员身份无法代表公共利益，而是强调在当前社会条件下，基于公共理性，关注公共领域的草根意见领袖更能获得响应。

其次，对网络信息具有认知力，对网络事件具有判断力和行动力，在认知—态度—行动三个层面具有权威性和可靠性。在认知方面，主要强调对信息的高度熟悉和准确运用。在行动方面，重点在于身体力行，勇于承担责任和压力。

最后，"社会联系的广泛性"。网络意见领袖的身份在某些网络舆论蝴蝶效应中可能会与现实社会中的职业、兴趣和爱好重合，这有利于他们更好地利用自身所拥有的知识、技能、经验和人脉资源。

根据以上三个要素，现阶段网络舆论中的"意见领袖"的来源大致可以分为三类。第一类是传统意见领袖向网络舆论世界的迁徙，这部分人包括作家、学者、艺术家及传统媒体记者。第二类是其他行业的业余观察家和自由撰稿人。他们在现实社会中也是某个行业的专家，只不过不属于传统的文化圈。在网络舆论中摆脱了行业局限，利用自身的知识资源发挥影响力。第三类是自由职业者，甚至无业游民。这一人群的草根性最强。

第二，网络意见领袖的行为动机。分析网络舆论意见领袖的行为动机，一个重要视角是知识权力的新特征。网络社会的权力呈现出知识化、扁平化和分散化三个特征。权力知识化的第一个表现是权力来源的知识化，它是一种非强制的权力，是一种"软权力"。托夫勒曾说过，在支撑权力的支柱——暴力、财富和知识——之中，知识产生高质量的权力，不仅用于惩罚、奖赏、劝说，甚至用于转化，具有更大的灵活性。只是权力的凸显不仅改变了权力的形式，也改变了权力的运用方式，具有全新的劝诱性、共享性特征。运用知识权力可以控制信息的生产和流动，还可以推销自己的价值观念，争夺对"博弈"规则的支配权。因此，网络事件中的网络意见领袖的行为动机，主要有以下两个。

首先是作为虚拟社会资本的网络威望。网络意见领袖的威望是通过他在网络事件中引发和推动蝴蝶效应来发挥作用的，而网络威望也是他在事件中耗费心力和体力的最大收益。网络威望的获得能够满足他在潜意识中成为权威和英雄的需求，虽然那可能并没有给现实生活带来实际的改变，甚至有时会带来负面影响。集体社会资本的一个典型例子是，人们觉得扶持有意义的事业会提升自尊，做一些有助于他人的事情会令自己的心情更好。

其次是作为社会实体资本的商业利益。网络意见领袖会被商业利益所诱惑。如许多论坛编辑都与网络推手有较为稳定的合作关系。当网络推手为了满足私利或是某个企业或组织的利益，知名论坛的编辑一方面为了满足制造网络热点的工作需要，另一方面也为了获取网络推手提供的商业利益，在充当重大网络舆论连锁反应孵化器和推动者的同时，也在许多网络文化事件中助长了低俗文化的泛滥和推广。

第三，网络意见领袖发挥作用的影响因素。根据中国互联网络信息中心 2012

年1月发布的统计报告，我国网民主体是30岁及以下的年轻人，占到网民总数的68.6%；从文化程度看，高中学历比例最大，占到39%。在舆论酝酿和发酵过程中，网民容易受到权威暗示效应的影响，更容易成为民间意见领袖的追随者。在网络舆论发生连锁反应的过程中，网络意见领袖发挥作用的决定因素包括以下几点。

第一，事实的模糊度与网络意见领袖发挥作用的大小正相关。网络事件发生后，实际上是网民在网络意见领袖的带领下，力图打破信息不对称，实现网络信息链的供求平衡的一场博弈。一方是将网络视作社会资本的有机组成，争取网络权力的完整运用，对有关事件的知情权和参与权，提出了诸多信息需求；另一方是把持传统信息资源，将信息看作既有权力一部分的信息供应方。双方的力量越不均衡，网络意见领袖的用武之地也就越大。有争议的新闻在事实不清晰的情况下，"网络意见领袖"便会形成自身独立判断，发布可能含有合理想象与偏见、成见等因素的见解，并在网民中引发共鸣，使得网络舆论在与现实社会的互动中走出虚拟世界，造成事态的扩大。

第二，网络技术的发展、发达与网络意见领袖发挥作用的大小正相关。日新月异的通信技术成为网络意见领袖的一大利器。意见领袖常常对网络技术先知先觉，并能利用它们增强自身权威性。搜索引擎等技术的出现大大提高了信息的透明度。尽管难免出现侵犯个人隐私等负面行为，但搜索引擎、人肉搜索等技术使个人的任何行径几乎无法逃离恢恢网络，增强了意见领袖的行动能力。

第三，网络意见领袖的稳定性与网络舆论蝴蝶效应正相关。网络意见领袖在网络舆论蝴蝶效应中的表现具有稳定性。某些人群重点关注某一类议题，尤其是当具有公共性的社会议题出现时，他们会在最短的时间内利用搜索引擎等技术，掌握尽可能多的新闻细节，整合多方网友意见，对事件发出最有影响力和推动力的评论，并对下一步的行动提出计划和建议。在网络舆论的社会动员方面，网络意见领袖具有十分重要的分量。

第四，网络意见领袖的创新度与网络舆论蝴蝶效应正相关。网络意见领袖是网络创新的引领者和实践者，其在网络热点话题中的创新越多，蝴蝶效应发生的概率越大。

第五，网络意见领袖的知名度、显性化程度与网络舆论蝴蝶效应正相关。网络知名度的来源有两种：第一种是现实知名度直接转化为网络影响力；第二种是直接通过网络形成知名度。许多意见领袖尽管是匿名存在，但其网名已经具有名人效应和品牌效应，其关注点和言论具有信息价值。

第六，网络意见领袖社会联系的广度与网络舆论蝴蝶效应正相关。虚拟世界和现实世界之间存在一种有趣的张力，一些虚拟关系会发展为现实生活中的参与行动。事实上，在参与网络舆论蝴蝶效应的过程中，网络意见领袖经常能找到重要他者，增进了解，激发认同。网络舆论蝴蝶效应的发生伴随着网络意见领袖的现身和崛起。这种崛起通常都与意见领袖与传统媒体的串联相伴而生。在网络舆论蝴蝶效应触发之后，网络意见领袖与传统媒体之间的合作机制基本现出雏形——协商选择话题，共同验证真实性，质疑公权力机构，实施救济等。这种资源互补、优势合作的方式大大提升了网络舆论的社会影响，这种方式也形成了网络媒体与传统媒体的协作效应。

4. 网络媒体

"网络（论坛）载发—版主推荐—网民关注—传统媒体记者介入"已经成为网络舆论蝴蝶效应发生的基本路径。复旦·慧科发布的《2010 年社会舆情热点事件分析报告》指出，网络媒体显示出类似"公共领域"的作用。网友与论坛、博客等媒体之间形成了舆论热点—事件发展的循环互动，打造了网络公共领域。

网络媒体对网络舆论蝴蝶效应的影响因素包括网络媒体的知名度、网络媒体与传统媒体结盟的程度及网络"把关人"的新闻敏感性等。

首先，网络媒体的知名度与网络舆论蝴蝶效应高度相关。互联网实验室发布研究报告称，全球网站 500 强中有 60 家中国网站，天涯社区是唯一上榜的综合社区类网站。如果事件能被天涯社区置顶、加精，则意味着关注人数会指数级增长，以及观点的涌现与网络意见领袖的集结。

其次，网络媒体与传统媒体结盟的程度与网络舆论蝴蝶效应存在相关性。我国特有的媒体管理制度决定了二者实行资源共享后能实现效益最大化。传统媒体拥有采访权，但却面临许多限制，而网络媒体则拥有众多新闻线索等待落地。网络舆论介入使得地方报纸的报道也可能成为全国关注的焦点，这大大刺激了传统媒体与网络编辑"结盟"的热情。这种结盟，即资源共享，使得二者在市场竞争中赢得了一定的优势，"结盟"也逐渐成为网络舆论蝴蝶效应发生的动因之一。

最后，网络舆论蝴蝶效应与网络编辑生产和发掘热点事件的能力有关。而天涯、猫扑、凯迪网、西祠胡同这些有影响力的论坛在网络舆论蝴蝶效应中的作用在很大程度上取决于网络编辑的表现。

一个值得注意的问题是，随着网络舆论蝴蝶效应产生的知名度和美誉度的提高，网络的垄断程度也在不断提高。尽管品牌化、特色化是网络发展的一个正确方向，但少数几个网站掌握话语权，充当网络"把关人"角色的作用越来越明显。网络话语权资源过于集中，网络垄断的苗头逐渐显现。网络垄断可能存在的危害包括：滥用话语权，代表伪民意，与其他利害关系人共谋，出卖民众话语权，商业化倾向严重等。

5. 网络推手：一个辅助变量

网络舆论作为公共物品总是面临被个体消耗或过度开采的危险。在网络信息爆发和网络声音传播过程中，拥有众多网络关系的网站或网络公司，有能力借助其在用户拥有量、信息服务技术和资源集中等方面的优势地位，操控民意，造成"舆论垄断"，形成"爆料—收费—消负"的恶性循环。而这种"舆论垄断"效应，如果从企业之间的不正当竞争行为逐渐拓展到行政权力和公共利益领域，使网络舆论被人为操控，网络舆论就有可能丧失其作为公共话语平台的意义。有无网络推手的幕后操作也是决定网络舆论蝴蝶效应能否发生、发生效果如何的辅助变量。

随着网络的普及及影响力日增，网络推手从娱乐和商业策划，逐步深入到社会问题、公共事件策划，涉及范围更广。

网络推手、网络黑手与网络水军反映了一种伪民意。网络推手、网络黑手与网络水军是网络高度发达、网络传播效果引人注目的新媒体发展阶段的产物，建立在多元文化的发展需要的基础之上。三者的区别在于手段有所不同。网络推手利用正当的吸引网民注意的策划手段实现对公共事件走向的控制；网络黑手则是利用散布谣言等不正当手段实现商业利益；网络水军则是出卖自身话语权，利用发帖行为来营利的人群。

在利益的驱动下，媒体间的合作在默契中形成。这也解释了为什么网络推手只制造了网络事件的原点，而操作性网络营销事件却能够此起彼伏。有鉴于此，有学者提出，在网络热点事件中，传统媒体已从传统的"把关人"陷入被渠道化的危险之中。

三、传统媒体参与度

一种比较流行的观点认为，网络媒体利用其技术优势，形成巨大的舆论合力，甚至仅通过网络围观，就可以对传统媒体形成压力，为其进行议程设置。我们认为，这种观点对网络舆论议程设置功能过于乐观。原因在于，网民本身的草根特性决定了其所设置的议程都与自身利益高度相关。而这种议程设置只是弱势群体寻求自身利益表达的一种尝试。网络媒体尽管通常都能成为新闻的第一落点，但要真正使新闻落地，发挥社会动员功能，却必须进入传统媒体的视野。这形成了一种事实上的二次把关。没有传统媒体的接力，网络媒体只能是纸上谈兵。

（一）传统媒体的协同动机

传统媒体的参与度与网络舆论蝴蝶效应的发生生态呈正相关关系。在网络热点形成之后，传统媒体开始跟进，将其按照传统媒体的把关要求进行处理后搬上报纸版面或电视屏幕。网络舆论一旦通过潜伏期，进入发展期，即开始改变网络竞争生态，传统媒体与网络媒体争夺新闻的报道权和解释权，将此视为媒介公信力的隐性收益和获取商业利益显性收益的契机。具体而言，传统媒体的协同动机包括以下四点。

1. "充满机会"的"共生舆论生态系统"

一个网络热点事件通过网络意见领袖的"预把关"实现了平台转换之后，舆论系统便成为"充满机会"的社会环境。这种"机会"既意味着媒体社会瞭望者和功能监测器等公共职能的实现，也意味着眼球经济下的注意力效益。这种"充满机会"的舆论生态对于既讲究社会效益又不愿放弃经济收益的传统媒体而言是最为有利，也是最有吸引力的。正是依赖网络舆论的积极介入，传统媒体才可能开展评论与报道，推动事态的积极发展。

对网络媒体而言，尽管在网络世界种下了"种子"，但若想进一步扩大舆论的传播效果，真正改变实体世界，离不开以传统媒体这种权威而成熟的媒体运作机制，来弥补自身信息芜杂、公信力差等缺陷。在这个意义上，在网络舆论这种复杂的自适应系统中，网络媒体和传统媒体找到了最佳的合作时机和合作途径，形成了"共生的舆论生态系统"。

2. 媒介竞争中的"沉默的螺旋"

对新闻热点的追逐是媒体生存的基础，在重大事件中的表现是媒体地位的决定因素。诺尔·诺依曼提出，大众对意见的孤立有一种心理恐慌，即一旦发现自己的意见不同于大多数意见，会刻意隐藏自己的观点，从而导致多数人的意见更加响亮，而少数人的意见越来越沉默。大众媒体在媒介竞争中也有类似的心理。如果发现众媒体都在跟进一个新闻热点，都市化报纸尤其会害怕自己在对新闻热点的追逐中落伍。在热点事件中缺位会导致媒体公信力的丧失，也导致舆论引导机会的丧失。因此，就会出现一种媒体集聚效应，即大量媒体被同一新闻议题所吸引，大量注意力和报道都集中在某个新闻人物或新闻舆论上，从而使新闻报道，包括网络舆论呈现出同质化。当然，不能否认，没有这样集中火力和群策群力就无法形成协同效应，也无法形成社会动员力。但如何合力分配媒体资源，尽量避免集聚效应的负面性，也是值得学者研究的重大课题。

3. 商业利益诱惑

网络生活由虚拟走向实体，由线上走到线下，其蕴含的巨大的商业潜力与市场机会正在逐步释放。网民对公共事务的讨论热情越高，网站所能收获的"注意力资源"越富饶，能够换取的利润回报也越丰厚。网络媒介会通过统合资源丰富公众讨论议程，还会通过对新闻跟帖的内容加工为公共讨论确立价值体系，这其中商业驱动力的影响不可小视。① 2009—2010 年，我国广告行业一直维持 15％～20％的增长率。艾瑞咨询提供的数据表明，2010 年，中国互联网广告收入达到356 亿元，较 2009 年 216.9 亿元的数额增长了 64％。而美国互联网广告收入总额同期可达 258 亿美元，且首次超过报纸广告。如何应对来自新媒体的严峻挑战，分得市场的一杯羹，是广大传统媒体从业者不得不思考的问题，也是他们在重大网络事件中为之努力的原因所在。

iResearch 数据显示，2015—2019 年我国网络广告行业的市场规模呈逐年增长的态势。2019 年中国网络广告行业市场规模达到 6 464.3 亿元，同比增长 30.2％。

另根据东兴证券 2021 年 8 月 6 日发布的报告，短视频营销是国内互联网广告市场新的增长驱动力。中国互联网广告市场规模由 2015 年的 2 185 亿元增至2019 年的 6 464 亿元，年复合增长率 31.1％，预计 2024 年将进一步增至 16 865亿元。

4. "破窗效应"下的媒体责任意识

社会学提出了"破窗理论"，即如果窗户打破了无人问津，则会产生一种示范效应。鉴于网络媒体不断崛起的态势与网络新闻不断扩大的影响力，传统媒体报道新闻时在新闻源和报道角度等方面多有参考。另外，媒介社会责任说也为传统媒体关注网络舆论蝴蝶效应提供了解释。我国的传统媒体在一些与人民利益高

---

① 胡菡菡. 网络新闻评论：媒介建构与公共领域生成：对网易"新闻跟帖"业务的研究. 新闻记者，2010（4）：4.

度相关的敏感选题上，长期以来苦于体制束缚，无法碰触许多雷区，网络舆论的出现正好为这部分选题提供了平台。网络舆论一旦形成态势，对传统媒体也是一种机会激励。

（二）传统媒体的协同优势

首先，新闻史发展过程中累积的公信力资源丰厚。1999 年，黄晓芳在《公信力与媒介的权威性》中将其定义为"媒介在长期的发展中日积月累而形成，在社会中有广泛的权威性和信誉度，在受众中有深远影响的媒介自身魅力"。媒介公信力分为相对公信力和绝对公信力两个维度。相对公信力指在几个媒介中最被信任的一个媒介；绝对公信力指所调查媒介各自获得公众信任的程度。2001 年复旦大学新闻学院张国良教授主持的议题设置调查表明，从绝对公信力角度看，中国与美国都存在媒体真实性和公信力降低的问题。

其次，规范的新闻流程保证了信息的权威性。流程管理关乎新闻生产力。传统媒体的新闻传播要经过媒体总编、责任编辑、记者层层把关。近年，又有媒体从业者提出新闻流程要实现流程管理的"精益生产方式"。网上信息虽生产流程简单，更新速度快，但存在信息虚假和信息冗余问题。传统媒体通过网络通讯社，应用自身严格的新闻流程，对网络信息可起到证实与证伪的作用。当然，不能否认，网络无处不在地渗透到了传统媒体采编流程的每个环节，并起到了优化作用。传统媒体从信息获取到新闻判断，从事实把关调查到版面安排，无一不受到网络媒体的影响。但总体而言，作为专业新闻生产和发布组织的传统媒体，其较为严密和不断优化的新闻流程保证了比以个人传播为主体的网络传播更具有可信度。

再次，深度报道方式更能追踪新闻事件的深度和广度。传统媒体的深度报道方式为：在文体上，传统媒体传播的语言更为正式、规范，而且呈现新闻的方式是以"多客观少主观""多事实少评论"为原则，通过新闻事实本身来体现作者的立场与观点，只有新闻价值越大才越容易引起关注与转载。[①]

最后，传统媒体与网络媒体的日益融合，传统媒体的大胆改革，也是网络舆论蝴蝶效应能否发生的充要条件之一。传统媒体与网络的"亲密接触"已经从单纯的内容上的简单复制阶段，发展到全面数字化的融合参与阶段。最优质的网络信息资源仍然来自传统媒体，传统媒体在技术汇流和媒体融合的大背景下，积极融入通信运营商、内容提供商、服务提供商的"全媒体"角色竞争中，而不再存

---

① 易圣华. 新旧媒体的传播共振. 国际公关，2010(2)：2.

在单纯意义上的报纸或电视。

（三）传统媒体协同效果影响因素

1. 媒体属性

"媒介即内容"，传媒本身即信息，是否参与报道即为关键因素之一，报道的长度、形式等则是其次。在现阶段我国的传媒生态下，传媒性质与媒体类型、资金来源、所在立场等相关，其对网络舆论蝴蝶效应的推动作用也与此高度相关。网络打破了信息竞争格局，但不同性质的媒体仍然抢占舆情高地。就传播功能而言，中央级网络媒体改变了以往传统媒体信息发布的滞后状态，新华网、人民网等网站成为新闻的重要发源地。包括《人民日报》、新华社、中央电视台等中央级传统媒体，虽然在对热点舆情的关注时效性上相对落后，关注面比较窄，一般只遴选在全国有影响的已经充分发酵的重大热点事件予以关注，但其权威性和报道深度都极高，在网民中的影响力极大。

2. 介入时机

网络媒体时代，传统媒体为了应对日益激烈的新闻竞争，也加入了媒介融合的进程，形成了多层次、立体化的媒介地图，逐渐形成了梯度传播和发言的格局：以时秒为传播刻度的互联网体系；以日为传播时间表的平面纸媒，以影像和声音作为立体语言的广电体系；以周为传播周期的杂志和周报体系。这种格局，造就了彼此在时间落点上替补的优势。在能引发网络舆论蝴蝶效应的舆论发酵升级时，传统媒体利用自身的资源优势，选取合适的时机参与到事件的报道和动员中来。

3. 话语建构

传统媒体的话语建构方式影响网络舆论蝴蝶效应的效果。传统媒体在其中的话语体系与民间舆论场吻合度越高，网络舆论的倍增效应就越明显。有研究表明，现阶段传统媒体的议题选择和网络舆论高度吻合。在微观层面上，传统媒体使用的话语体系越接近民间话语，就越有助于网络舆论的连锁反应持续发生。特别是那些社会公认的主流价值观或者抗议"主框架"，经由媒体扩散之后，降低了动员的成本。[①] 从这个意义上说，媒体策略就是"议题建构"和"共意动员"的工具。

---

① 高恩新. 互联网公共事件的议题建构与共意动员：以几起网络公共事件为例. 公共管理学报，2009，6(4)：9.

4. 连续性

我国拥有世界上独特的媒介制度，即一元体制、二元运作。传统媒体在社会责任意识和市场化压力下做出的跟进报道的决策，也可能由于事件相关方通过非信息交流渠道阻碍传统媒体参与报道，造成连锁反应中断。这种情况下，可能由不同性质的媒体协同，实施反阻击战。一种是通过为这些媒体提供信息，经由其他媒体资源加以报道。另一种解决形式是被阻碍后的一段时间，经由另外的新闻出口，如其他类似的新闻事件的爆发和披露，牵出被中断的事件进展，以更加迅速和激烈的方式继续进行。这种情况下，可能会有一种报复性动员，即原来的事件不足以引起的动员规模，经由中断后恢复，使得能量更加巨大，舆论倍增效应更加明显。

5. 层次化：网络舆论格局"新地图"的建构

要重新建构网络舆论格局的"新地图"，首先应该承认网络舆论层次化的重要特点，即网络舆论的"新地图"，并不以行政归属和地理界线为分水岭，甚至原有的平面化特征也已经被打破，网络舆论的层次化、立体化特征日趋明显。具体表现为网络舆论引导的主题不再能够依靠行政命令给定，进行网络舆论引导的方式只以正面报道为主，加重典型报道分量已经力不从心。网络舆论的层次化还表现为网络舆论的多元化并非无逻辑可循，它是随着新闻事实的丰富化和细节化逐步分化的，继而形成与传统媒体的三种互动模式，分为网络民意与媒介报道的共鸣、网络民意对媒介报道的修正及网络民意经由传统媒介报道实施社会动员。尽管网络民意与传统媒体报道之间的"共鸣"只产生于关涉国家利益，或是自然灾害发生的初期，但这种"共鸣"所蕴含的巨大的爱国热情与国家道义，使得民意在与政府的合力下对民族特性和传统文化的影响更加深远，也会在对外传播中扮演好民间力量的重要角色；而在传统媒体或是由于行政隶属而产生的角色限制，或是商业利益诱惑下的有违新闻专业主义之举，会在网络民意微内容的聚涌效应下加以补充和修正，修正效果有助于更理性的社会的生成和具有更高媒介素养的网民群体的形成。而对政府与传统媒体形成最尖锐挑战的网络民意对传统媒体的分化和社会动员作用，则是对整个社会的全面考验。

（四）善用网络民意的最终途径：社会的全面动员

对网络舆论实施有效引导，在日渐复杂的舆论地图面前，单纯依靠主流媒体的正面宣传引导已不能达成既定的传播效果。真正有效的网络舆论引导，应该是社会的全面动员。其中包括政府透明度、公信力和效率的提高，传统媒体权威性、公信力、影响力的提升和社会法律制度的日趋完善。对政府而言，意味着要加深对网络信息流变规律的认识，加强自身的媒介素养，全面提高执政能力。对媒体而言，则意味着对新闻事实全面真实的更高追求，对新闻背后意义的更深追问，对新闻细节的更真实呈现。如此，才能在传统媒体是网络民意表达的"把关人"的现实下改善传播效果。而对网民而言，则意味着自身媒介素养的提高，网络理性规则的逐步形成。对学界而言，则是要加强对网络议题及网络信息流变化规律的研究，增强舆论引导的科学性和针对性。

四、相关方反馈

反馈是系统科学理论最核心的概念之一，指的是输入作用于被控系统后，输出部分通过适当的装置返送回来，对系统的再输入与再输出产生影响的过程。负反馈是抑制或减弱最初发生变化的那种成分的变化趋势，它是趋向目的的行为，使系统的输入对输出的影响增大，其作用是使生态系统达到或保持平衡或稳定。正反馈则与之相反。

可以看到，网络作为意见集散地，由于"把关人"的缺失和容量的倍增，多元声音以碎片化状态快速重复、细化着。网络舆论、传统媒体舆论、公权力机关都作为变量发挥着反馈环的作用。它们做出的反馈也可以分为正反馈和负反馈两种。负反馈为调节，正反馈为放大。正反馈越多，舆论风暴发生的可能性越大，网络舆论蝴蝶效应引爆的可能也就越大。负反馈越多，则网络舆论蝴蝶效应发生的可能性越小，发生的时间越多，负面影响越小。这些反馈环之间充分碰撞，相互改变，此消彼长，能量相互叠加。当正反馈能量急剧增加时，舆论的规模和强度便发生指数级增长，导致蝴蝶效应的发生。它是系统经历混沌达到的有序状态，也是系统在适应了新环境条件而进化出的新结构。而蝴蝶效应的消解，则依赖于负反馈能量的递增。

相关方反馈的影响因素如下。

1. 回应时间

网络舆论蝴蝶效应的发生概率与回应时间相关。及时性是危机处理的第一原则，信息的公布工作应随着事件进程展开，不能在全部事实查清后再统一公布，否则只能造成政府危机公关的被动。因此，在传统危机传播理论中，专家提出"黄金24小时"之说，意指在热点形成的24小时是应对危机成败的关键时间点。在网络传播时代，其瞬间传播、快速扩散、立体思维、交互影响的特性，决定了

24 小时已经不足以阻止危机的扩散。人民网舆情研究专家进而提出了黄金 4 小时之说。强调的是新闻发布的及时性。回应时间滞后，关键时刻失语，就会失去最佳的信息发布时机，传言和谣言在信息模糊阶段应运而生，并以最快速度占领"意见的自由市场"。

2. 逻辑吻合度

在以权利救济为旨归的网络舆论蝴蝶效应发生过程中，相关方的正反馈之一就是回应逻辑与媒体及网民逻辑的吻合度。危机事件牵涉多层主体，但其中必然有某一个核心主体对事件的兴起、发展或转折起关键作用。相关方的反馈应考虑对方的思维逻辑和权利要求。否则，一旦陷入"推责—警告—辩解"的行为模式中，就会涌现更多极化民意，引发更深的不信任危机，要求更多的权利补偿。在网络舆论蝴蝶效应中，若想达到二者之间思维和行为逻辑的吻合，还是要从根本上设立正式的制度安排，将夺民之利行为纳入制度的轨道之中。

3. 主体一致性

网络舆论蝴蝶效应发生可能性与信息反馈主体数量正相关。信息发布主体越多，网络舆论蝴蝶效应发生的概率越大。信息发布，讲究一言九鼎。但如果话出多头，就难免前后自相矛盾，降低权威性。同时也会造成事态的扩大和更多人围观。

4. 内容真实性

网络舆论蝴蝶效应发生可能性与信息内容的真实性相关。仓促发布结论，转移舆论焦点也会对网络事件的传播形成刺激，形成放大效应。这种做法不仅不利于舆情引导，还会引起网民的更多质疑和不满，进而在网络聚涌效应的作用下成为网上舆论的攻击对象。

可见，引入向官方反馈因素研究网络舆论蝴蝶效应，实现了舆论博弈中力的平衡。尤其是在现阶段，要想弱化网络舆论蝴蝶效应，应更多地对这一变量进行深入考察。

第三节 新媒体舆论蝴蝶效应的生命周期理论模型

哈佛大学教授费农提出的产品生命周期（product life cycle，PLC）理论认为，产品生命具有周期性，形成、成长、成熟、衰退是其生命周期中的四个阶段，之后，组织生命周期理论和危机生命周期理论相继被提出，网络舆论蝴蝶效应的生命周期理论对理解网络舆论的构成要素、内部结构等也具有重要意义。

考察网络舆论蝴蝶效应的演化模型，须对网络舆论的不同演进阶段进行划分。任何一个热点话题引发的网络舆论都经历了从有到无的过程，其演变发展符合舆论酝酿期、爆发期、消解期这样的周期规律（见图3-8）。

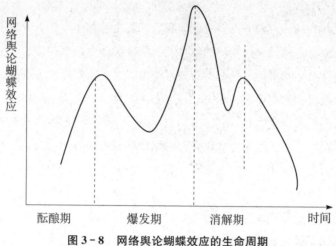

图3-8　网络舆论蝴蝶效应的生命周期

一、网络舆论蝴蝶效应生命周期的特殊性

网络舆论蝴蝶效应的生命周期具有普遍性和特殊性。其普遍性体现在，网络舆论蝴蝶效应的发生也有周期性。其特殊性主要体现为以下几点。

首先，各个生命阶段具有不均衡性。即舆论形成期较短，舆论成长期和舆论成熟期持续时间较长，而舆论衰退期具有暂时性等特点。事件在传播过程中需要有新的变动的信息补充进来，连锁反应才能持续下去。每当新的信息进入，信息刺激强度就会增大，事件的传播暂时达到峰值，随后又会缓缓滑落。若没有新的信息补充进来，事件的传播就会渐渐走向衰变。网络事件在传播过程中有着开始、高潮到衰变的过程，是一个变更发展的进程，而且持续时间通常为1～3个月。每个网络舆情热点议题的平均存活时间为16.8天，大多数集中在两周以内。网络热点事件的存活时间大多集中在1～15天，即网络上更多的是喧嚣，说明网民对一个变化不大的议题专一度不高，议题对网民来说"保鲜期"不长，除非该议题信息系统中又有新的变量和元素介入。

其次，网络舆论蝴蝶效应的生命周期具有联动性。新的舆论热点不断产生，会与旧的舆论热点形成竞争。新议题的出现会促成旧议题衰变。网络信息的海量性致使新的热点不断出现，必定会转移人们的视线，对旧话题的关注度因此衰减。如果缺乏新的信息分解，则舆论热点之间具有平衡性。网络舆论热点的总数维持在一定范围之内，因为网民的注意力和网络媒体及传统媒体的注意力总是有限的。

最后，谣言作为网络舆论蝴蝶效应中的要素，其生命周期也具有某些特殊性。谣言在网络舆论蝴蝶效应中的生命周期问题是一个悖论。一方面，网络舆论平台的信源增加，"把关人"角色弱化，以及网状拓扑式结构等为谣言的传播准备了通道；另一方面，虚假信息的生产和传播成本降低，传播效率提高，各种主观臆断、猜想的信息都可以不经过审查而出现在公共舆论中。这直接导致了谣言网络舆论蝴蝶效应形成一条循环链。

总之，将生命周期理论引入网络舆论蝴蝶效应的解释中具有特殊指导意义，蝴蝶效应理论的连锁反应概念也为解释其演化过程提供了可行视角。

二、网络舆论蝴蝶效应的酝酿期——蝴蝶扇动羽翼

网络事件议题来源有两大渠道：网络与传统媒体。具体而言，它分为两种情况：一是舆论原发于网络，传统媒体进行接力和引发共鸣；二是传统媒体首先报道，后在网络上引爆。两种不同的信息—舆论来源，有着殊途同归的演变过程。

网络舆论蝴蝶效应的酝酿期，遵循媒体政治的运行规则（信息简单化、用图像表达、政治人格化、叙事模式）和网民的媒体消费习惯（重图片、轻文字，重直观、轻抽象）。具体而言，通过"政治—技术—社会心理"的三维震荡，信息上升为舆论，并开始发酵；敏感因素被触动，议题性质开始发挥选择作用；同时，发布平台的选择和解码机制也构成了网络舆论倍增效应的遴选机制。遴选机制确定后，被选择的个人议题进入公众视野，网络媒体与传统媒体开始协同过程，议题进入公共议题阶段。

在此过程中，还伴随着意见流和信息流的涌现。网络舆论风暴产生时，最明显的就是信息流的变化：一定时间内信息流量急剧增加，信息主体增加，信息流速减慢，信息内容分散化加剧。

在网络中，信息的流动通常呈一个网状渗透型结构。它沿着网络的物理结构渗透，在这个渗透过程，信息本身不断复制，形成分流，最终呈几何级数的增长。而复制是在进入新一轮的发布过程同时完成的，即以直线式、队列式和层次

式等方式进行再次发布，开始它的下一个生命周期。因此，信息的发布结构会不断地对信息的流动起作用。

由于网络具有匿名性、及时性、互动性等特点，网民在这里可以更自由、开放地讨论，由此也有更高的信息诉求。当一个新闻事件发生后，无论是经由传统媒体还是由网络媒体首先曝光，都会引发网民对信息公开，即信息共享的需求。这种需求一旦无法及时得到回应，就会经由中介放大扭曲，从而引发更强烈、更深入、更频繁的信息共享。信息流从原始供应商端向最终客户端传递时，无法有效地实现信息共享，使得信息扭曲并逐级放大，导致需求信息出现越来越大的波动。

三、网络舆论蝴蝶效应的爆发期——舆论风暴形成

网络舆论经过酝酿期对议题、平台的选择及解码后，开始进入自我评价—自我假设—自我验证的自循环状态，伴随着信息的快速细化和叠加，最终形成网络热点。此时，"蝴蝶扇动羽翼"已经改变了网络生态，也改变了新闻竞争的微生态，蕴含巨大能量的连锁反应被引爆，湍流状态出现。其典型特征就是整合传播模式的运行和多元化、多样态、多层次的传播内容全部迸发，网络舆论从表象到本质，从片面到全面，从假象到真相的追问过程，信息共享的范围不断扩大，事件很可能因此演变为全国性事件。在舆论的支持下，媒体作为民众利益的代言人，与公权力机构之间形成了博弈。在博弈过程中，舆论规模进一步扩大，媒体在行使话语权的同时实施了权利救济，也增强了自身的社会资本。从"种子帖"，即"蝴蝶扇动羽翼"到一场舆论风暴，往往在几天之内发生，网络舆论的酝酿期和爆发期也难以明确分离。

在我国当前的情境下，在以权利救济为旨归的网络舆论蝴蝶效应中，能够激起舆论扩大、聚集更多受众的，更多情况下还是公权力机构中的代表。它们对舆论的回应，尤其是不当回应，阻碍了信息的流动，降低了信息透明度，更容易形成舆论突变，造成更多人群的集聚、更大范围的事态扩大和更多的信息需求与现实要求。引入事件相关反馈方这样一个主要的主体，可以更客观地认识网络舆论蝴蝶效应发展和爆发期的演变规律。

通过集聚、协同与反馈，网络舆论由微内容发展为舆论风暴，爆发出超强的影响力与变革力（见图 3-9）。

图 3-9　微内容到舆论风暴的演变动力机制

四、网络舆论蝴蝶效应的消解期

网络舆论蝴蝶效应的消解，部分原因在于它满足了参与者的愿望和需要。当消费者、媒体等舆情主体消耗掉全部社会资源和情感，或者事件得到了有效控制时，事件的关注度便会逐渐衰减。

网络舆论蝴蝶效应的消解与信息公开程度和速度成正比。如果信息拥有主体能够满足网民的信息需求，甚至主动引导议题的走向，网络舆论蝴蝶效应的发生就会具有瞬间性特征。一些网络事件在短期内聚集了大量人气，事件本身的冲突性引发了众多质疑，但如果信息拥有主体及时对其进行回应，则会产生舆论哗变，网民内部会迅速发生倒戈，舆论快速消解。

反之，如果信息拥有主体不能适应网络舆论蝴蝶效应，在经历媒体互动的议程设置、多元传播方式的协同作业及议题转换的深度挖掘之后才部分满足网民的信息需求，则会使网民从根本上怀疑信息发布方的公信力。即使事件结束，舆论也会持续一段时间，并不会马上消解。这种情形下，需要信息拥有主体额外提供有效信息，进行信息补偿，才能重新赢得网民的信任，在舆论上反败为胜。

另外一个特点是，如果同类事件发生，舆论具有记忆功能，对该类事件保持敏感，舆论会迅速集聚。即网络舆论蝴蝶效应的消解期除了具有长尾效应外，还具有复燃性，如果上一次舆论风暴未能成功实施社会动员，就会留下严重的民意创伤。在特定条件下，事件经沉淀后复燃的燃点更低。

五、网络议题出现、议题存活、舆论整合与消散模型

详细分析近几年国内发生的网络舆论事件，会发现网络舆论的兴起、聚合和最终消散与戴维森和鲍尔描述的舆论形成阶段理论非常契合：议题出现→引发讨论→个体意见表达受到多方影响→个体意见表达开始聚集→引发社会讨论并产生社会影响→议题涉及问题结束→新的议题出现，循环往复。与社会主流道德、价值观密切相关，有预期影响力的公共利益事件和问题，往往会引起人们的关注。

任何舆论都发端于个人意见，个人对某事件发表的观点或意见是舆论形成的起点。如果这些意见得到多数人的赞同并引发他们的共鸣，就会出现社会讨论。当由个人意见引发的舆论经过网民的不断发帖、转载、评论和传统媒体的跟进报道及意见领袖的传播后，这种舆论便有了进一步升级的可能性。经过网民的争论与辩解，相互对立的意见去伪存真，获得多数人认可的个人意见占据上风，形成一定的舆论定论。这时传统媒体继续跟进报道，网民继续转载、议论，当舆论沿着原途径升级的时候，舆论的影响继续扩大，各方意见进一步整合，形成强大的舆论风潮，之后随着政府或有关方面采取行动及解决问题，网络舆论便消散了。而当大规模的网络舆论出现时，官方立即介入或媒体重新设置议事日程，舆论的方向就发生了转变，政府的干预使事件得到解决，至此，网络舆论消失。

因此，综合舆论形成的相关理论和网络舆论事件的实际发展情况，我们采用纵向分析法将网络舆论的形成、演变过程分为四个阶段：(1)议题出现期。(2)网络舆论存活期。(3)网络舆论归纳整合期。(4)网络舆论消散期。据此建立以议题出现、议题存活、网络舆论整合、网络舆论消散为主要内容的四阶段理论模型，我们称之为"网络舆论的议题出现、议题存活、舆论整合、舆论消散模型"（见图3-10）。

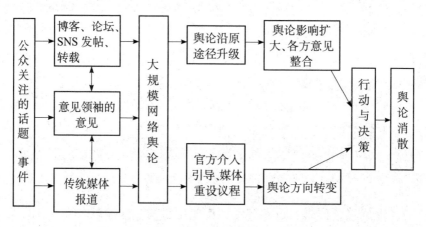

图3-10 议题出现、议题存活、舆论整合与舆论消散模型

议题出现、议题存活、舆论整合与舆论消散这四个阶段在时间上概括了网络舆论形成的整个过程，以下具体分析每个时期的形成特点及影响因素。

（一）议题出现期

一个议题在网络上出现，其必然是社会公众所关注的话题或事件，那么什么样的话题和事件能够引起网民的关注呢？比如以 2011 年的网络舆论事件为例："7·23"甬温线特别重大铁路交通事故、"小悦悦事件"、"郭美美事件"、抢盐风波、故宫失窃案……分析这些网民曾经热烈讨论的事件，我们就会发现，议题本身的性质和议题的来源是影响议题关注度的两个重要原因。

网络媒体时代，信息的公开性和透明性得到前所未有的增强，传收地位彻底改变，网民不但是信息的接收者，也是信息的发布者，"把关人"的地位被弱化了，网络监管较传统媒体更宽松。因此，网络舆论的兴起在很大程度上具有自发性，也就是说，网友对议题的自发讨论以及在此基础上的意见集中成为主要的舆论兴起模式。在这种情况下，议题本身的性质及特点就成了网络舆论议题出现期的重要影响因素。这里我们结合近年来的网络热点事件，对容易引发网络舆论的热点事件进行阐述。

一是触及各类社会矛盾的议题。目前，我国正处在社会政治、经济体制改革的转型期，经济体制的深刻变革、社会结构的深刻变动，以及由此引起的人们的思想观念的深刻变化，在带来改革活力的同时，也带来了一系列的社会矛盾和问题：仇富仇官心理、教育改革、腐败问题、房价问题等纷纷进入人们的视野。这类议题成为全国范围内人们关注的焦点问题，更是网络上的敏感问题。"逢官必炒""逢腐必究"是近年来网络舆论的重要现象之一。在"7·23"甬温线特别重大铁路交通事故中，由于涉及的责任主体是铁道部，既是与人民群众的日常生活息息相关的部门，又是国家重要的部门，所以，舆论在很短的事件内就沸腾了。此外，在一些撞人案中，事件因为与"宝马"等代表富裕阶层的符号化词语相联系而被推到了舆论的风口浪尖。

二是涉及社会"公平正义"的议题。随着人们公民意识的不断提高，维护民主权利和自身利益的意识也在不断增强，人们对公平与正义的要求更为强烈，正是网络这种可供信息、意见高度自由的交流空间为需求提供了现实的表达平台。比如，2003 年的"刘涌案"，有关媒体报道了黑老大刘涌二审被判死刑缓期两年执行、其团伙成员宋健飞被核准死刑并被押赴刑场执行死刑的消息，即刻引起了众多网民的关注。普通网民纷纷撰文抨击，间接促使中国最高人民法院 50 年来第一次提审普通刑事案件，并罕见地推翻辽宁省高级人民法院的判决，对刘涌改判死刑，立即执行。

三是涉及伦理道德的问题。由于当前中国传统文化出现断层，"礼崩乐坏""物欲横流"成为网民最为担忧的情形，因而他们对一些有悖社会基本道德和伦理的事件往往深恶痛绝，从而大加挞伐。互联网时代，网民成为信息的发布者和直接的评论者。新闻跟帖、论坛发帖、微博转发等为网民提供了完整的意见表达空间。因此，该类事件几乎每一次都是先出现在网络上，继而引起社会范围内的意见声援或批判。比如，2011 年 10 月发生的"小悦悦事件"，网络舆论焦点由开始的交通肇事转向社会道德的大讨论。

四是涉及公共安全、重大事故、自然灾害、环境污染等重大突发事件的议题。近年来，一些重大的突发性事件频发，除了在现实社会中引起广泛关注外，在互联网上也成为网民讨论的焦点。如"5·12"汶川地震、松花江水污染事件、南丹矿难事故等。

在议题出现期，能够在最初时间引起网民更多关注和议论的第二个因素是议题的来源。纵观近年来发生的一系列网络舆论事件，最初引起网民关注的渠道更多的是国内的各大著名论坛，形式分别为：网友在论坛中直接转帖网络媒体的新闻报道；网友直接转帖新闻报道并配以自己的评论；网友就传统媒体或网络媒体报道的事件直接发帖发表自己的意见；网友以当事人的身份在论坛上直接发帖。这四种形式构成了网络舆论事件兴起的主要议题来源。正是在这些来源中，网友开始集中对涉及的事件公开发表自己的个人意见，网络成为人们获知信息的重要来源。

（二）议题存活期

一个议题能否在网络上存活，取决于相关事件能否受到论坛成员的持续关注，从发帖上便表现为持续出现相关事件的新帖或者跟帖。任何议题要想得到持续关注，必须积累足够的浏览量和回帖率，浏览量和回帖率越高，帖子越靠前，其受关注度就越高。因此，一个议题能否引起网民的注意，并在此基础上形成网络舆论，保证议题不在论坛上"沉"下去是一个必要且重要的因素。近年来发生的网络舆论事件曾经都是各大论坛的热帖，浏览量达到了百万，甚至上千万。一旦一个帖子在论坛中存活下来，之后网民持续不断地浏览、回复，或者就同样议题重新发帖，便构成意见表达的平台，大规模的网络舆论逐渐形成。

在议题的存活期，意见领袖也起到了非常重要的作用。"意见领袖"源于拉扎斯菲尔德提出的"两级传播理论"。意见领袖是指活跃在人际网络中，能够对他人的意见、观点产生影响的人。正是意见领袖的出现，大众传播的过程也从此转变为"大众媒介→意见领袖→受众"的模式，两级传播也因此产生。在传统媒介时代，意见领袖在传播的过程中充当了"把关人"的角色，对受众的信息认知与接受、态度甚至行为的改变有着直接的影响。

那么，在网络媒体时代，信息的传播特征使媒介和受众之间的关系发生了根本的变化，网民的信息接收能力更强，也具有了信息发布的能力。就网络论坛来说，国内的网络论坛已经发展到了相当规模，根据中国互联网络信息中心发布的第 28 次《中国互联网络发展状况统计报告》，截至 2011 年 6 月 30 日，论坛的使用率已经达到 29.7%，用户规模达到 14 405 万人，在网络应用中排第 15 位。除了专门的网络论坛，国内几乎所有的门户网站都开设了 BBS 论坛。在主流媒体和门户网站中，几乎所有新闻后面都开设了跟帖功能，网民可以随时在感兴趣的新闻后面发表自己的观点。在这种情况下，网络中的意见领袖又有了新的特点。

国内开始从实证的角度对网络意见领袖的特征进行考察，强国论坛的"十大网友"研究运用内容分析法总结出十位意见领袖的共同特征：加盟强国论坛的时间不一定很早，但毫无疑问，他们发帖、回帖非常积极；虽然这十大网友都没有公布自己的个人信息，但根据他们的帖文内容推测，绝大多数是中年男性，仅有一位肯定是女性；十大网友普遍具有深切的社会关怀，针砭时弊，疾恶如仇。由于强国论坛的特殊性和代表性，这个结果较为准确地概括了政治性论坛意见领袖的典型特征。

另外，有网友以对西祠胡同 31 名版主的问卷调查为基础，总结了网络意见领袖的基本特征：（1）年轻未婚；（2）学历较高；（3）收入不高，但较为稳定，足以维持生活；（4）处在经济发展水平较高的大中城市；（5）有充足的上网时间，网络经验丰富；（6）有稳定且容易接触网络的工作。此研究从人口统计学的角度勾勒出了普遍意义上的意见领袖特征。

结合以上调查研究，我们认为衡量网络意见领袖影响力的指标主要有三个：一是主动发帖是否会被大量网民浏览并得到回复，这是帖子能够存活的必要条件；二是帖子能否被置顶，推到网站或论坛的首页，这直接决定了一个帖子能否在论坛中存在并持续出现；三是帖子能否进一步被其他论坛或网站转载甚至被传统媒体报道，这保证了帖子的持续生命力和广泛的传播效果。

近年来的网络舆论事件正好体现了以上三个指标。在"华南虎照片事件"中，网络意见领袖最先在论坛中形成"真虎派"和"假虎派"两个阵营，分别带领一派网友展开针锋相对的争论，但在追求事实的宗旨下，两派最后达成共识，最后将矛头对准了陕西省地方政府部门，并最终迫使当地政府及权威专家承认并纠正了错误。

(三) 舆论整合期

议题一旦存活下来，就好像龙卷风初步成"气候"，其后的发展，便是网民的态度和行为以及网络媒体环境的变化等一系列因素的制衡和相互博弈的结果。一方面是网络舆论天生所具有的动荡不安的特性，这种动荡不安源自网民对自我个性和价值、道德取向的张扬和释放；另一方面，当议题存活下来具有一定规模并形成舆论"气候"从而受到众多网民甚至社会公众和大众媒体的关注后，社会道德规范甚至法律法规就会介入舆论的运行过程，成为网络舆论走向的重要制约或引导因素。

在媒体的持续报道、转载和大量网民讨论、跟帖、转帖的情况下，网络舆论朝两个方向发展。一方面，舆论沿原有路径继续升级。其间，官方意见、网民观点、媒体报道相互交融，促使舆论影响进一步扩大。另一方面，由于受到官方的有意引导、关于事件最新信息的补充和媒体设置新议题的影响，舆论开始偏离事件本身。对于这一转变，最明显的例子是 2011 年 10 月发生的"小悦悦事件"，网络舆论焦点由开始的交通肇事转向社会道德的大讨论。此外，在这一阶段最明显的特点就是官方声音的表达。

各方意见及评论性言论的整合，以及对事件本身持不同态度的各方经过一段时间的网上讨论、交流后开始出现分化，分为明显的支持一方和反对一方。在此期间双方的网络舆论讨论也进入一个白热化的状态。在这个阶段，网络舆论意见集中、凸显和强化，也是网民集中发言，表达自己意见的重要环节。

(四) 舆论消散期

网络舆论在经过了整合期意见的表达，随着时间的推移和事件进程的发展，网民参与讨论的次数逐渐减少，意见表达的强度也随之减弱。于是，网络舆论进入了消散期。

从时间上说，网络舆论声势的消散往往伴随着事件的最终解决或阶段性解决。经过前期的网民意见的集中表达，已经形成的网络舆论对事件的发展产生了意见压力，并对事件进程的发展造成了不同程度的影响。网络舆论声势的消散还表现为和事件相关的帖子浏览率不再大幅增长，回复跟帖的数量明显减少，转发事件进展的新帖数量也明显减少，帖子在论坛中的位置也不断地下沉，位置越靠后，网民的关注越少。随着帖子浏览率和回复率的下降，针对特定议题的帖子最终被新发表的帖子代替，网民就该议题的集中意见表达也相应减少，直至消失。

六、网络议题生命周期模型案例——"合肥少女被毁容事件"

(一)"合肥少女被毁容事件"简述

2011年9月17日下午6点左右，犯罪嫌疑人陶某因追求受害人周某不成，携带一瓶打火机油来到周家，趁周某不备，拿出准备好的打火机油浇到受害人头上并点着，不停叫嚣"去死吧"。事发后周某被迅速送往医院，在安徽医科大学附院重症病房经7天7夜的抢救治疗才脱离生命危险，但伤势极为严重，其头部、面部、颈部、胸部等严重烧伤，一只耳朵也烧掉了，烧伤面积超过30%，烧伤深度达二度、三度，整个人面目全非。后陶某父母因周某的父母拒绝在写有陶某当天积极救治和自首的材料上签字，而拒绝支付医疗费，周某因无力支付医药费，拖欠医院近十多万元治疗费用，被迫出院。

(二) 网络舆论的传播路径分析

1. 扩散过程

2012年2月22日9点多，网友"心碎了895"在"万家论坛"将此事曝光，随即引来大量网友围观，短短几天网络上关于这一事件的舆论迅速兴起。

2月22日22点02分，周某的母亲在天涯社区"实话实说"板块以"求助04315"的网名发表了一篇帖子，引起网友广泛关注。

2月22日22点25分，周母在其腾讯微博上发了广播。

2月22日22点50分，周母再次在天涯社区"天涯杂谈"板块以"求助04315"的网名发表了帖子。

2月24日11点07分，新浪微博博主"安徽瓜蛋合肥"，在其微博中发布了广播，引来大量网友评论转播。

2月24日21点46分，安徽公安在线在其微博中接受安徽省审计厅的委托，公布了安徽省审计厅关于毁容少女一案中陶某父母非安徽省审计厅职工的情况申明。(官方回应)

2月25日4点41分，犯罪嫌疑人陶某的父亲在新浪开通微博，并发微博表示道歉。

2月25日5点31分，《中国日报》以《90后少年求爱未遂将17岁少女烧伤毁容》为题进行了报道。2月25日，《羊城晚报》以《求爱不成　恶男火烧花季少女》为题报道了这次事件。(传统媒体介入)

2月25日10点左右，人民网、新华网以《恶男求爱不成火烧花季少女 一只耳朵被烧掉》为题，转载《羊城晚报》的新闻。

2月25日11点左右，合肥市公安局在其官方微博上对这起事件发表了声明。（官方介入）

2月27日，合肥市公安局在合肥警务网上发布了"女学生周某被故意伤害一案有关情况的通报"。

2012年2月28日17点，合肥市公安局瑶海分局责任区刑警一队就"合肥少女毁容事件"一事召开新闻发布会，通报案情情况。

2012年5月10日，合肥市包河区人民法院以故意伤害罪，一审判处陶某有期徒刑12年零1个月。

2. 舆论扩散的总路径

网友爆料—网民关注—媒体介入—陶某父母回应—网友再议—官方回应—网友再议—媒体跟踪—官方介入—网友持续关注—部分媒体跟踪报道。

3. 网络舆论形成与演变分析

自2012年2月22日周某母亲发布网帖，到24日话题引起广泛关注，成为全国瞩目的热点话题，只用了两天时间。此案在新浪微博形成"微话题"，一周时间，相关微博超过了500万条。关于此案的报道和讨论，也从论坛网帖到网站新闻和微博，一直蔓延到各传统主流媒体。其实，我们可以通过对这起事件前后网络舆论走势的分析，并结合"被毁容少女周某"的百度指数（见图3-11），具体分析一下网络舆论的形成演变机制。

第一阶段：议题出现期。

在这一阶段，一些普遍为社会关注的现象或敏感事件通过网民的上传、发帖，以及媒体的报道开始进入网民的视野，并被一些网民关注，开始有网民在论坛、贴吧、网络社区表达对相关事件的看法或态度，形成初步的小范围网络舆论。

在"合肥少女被毁容事件"中，最为敏感的一个因素就是"官二代"，透过近年发生的一系列事件我们可以看到，只要是涉及"官二代""富二代"的事件，无一不会引起网络舆论的哗然。

第二阶段：议题存活期。

即由初步的网络舆论发展为被广为关注的热门网络舆论阶段。在这一阶段，经由大量网络媒体和传统媒体的介入，相关事件得以在更大范围内被报道、转

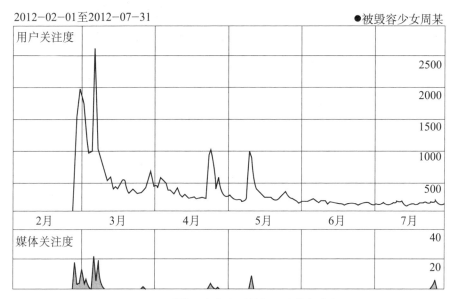

图 3-11 "被毁容少女周某"百度指数变化

载，引起持续关注，于是大量的网民跟帖、转帖出现，大规模的网络舆论逐渐形成。在这个事件中，纵火者陶某首先被贴上"官二代"的标签，以网络媒体为信息"原点"，迅速引爆公众关注，在网络形成热议，继而引发传统媒体的全面跟进，公众关注度进一步提高。

通过百度指数分析，我们可以看到，从 2012 年 2 月 22 日到 3 月 6 日正是大规模网络舆论的形成期，网民的关注热议、传统主流媒体的跟进、各大网站的相继转载促使官方做出回应。

第三阶段：舆论整合期。

大规模的网络舆论在媒体的持续报道、转载和大量网民讨论、跟帖、转帖的情况下，沿原有路径继续升级。其间，官方态度、网民观点、媒体报道相互交融，促使舆论影响进一步扩大。各方意见及评论性言论的整合，以及对事件本身持不同态度的各方经过一段时间的网上讨论、交流后开始出现分化，分为明显的支持方和反对方。在此期间双方的网络舆论讨论也进入白热化的状态。

在"合肥少女被毁容事件"中，各种报道的信源均来自受害者一方，网民在"官二代"标签下言辞激烈地指责纵火者，质疑此案处理中的司法公正性；随着关注度的进一步提升，关于纵火者在案件发生前后态度嚣张、纵火者亲属利用权势妨碍司法公正的流言四起。后随着传统媒体的跟进报道和各方对案件信息的公布，流言得到了澄清，如陶家只是科级干部，并非网传的"高干"；迟迟未做伤情鉴定是因为技术原因，而非司法公正受到干扰等。在网民激烈的讨论中，意见出现了表达与整合的过程，开始还原事件的真相，继而引发了对学校教育和家庭教育的讨论。

第四阶段：舆论消散期。

随着事件的最终解决，网络舆论风潮逐渐消散，并进入对整个事件进行反思的阶段。从百度指数分析来看，随着 5 月 10 日合肥市包河区人民法院以故意伤害罪一审对陶某判处有期徒刑 12 年零 1 个月判决的宣布，网络舆论开始消散，"合肥少女被毁容事件"也渐渐平息。之后，部分媒体对这一事件进行了反思性报道，并对周某的伤势及治疗情况做了进一步的跟踪报道。

第二篇
新媒体舆论的主体——用户研究

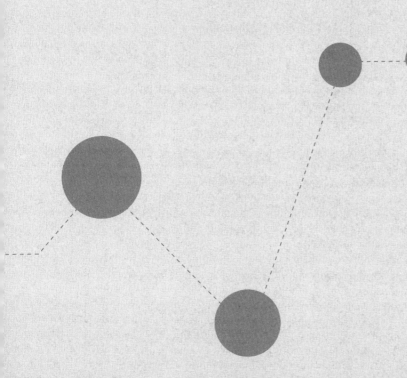

第四章　新媒体用户特征研究

由于新媒体的互动性，在传播过程中，传播者与受众的界限十分模糊。通常情况下，新媒体用户既是传播者又是受众。因此，在新媒体研究中，新媒体用户的研究，尤其是对网民的定量分析，一直是学术界研究的热点及业界关注的焦点。

第一节　新媒体时代的受众理论

目前的受众理论是基于传统媒体产生的，难以合理解释网民现象。从受众角度看，新媒体具有选择性、主动性和互动性强的特点，这些传统大众传播方式所不具备的特点使得原有的受众理论亟须更新。

一、受众、网络受众和网民、用户

受众，简单地说，就是接收信息的人。传统上的受众是观众、听众、读者的统称。受众，在传播过程中是信息到达的终点（信宿），可以简要表示为信息→新闻传播者→大众传媒→受众极少量的信息反馈。在这里，受众是与新闻传播者相区别的一个相对固定的群体，在信息传播过程中，他们只能被动地接收新闻传播者传播给他们的完全一致的信息内容。而在受众选择性很强的新媒体中，有条件的受众摆脱了被动的地位，成为与从前的新闻传播者一样的主动的信息传播参与者。

受众既包括大规模信息传播中的群体，即报刊读者、广播听众、电视观众，也包括小范围信息交流中的个体。随着新媒体的出现，受众中又加入了一类新成员：网络受众。受众的定义在网上被赋予了新的含义。在新媒体中，无论是信息发布者还是受众，他们首先都是网络媒介的共同使用者，有条件的受众，既可以在网上接收信息，也可以发布信息。所谓网络受众，我们可以将其定义为：新媒体的信息接收者。网络受众可以是个人，也可以是组织、团体或国家。

由于新媒体具有主动性和互动性，网络受众也有着传统媒体受众所不具备的许多新的特点。新媒体中的传播者和接收者可以在瞬间进行角色转换，这种转换在 BBS 论坛、电子邮件、网上聊天中表现得尤其明显。在新媒体的许多情况下，信息的传播者和接收者在动态上难以清晰区分，两者的界限比较模糊。当然，新媒体中的传播者和接收者在静态上还是能够区分的。

"网民"泛指上网者，上网者除了通过浏览等方式接收信息外，还经常通过 BBS 论坛、电子邮件、网上聊天等方式发布和传播信息，即扮演传播者和接收者的角色；只有上网者处在单纯的接收信息的状态时，我们才能称之为"网络受众"。"网民"和"网络受众"是联系十分紧密的两个概念，网民有时既接收信息又发布信息；从外延上看，"网络受众"是"网民"的子集，或者说是其组成部分。在逻辑上，研究网民必然包含了对网络受众的研究。

"用户"泛指互联网用户和手机用户。

根据中国互联网络信息中心 2022 年 2 月发布的第 49 次《中国互联网络发展状况统计报告》，截至 2021 年 12 月，我国网民规模达 10.32 亿，互联网普及率达 73.0%。根据工信部发布的数据，2021 年，中国手机用户达到 16.43 亿户。

由于客观条件（经济、技术、时间、知识技能等）的限制，至少在目前的大多数情况下，用户依然主要处在信息接收者的位置，即主要以网络受众的身份出现在新媒体中。从整体上看，用户发布、传播信息的影响力、科学性、真实性、可信度，还无法与经济、技术等各种实力雄厚的新闻网站、商业网站等相提并论。事实也是如此，绝大多数用户在上网时，浏览、检索、下载、接收的信息要远远多于上传、发布的信息。但是，随着新媒体的迅速发展尤其是微博的普及，随着用户的自我意识和民主意识的进一步提高，将会有越来越多的用户发布高质量信息。

显然，在理论研究和实践中，都难以将"用户""网民"与"网络受众"截然区分开。由于新媒体具有互动性，传播者与受众之间的界限十分模糊，两者角色可瞬间转换，可以用"用户"一词取代"受众"。

从 20 世纪 90 年代开始，新媒体的崛起产生了巨大的社会影响。国内外一些调研机构和企业对网民做了大量的调查，积累了大量的数据。国内有著名的中国互联网络信息中心每半年一次的调查，中国社会科学院、一些高校、一些市场调查公司也做了大量的网民调查。国外著名的 Nielsen/NetRatings、NetValue、Jupiter Media Metrix、IDC 等知名网络调查公司和机构以及一些高校、研究机构也做了大量的网民调查。

二、新媒体的互动性

施拉姆和马莱兹克都强调受众社会结构的传播模式，受众反馈几乎都是一种"延迟"行为，大众传播中的反馈不能像人际传播中的沟通那样及时得到回应。而且，就传播资源、传播能力以及传播时间而言，传受双方是不平等的，反馈在大众传播中是一个薄弱的环节。尽管在现代大众传播中，传播者充分注意到受众的反馈意见，诸多媒介设置了一系列渠道，实现了传受双方的直接对话，但是这种沟通仍然不能及时、准确、全面地反映所有受众的意见。

与传统媒介最大的不同在于，互联网实现了类似于人际交流的双向信息传播模式，即互动性，这是对旧有传播方式的一种革命性变革。互联网是双向、多向交流的媒体，互动性是新媒体较传统媒体的一大优越性。在新媒体中，受众享有了前所未有的参与权，成为媒体的一部分。受众由被动变为主动，可以随心所欲地从媒体中"拉"出所需信息，也可以参与媒体的传播活动。媒体和受众形成充分的双向交流。

新媒体的互动性使传播者与受众之间的关系发生了一定的变化。新媒体的互动性带来受众的主动性，受众在新媒体活动中的参与性大大加强。

传播学理论认为，任何传播行为，尤其是大众传播都应该是双向的，只有及时获得受众反馈才有可能实现理想的传播效果。由于受到经济、技术条件的限制，传统媒体的传播方式基本上是单向的，受众处于被动接收的地位，而网络的互动性则使新媒体的传播过程变成一个闭合的回路，这将有助于媒体便捷、低成本地收集受众反馈信息，从而提高传播效果。目前，许多新媒体在自己的网页上设立了可以联机填写的问卷调查。调查涉及方方面面，既有对社会热点问题的看法，也有对该媒体的评价和看法。传统媒体虽然也很重视对受众的调查和收集受众反馈，但与新媒体相比，其收集反馈并进行整理的速度要慢很多，为此花费的成本也要高得多。

三、新媒体带给受众信息获取的主动性

进入 20 世纪 90 年代中期，互联网的规模快速扩张，成为全球最大，也是最流行的计算机信息网络。互联网的迅猛发展，已将世界各国、各地区连成一片。

它打破了传统的地缘政治、地缘经济、地缘文化的概念，形成了虚拟的以信息为主的跨国界、跨文化、跨语言的全新空间。在这种形势下，受众的地位及反馈发生了根本性转变。新媒体中受众的主动性表现得十分明显。在新媒体中，受众能够主动地选择自己感兴趣的、需要的媒介信息，他们积极地使用媒介，而不只是被动地任凭媒介摆布。

在传统的大众传播过程中，受众只能被动地接收大众传媒传递的信息。在新媒体中，受众可以对信息自由进行选择，包括选择信息内容和信息的接收形式、时间、顺序。目前网络信息是名副其实的海量，不仅有文本，还有图像和声音，供受众自由选用。在信息的编排上，网上媒体除少数重大新闻事件采取同步传播外，对大多数信息采取异步传播，将各种信息散布在网上，并随时更新，让网民去选择，使受众可以随时在网上按自己喜爱的顺序浏览或下载信息。新媒体改变了受众的地位和角色。有条件的受众不仅从被动地接收信息变为主动地获取信息，还进而发展成为主动地报道甚至发布信息。

传统的大众媒体是点对面的传播，传者处于中心控制地位，受众较少有主动选择的余地，受众的个性化受到一定程度的限制。广播、电视的线性传播，带给受众的是强制性，它迫使受众只能按时间顺序线性接收。传统的大众传媒发送信息有两个特点：一是单向的推送式，媒体把经过编排的信息推送给受众；二是点对面式，一家媒体向众多受众推送同一种信息。媒体发送信息的特点，决定了受众获取信息的方式：一是被动的，受众不管愿意与否，只能接收既定的信息；二是群体性的，受众无论喜恶如何，只能是大家接收同样的信息而别无选择。

新媒体打破了传统的大众传媒单向传播模式，从而使信息发送有了双向互动和点对点的特点。这种传播特点决定了受众获取信息的方式：一是主动的，受众自己从丰富多彩的网络中提取信息；二是个性化，受众根据自己的需要进行选择。这种从群体向个体的转变，无疑增强了受众的自主性。

在新媒体中，受众不再是被动接收信息，而是主动发现、处理信息。传者与受众之间的关系发生了根本的变化，"受众中心"替代了"传者中心"，受众的地位得到了充分的尊重。

现在的受众已不再满足于"你说我听"或者"你播我看"的旧有传播方式。由于市场经济的冲击以及观念的开放，受众结构已经发生分化，变成了一个个有着不同愿望和需求的"小众"群体。主体意识的增强，使得受众的参与意识较之从前有了很大提高，新媒体的发展促进了个性化传播趋势。除了传播方式的变革外，我们的政治将更加民主化，我们的经济、文化、社会和个人生活、学习、工作都将更加多样化。这些都加速了个性化传播趋势。不仅信息来源很多，选择余地很大，而且独立思考和判断能力加强，个人的独立自主性也会相应增强。受众眼界开阔，文化程度高，独立思考、判断的能力和习惯强化，盲从度会大大降低。这与生活的多元化、各种选择机会的丰富多样相结合，受众个人的独立性和自主性便会很强。受众需求的个性化程度提高。

四、新媒体对用户（受众）接近权的突破

接近权，是指"大众即社会的每一个成员皆应有接近、利用媒介发表意见的自由"。首倡这一理论的美国学者巴隆认为，"为确保大众的言论自由，必须由宪法确认大众'接近'媒介的权利"[①]。从理论背景来看，它是对媒介作为社会公器这一基本性质的再次确认。随着实践的发展，古典自由论的观点被证明流于理想化，人们对媒介的权力忧心忡忡。这一理论企图削弱媒介所体现出的过于浓厚的权力色彩。

从传播学角度来看，用户接近权的强调有比较突出的意义。

一是有利于提高传播效率。一种有效的传播模式不仅包括从传者到用户的信息流动，也包括从用户到传者的信息反馈。只有实现传者与用户之间的信息互动，才能使传者的传播更好地满足需要，更充分地被接收。而要建立畅通的反馈渠道，就必须保证用户的媒介接近权，使用户可以对媒介的报道进行纠正或补充，提供新的事实，并发表自己的意见、看法。

二是有利于建立健康积极的媒介环境。传播理论认为，在客观环境和人们对它的认知之间，存在着一个信息环境，主要依靠大众传播媒介来构造。这个虚拟的媒介环境能在多大程度上接近真实，依赖于传者的修养、良知和观察力。如果用户不仅是被动地接收，还可以主动参与到这一构造过程中，无疑将对传者的行为产生有效的约束。

三是比较妥善地解决了信息源和传者之间的关系。在信息源和传者之间一直存在一个悖论。理论上讲，信息源是传播的真正源头，传者的传播活动依赖信息源，但在实际操作中，因为传者握有选择权，反而变成信息源依赖于传者才有可能被用户知晓。用户接近权的提出，理顺了两者的关系。当用户主动接近媒介

---

① 张国良. 传播学原理. 上海：复旦大学出版社，1995：171.

时，用户转为信息源的角色，并为信息源赢得了一定的主动性和独立性。从社会发展角度来看，用户接近权则成为实现现代民主制度的重要途径。

尽管理论上用户接近权有着积极意义，但是，在现实中要真正实现它还面临着诸多困难。有学者建议借助法律的保障。实际上，法律保障依赖于现实的物质基础，缺乏基础便难以实施。这种现实困境表现如下。

其一，传统大众传媒的时间和版面的限制。这决定用户意见和事实不可能全部被反映，只有极少数可能获得被大众传媒传播的机会。

其二，传统媒介的高度选择性。时间和版面的限制给媒介的选择提供了被普遍认可的理由。而媒介出于自身立场和利害关系的考虑，必然在选择时有所偏重和回避，这使用户意见和事实实际上很难获得公平对待。

从实际运作角度来看，目前，传统媒介和用户对接近权的认可程度都还不高。辟出专门版面刊登读者来信的报纸不多，有的只是在报纸中缝。广播电视上热线电话类的节目差不多都属于传者的议程设置，用户意见是被限定和被选择的。理论上媒介反映舆论，实际是媒介成为舆论代言人，真正的舆论（社会普通公众的言论）离媒介很远。媒介的这种现实状况也影响了用户参与的积极性。

新媒体的诞生使我们看到指引我们走出困境的光亮。首先是网上勃兴的电子论坛使用户可以自由发送信息、交流观点、展开讨论，为民间信息和意见提供了一个重要的集散地。接着是传统媒体建立网站，开设出各种网上论坛，为获得点击率，想方设法吸引用户参与，不再忽视大众意见。在电子论坛中，用户接近权已达相当高度。

新媒体对实现用户接近权的积极意义在于：

其一，新媒体打破了传统媒介的信息准入特权。传统媒介作为庞大的信息机构，人们在赋予它监视环境职能的同时，也赋予它选择的职能，这样就产生了大大小小的媒介"把关人"。它们拥有信息准入特权。符合"把关人"利益的信息被传播，符合公众利益而与"把关人"利益相违背的信息则可能被遏制，"把关人"（媒介）利益凌驾于公众利益之上。这样的结果可想而知，强势力量可以利用媒介，处于弱势地位的声音难以接近媒介。

新媒体技术使人们期待已久的在大众传播过程中的互动不再那么艰难，并以其开放式结构和海量存储能力为各种信息意见的进入与碰撞提供了包容空间。对用户来说，新媒体技术最大的意义可能在于提高了他们在传播过程中的地位，他们由被动的接收者变成主动的参与者。新媒体较低的准入门槛（一定的技术、文化和物质条件）为大众发表多样的意见提供园地的同时，其实也就打破了传统媒介的信息准入特权。

其二，新媒体使个人意见获得有力传播。"大道不传小道传"曾经是在大众传播统治下处于弱势地位信息的唯一选择。个人意见要想产生较为广泛的社会影响，希望是渺茫的。新媒体的出现则改变了这种状况。虽然目前从总体势力来看，新媒体的影响力还不敌传统媒体，但传统媒体也不可轻易忽视它。古典自由论所极力倡导的"观点的自由市场"，几个世纪后在新媒体上得到体现。

其三，新媒体使传统媒介的权力受到制约和监督。自传播学的社会责任理论提出以来，人们一直都在探讨如何监督媒介的问题。人们寄希望于媒介自律、媒介管理、媒介教育和公众监督等渠道。但细想，媒介的权力并非一种实实在在赋予的权力，它是依靠媒介在信息传播中的特殊地位，作用于社会舆论而产生的特权。因此，监督媒介权力，只有先打破媒介在信息传播过程中的垄断地位。现在，新媒体承担起了这个角色。我们已经在不止一个案例中看到，大众传媒所制造的舆论氛围被打破，它不得不尊重事实的真相和真正的社会舆论。

其四，新媒体正在实现用户接近权。新媒体成为信息传播的另一种渠道。因为种种原因而没有进入大众媒体视野的一部分信息，可以首先在新媒体上找到存身的空间，并获得一些浏览者的关注，传统媒介所制造的权力空间被打破。

其五，新媒体使弱势信息获得沟通交流的机会。大众传播学著名的"沉默的螺旋"假说，在新媒体时代有望改观。通过新媒体，在大众传播中处于弱势地位的信息，绕过大众传播的环节而有可能在新媒体中乃至网外产生一定的影响。社会弱势者的声音在新媒体世界里有了一个表达的空间。

当然，新媒体上信息准入的宽松也产生了一些负面效应，最主要的就是信息的可信度低。一部分人无事生非，制造垃圾信息使人们真假莫辨，这从整体上降低了新媒体的影响力，同时也影响其更好地实现用户接近权。

五、新媒体挑战"沉默的螺旋"理论

"沉默的螺旋"是德国学者诺尔-诺依曼于1974年在一篇论文中最先提出的。1974年，她在《沉默的螺旋》一书中，对这一理论进行了系统的阐述。诺尔-诺依曼认为，舆论的形成与大众传媒营造的意见气候有直接关系。因为大众传播有三个特点：多数传媒报道内容的类似性——由此产生共鸣效果；同类信息传播的连续性和重复性——由此产生累积效果；信息到达范围的广泛性——由此产生遍

在效果。这三个特点使大众传媒为公众营造出一种意见气候，而人们由于惧怕社会孤立，会对优势意见气候采取趋同行动，其结果就是，造成一方越来越大声疾呼，而另一方越来越沉默下去的螺旋式状态。

尽管这一假说夸大了人的从众行为和趋同心理的作用，但它在一定程度上反映了大众传媒对舆论形成所起的重要作用。同时，诺尔-诺依曼还把舆论比作社会的皮肤，以表明大众传媒在维持社会整合方面所起的重要作用。

在"沉默的螺旋"假说中起重要作用的"从众心理"会因为网络时代的到来而有所改变。从心理学的角度来说，从众心理的产生主要是由于认知失调和对孤独的惧怕。从认知失调理论来看，群体的压力会让人产生失调，而从众是减少失调的一种有效方法。但是在新媒体中，用户的身份往往是匿名的，而且多数群体并不是稳定的，因此，用户在这样的群体中，如果感到失调，可以通过转换群体的方式来逃离让他感到失调的环境。因此，相对来说，从众心理产生的机会应当较小。从人害怕孤独这方面来说，这种心理往往是在人们的生活圈较小的时候表现得比较强烈，这时一旦人在意见上陷入孤独，往往也意味着他在其他方面也陷入孤独，而且这种局面没有积极的办法可以扭转。但是当人们的交往能力随新媒体技术得到扩展时，人们的交往空间也得到了极大的扩展，因此，消除孤独的方式也变得多种多样。这时，他往往不是采取消极的从众措施以保护自己，而是积极地在新媒体中寻找盟友。

新媒体时代被认为是一个尊重个体的时代，它更承认个人意见的表达与个性的发展，所以相对来说，传统的从众心理可能会表现得较弱一些。新媒体时代将是一个舆论更分散的时代。"沉默的螺旋"理论虽然在新媒体中未完全失效，但是受到了冲击与挑战。

第二节　网民的基本特征分析——由精英走向大众化

在传播学的受众研究中，定量研究方法起到了重要作用，传播学史中著名的有关受众的理论基本上建立在对大量一手数据的定量分析和研究的基础之上。在新媒体日益兴盛的今天，对网民进行定量研究显得十分迫切和重要。

依据中国互联网络信息中心公布的历次《中国互联网络发展状况统计报告》，以及在互联网上获得的 NetValue、Nielsen/NetRatings、Jupiter Media Metrix、

IDC等知名网络调查公司和机构发布的调查数据，我们对网民进行了以定量研究为主、定性研究为辅的研究，从中发现了网民的几大特征和趋势。

互联网在发展的初期在很大程度上是"精英"的"专利"。这里所说的"精英"是指受教育程度和经济收入较高的年轻单身男性，这从中国互联网络信息中心公布的历次《中国互联网络发展状况统计报告》就可以得出结论。国外早期的调查报告也得出同样的结论。一般的研究也认为，初期网民的群体特征为：信息需求大、年轻、受教育程度高、收入多、身处发达地区，以男性和白领为主。

但是，通过对大量的历次数据及国内外数据的对比研究，我们发现，网民开始呈现出大众化趋势，互联网日益普及。

一、中国网民数量增长分析

1997年，中国互联网络信息中心公布了第1次《中国互联网络发展状况统计报告》。截至1997年10月31日，我国上网用户数是62万，此后每年统计和公布两次。中国互联网络信息中心将"网民"定义为：平均每周使用互联网至少1小时的中国公民。

2013年1月，中国互联网络信息中心发布了第31次《中国互联网络发展状况统计报告》。该报告显示，截至2012年12月底，全年共计新增网民5 090万人，网民规模达到5.64亿，互联网普及率为42.1%，较2011年年底提升3.8%，保持低速增长。与之相比，手机网络各项指标增长速度全面超越传统网络，手机的微博用户及电子商务应用方面也出现较快增长。

我国手机网民数量快速增长，2012年我国手机网民数量为4.2亿，年增长率达18.1%，远超网民整体增幅。网民中使用手机上网的比例也继续提升，由69.3%上升至74.5%，手机作为第一大上网终端的地位更加稳固。

我国网民数量已经处于高位，网民增长和普及率进入了相对平稳的时期。而智能手机等终端设备的普及和无线网络升级等因素，则进一步促进了手机网民数量的快速提升。

在网吧、学校机房等场所接入互联网的网民比例下降幅度较大，其中网吧网民占比下降了5.5%，在学校机房上网的网民占比下降了3%，而在家中接入互联网的比例继续走高，有91.7%的网民在家中上网，增幅达到3.4%，个人上网设备持有比例的提升和网络接入条件的改善是导致此现象产生的主要原因。

截至2012年12月底，我国的微博用户规模为3.09亿，较2011年年底增长了 5 873 万人，网民中的微博用户比例达到 54.7%。手机微博用户规模 2.02 亿，占所有微博用户的 65.6%，接近总人数的三分之二。

截至 2012 年 12 月，我国网络购物用户规模达到 2.42 亿，网络购物使用率提升至 42.9%。与 2011 年相比，网络购物用户增长了 4 807 万人，增长率为 24.8%。在网民增速逐步放缓的背景下，网络购物应用依然呈现快速增长的势头。团购领域的数据显示，我国的团购用户数为 8 327 万人，使用率提升了 2.2%，达到 14.8%，团购用户全年增长了 28.8%，继续保持相对较高的增长率。

在网络经济快速发展的同时，手机端电子商务类应用也在迅速扩张。网民使用手机进行网络购物相比 2011 年增长了 6.6%，用户量是 2011 年的 2.36 倍；此外，手机团购、手机在线支付、手机网上银行三类用户在手机网民中的比例均有所提升，这三类移动应用的用户规模增速均超过了 80%。

2013 年 1 月，中国互联网络信息中心同时发布了《2012 年中国网民消费行为调查报告——3C》和《2012 年中国网民消费行为调查报告——汽车》。报告显示，互联网已经成为消费者获取汽车信息的首选渠道，并且已经成为消费者购买产品的重要平台。

根据中国互联网络信息中心 2022 年 2 月发布的第 49 次《中国互联网络发展状况统计报告》，截至 2021 年 12 月，我国网民规模达 10.32 亿，互联网普及率达 73.0%。

中国网民数量呈指数级增长的原因很多，以下因素起了很大的推动作用。

（1）中国经济实力增长，同时上网费用下降。中国经济实力一直在高速增长，人们的购买力日益增长，而电信部门又调低上网费用，这些使上网人数大增，中国民众上网变得越来越便宜。

（2）随着产业技术进步和网络运营商的重组及网络运营商竞争的加剧，网络接入的软硬件环境在不断优化。5G 技术的推广，使得手机作为网络终端使用起来更为便利。同时，网络接入和用户终端产品的价格不断下降，产品性能和用户体验的日新月异，也使网络的使用门槛不断降低。

（3）公众上网意识较为积极。随着社会经济的发展，人们的生活水平不断提高，对物质的需要得到一定满足后，社会交流和信息获取成为精神生活的重要组成部分。现代社会人际交流方式更加间接，网络作为媒体和交流工具填补了人们在日常生活中信息和社会交流的空缺。另外，受金融危机影响，大批农村外出务工人员返乡，其对网络的了解和熟悉会向周边人群传递，这种人际传递的乘数效应提升了农村地区人群的上网意识和上网行为。

（4）中国教育事业在发展，使得计算机网络知识和技能在迅速普及。尽管网民规模持续增长，但与互联网发达国家相比，我国的互联网普及率还处于较低水平，网络信息化的优势还没有充分发挥。但是，随着国家经济实体的快速发展，网络基础设施的不断完善，互联网普及率也会随之攀升。

二、世界互联网用户的发展

2000 年，人们可能才刚刚接触互联网，很多人甚至可能还不知互联网为何物，转眼十年过去，互联网用户翻了五番，不仅在用户数量上实现了飞跃，在互联网普及范围上也有突破。

2000 年，全球的互联网用户共计 3.61 亿。这个数字只是 Facebook 2010 年用户数量的三分之二；2000 年，互联网用户超过百万的国家有 38 个；2010 年，互联网用户超过百万的国家达到 95 个；2000 年，互联网用户超过 1 亿的国家数量为 0。

根据新浪网 2021 年 1 月 27 日的报道，截至 2021 年 1 月，世界人口数量为78.3 亿。全球有 52.2 亿人使用手机，相当于世界总人口的 66.6%。2021 年 1月，全球使用互联网的人数达到了 46.6 亿，较 2020 年同期增加了 3.16 亿人，增长了 7.3%；全球互联网普及率为 59.5%。新冠肺炎疫情对互联网用户数量的报告产生了重大影响，因此实际数字可能会更高。

《数字 2021 年全球概览报告》指出社交媒体普及率激增，全球有 42 亿社交媒体用户。一般的社交媒体用户，现在每天在社交媒体上花费 2 小时 25 分钟。2021 年，全球社交媒体用户在社交媒体上花费的时间将达到 3.7 万亿小时。

手机已成为我们的"第一屏"。目前 90% 的互联网用户通过智能手机上网，手机上网占全球上网时间的 53%。全球安卓用户每天使用手机的时间超过 4 小时。一般的互联网用户，每天通过手机上网的时间为 3 小时 39 分钟。而相比之下，他们每天看电视的总时间为 3 小时 24 分钟。这意味着，目前互联网用户在手机上使用联网服务的时间，比看电视的时间长约 7%。

上网时间延长。互联网用户平均每天在所有设备上使用互联网的时间接近 7小时，相当于每周上网时间超过 48 小时，也就是每 7 天中有 2 天是上网时间。不同国家的人们，在网上花费的时间有很大的差异。菲律宾人上网的时间最长，平均每天将近 11 个小时。巴西人、哥伦比亚人和南非人也表示，他们平均每天上网 10 小时以上。日本人上网时间最少，每天不到 4.5 小时。值得注意的是，中国的这一数字也比较低，每天只有 5 小时 22 分钟，比全球平均水平 6 小时 54 分钟少了约 1.5 小时。

电子商务的兴起。全球范围内，在 16 岁至 64 岁的网民中，有近 77％的人表示他们每月都会在网上购物。

三、"扩散 S 曲线理论"与中国特有的"2 000 万现象"

按照传播学界的共识，当一种媒介的使用人数超过总体的 20％，亦即超过 1/5，它就跨越了"普及"的门槛。以美国为例，为达到这一标准，广播用了 38 年，电视用了 13 年，而网络只用了 5 年。根据创新扩散理论的"扩散 S 曲线理论"（见图 4－1），当一种新产品或服务在其潜在市场中占据 10％～25％份额之际，扩散率就将急剧上升。

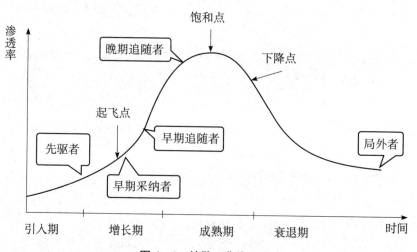

图 4－1　扩散 S 曲线理论

此外，手机成为媒体工具，促使网民数量飞速增长。短短几年，在我国，不仅手机的使用已经大大普及，手机的功能也大大扩充，它已由最初单一的双向语音通信工具，变成媒体信息的接收端和个人信息的发送端。尤其是第 3 代手机技术的完善与普及，使得手机成为互联网的延伸。手机技术的发展和手机功能的增强及扩展，手机新品的不断推出，将使其媒体工具的特性越来越得到彰显。它不仅是人们随时随地获取信息的工具，而且是新闻记者及时快速传递新闻信息的利器。由于我国移动用户数已经居世界第一，能够上网的手机的大量使用，将极大地促进网络在我国的普及。

在我国的经济领域，有所谓的"2 000万现象"：彩电、冰箱、空调等均在用户数量达到2 000万以后迅速走向大众化，手机的普及更加印证了"2 000万用户往往会带来雪崩效应"的观点。网络自突破2 000万用户后开始向低收入、女网民倾斜，也印证了这一趋势。

综合上述数据和分析，可以得出结论：互联网在迅速普及，呈现出大众化趋势。而且，越是发达的国家和地区，网民的大众化特征越明显；越是欠发达的国家和地区，网络的"精英"特征越明显。

第三节　新媒体用户的心理和行为特征分析

网络舆论热点中的新媒体用户群体与法国心理学家古斯塔夫·勒庞在《乌合之众：大众心理研究》中提出的"乌合之众"有很多相似之处。下面我们分析一下网络舆论热点中新媒体用户的主要特征。

一、新媒体用户的类型与心理

新媒体用户可以按照不同的标准进行分类。不同类型的网民有着不同的上网心理和行为。

（一）地域

不同的国度、地域，其气候、文化、风土人情也不同，对网民的心理和行为有重大影响。

有调查显示，中国人上网爱聊天，美国人常查地图，法国人爱写博客。当一个中国网民打开电脑开始聊天的时候，一个美国网民可能正在查找到其某个商业伙伴办公地点的行车路线，而一个法国网民可能正在自己的博客上"奋笔疾书"。不同的上网习惯不仅反映出一个国家互联网的发展水平，也反映出一个国家的网络文化。

（二）性别

男性网民和女性网民在上网心理和行为上均有较大差异。男性比较注重理性，喜欢搜寻科技、新闻、军事等信息；女性则比较注重感性，喜欢浏览时装、美容等信息，上网聊天的女性多于男性。

美国互联网调查机构皮尤互联网与美国生活项目（Pew Internet and American Life Project）于 2005 年 12 月做的调查显示，与女性网民相比，美国男性网民在网上更愿意浏览天气情况，了解新闻、体育、时政和财经方面的消息。他们还常常利用互联网的下载功能，下载音乐和软件。另外，男性网民还把互联网的娱乐功能发挥到了极致，他们用网络听歌、下载音乐和视频节目等。美国女性网民则更喜爱电子邮件。她们喜欢发邮件给亲友，讲述自己看到的新闻、自己的计划和担忧等。她们喜欢用这种方式来维系和家人、朋友以及同事的关系。而且她们更愿意在网上了解宗教信息，并对健康或一些个人问题感兴趣。研究还发现，在很多事情上，如查阅旅游信息和查找电话号码等，男性和女性都会想到借助互联网。

2013 年 1 月，英特尔公司、联合国和美国国务院共同发起的一项调查显示，美国的男女网民的比例差别仅为 4%。男女上网比例差别最大的是乌干达等非洲国家，只有 9% 的女性上网，而男性的上网比例为 16%。女性上网比例最小的是印度等南亚国家，只有 8% 的女性上网。

（三）年龄

人们在不同的年龄，会有不同的上网心理和行为。新媒体应针对人们的年龄差异，发布不同内容的信息和设计不同形式的页面，才能最大限度地满足不同层次网民的心理需求。

（四）支付能力

支付能力是直接影响网民上网动机和行为的重要因素。一个收入不高的人，很难指望他（她）花很多时间去上网聊天。

（五）教育水平

教育水平直接影响网民上网获取信息的心理和行为。受不同性质教育的人，对网络信息的需求和兴趣不同；受教育程度不同，对网络信息的需求选择也有较大差异。受教育程度越高的人，花在娱乐上的时间越少，而花在阅读新闻、科技信息上的时间相对越多。

此外，具有不同职业、社会地位等的网民有着不同类型的信息需求。

二、新媒体用户的普遍心理分析

不同类型的新媒体用户虽然在具体的信息需求上有所不同，但是以下心理却具有较大的普遍性。概括来讲，一般用户在使用传播媒介方面，具有如下一些心理特点：求新心理，好奇心理，求真心理，亲和心理，求知心理，选择心理和逆反心理。与传统媒体的受众心理相比，以下是用户表现突出的心理特征。

（一）参与性心理

与传统媒体的受众不同，新媒体用户不仅仅是接收者与旁观者，他们还更多地加入传播过程中。新媒体用户可以提出自己对信息的需求，可以对传播的内容提出看法，也可以将自己认为有价值的信息放到网上传播。参与性不仅仅意味着传播者与用户之间界限的模糊，也不仅仅意味着用户地位的提高，它还意味着网上信息内容的多元化与复杂化。

由于新媒体的互动性，用户自主性心理增强，用户已不再满足于一般性的浏览阅读，他们还通过邮件、BBS 论坛、网上聊天等方式参与传播活动，发表意见，提出建议，展示自我的思想感情和喜怒爱憎。

（二）个性化心理

传统媒体的传播方式是"点对面"的，个体只是作为受众中的一员存在，任何一个传媒组织都不会针对某人的特别需求来进行传播。在传统大众传媒中，个体的个别需求是通过个体在"大众化"的信息产品中进行挑选而得到部分满足。读者有一定的决定权，但挑选余地是很小的。

在网络时代，用户可以更加自由地选择自己喜欢的网站、信息或服务。更重要的是，用户的媒介消费行为，在时间上和空间上有更多的自主性。他不必再根据电视台、电台的时间表来安排自己的行动，也不一定要在某个固定的空间里看电视。在传统媒体时代特别是电视时代，人们的生活规律，更多地受到媒体节目的影响。例如，为了收看一个自己喜欢的电视节目，人们也许不得不放弃其他社交活动。而在网络时代，人们对自己的日程，有了更多的决定权。

（三）虚拟环境下的匿名心理

与传统媒体的受众不同，用户在网络这一虚拟环境下接收网络信息或服务。网络给他们提供了一种充分放开自己的环境。在"匿名"状态下，用户的需求，与他在物理世界的需求会发生一些偏离，或者说，他会更追求在物理世界里无法得到满足的需求。

匿名心理，在社会心理学中，指的是在一种没有社会约束力的匿名状态下，人可能失去社会责任感和自我控制能力。而在网络环境中，虽然也是一种"匿名"状态，但一般情况下，用户都有自己的代号，如果是在一个比较稳定的社区里，每个人的代号也是相对固定的。如果一个人做出了违背大家意愿的事情，他就可能遭受冷落甚至被赶出社区。另外，每一个上网者都有 IP 地址，对于网络管理者来说，他们可以通过 IP 地址来查找某个违法行为的责任人。在网络进一步发展的情况下，新媒体用户会更加体会到，IP 地址实际上使他们在某种意义上不再是匿名的。这会促使他们加强对自己的约束。所以，网络的匿名并不是完全意义上的匿名。在大多数情况下，用户只有在面对自己时，才更有可能失去自我控制能力，如浏览色情网站。

此外，网民还具有一定的从众心理。当然，由于网络的隐蔽性，从众的压力较传统媒体有所减轻，从众心理有所弱化。

三、网民上网目的分析

国内外的调查都表明，网民上网的首要目的是获取信息，尤其是新闻信息；其次是游戏娱乐。常用工具是电子邮箱和搜索引擎。

中国互联网络信息中心历次的调查结果都显示，网民上网的主要目的依次是：获得各方面的信息、学习计算机等新技术、工作需要、休闲娱乐。网民最常使用的网络服务是电子邮箱和搜索引擎；网民在网上获得的最主要信息是各类新闻。

国外的调查也得出了类似的结论。在美国，互联网已经成为人们首要的信息来源。美国人最常用的是电子邮箱，其次是获取各种信息，浏览新闻只是看各种信息的一部分。美国人主要是把互联网当成为自己提供服务的工具，需要新的信息的时候，他们第一反应就是去互联网搜索。

网民在网上获得的最主要信息是各类新闻。但是，与传统媒体的新闻信息需求相比，网民的新闻信息需求至少会有以下几个新特点。

其一，信息来源很多，选择余地很大，接收时的主动性和互动性很强。这对人的发展和社会的进步是十分有利的。而新闻传媒只有按照新闻规律和传播规律进行运作，才能在众多的传播者中脱颖而出，被受众选择，从而实现其使用价值和经济价值。

其二，在大量的信息面前，受众又需要在选择上获得帮助。传媒的信誉和品牌的质量，对受众的选择会有很大的影响。有的品牌甚至为受众所依赖，从而形成用户的习惯性选择。

其三，独立思考和判断的能力加强，个人的独立性、自主性也会相应增强。受众眼界开阔，文化程度高，独立思考、判断的能力和习惯强化，盲从度会大大降低。这与生活的多元化、各种选择机会的丰富多样相结合，于是个人的独立性和自主性便会很强。因此，受众对传媒质量的要求会更高，且不易被欺瞒和愚弄。媒体必须时时处处、方方面面都保持真正的高质量，才能不断吸引受众。

其四，对传媒的需求增强，需求的个性化程度提高。由于受众的经济能力强，文化程度高，因而传媒消费能力大为增强。又由于社会联系多，生活、工作等各种活动的社会化程度提高，人们对信息、娱乐、生活指导等的需求以及自我表达的需求既多又强，受众和广告主对传媒的依赖程度也会不断提高，因而传媒消费欲望又会相应增强。许多受众会不满足于只接触一种日报、几个广播电视频道和少数网站。而且，广告也会大量增加，并具有更强的针对性。所有这些，都将给媒体带来新的机遇，同时又为传媒市场进一步细分创造了条件。

另外，受众需要更优质的服务，包括符合他们个性化需求的传播。这使传媒小众化趋势更强。因此，传媒必须增强自己的特色，进一步提高对特定受众的针对性。

随着经济的发展，越来越多的网民开始关注经济信息。

此外，随着网络的普及，许多网民的上网态度已经由重"量"转为重"质"。

网民上网的主要目的是获取信息，其中又以新闻信息为主。从新媒体学理论的角度来看，网络新闻整体上的可信度、权威性都比传统媒体低。但是，随着阅读网络新闻日益成为人们生活的一部分，人们对网络新闻的认可度越来越高。

四、网民上网动机分析

动机的原始含义是引起（或发动）动作，心理学则把人们经常以愿望、兴趣、理想等形式表现出来的，激励人们行动的主观因素称为动机。动机是行为发生的先导和条件。网民上网的动机主要有以下几种。

（一）求知

求知，是以对知识、信息的追求为目的的一种动机，它是网民最普遍、最常见的一种心理活动。发展自己、完善自己是人们普遍存在的一种需要，求知动机正是这种需要的一种心理反应。网民利用互联网，可以获取外部信息，监视环境。通过新媒体了解外部世界，了解国内外大事，了解别人的见解，决定自己的行为。网民在网上求知的过程中，往往是主动寻求信息和知识，这与传统媒体受众被动接收信息截然不同。

（二）消闲娱乐

娱乐是以追求精神享受和放松为目的的一种上网动机。网民通过新媒体可以增加见闻，满足好奇心，打发时间，寻求刺激，寻求快乐，放松情绪，消除烦恼和疲劳，释放日常生活带来的种种压力和烦恼。

非功利性的网上视频点播和网络游戏虽然不能说与人的生存发展相关，但它使人的身心从繁忙的工作中恢复过来，使人们从日常利害关系中解放出来，是对自我个性各个方面的丰富，是自我发展和自我提高。

（三）求名动机

这是以追求自己成名、获得成就感为特征的一种上网动机。许多网民乐于在网站、BBS发表见解，即是出于此动机。

（四）求便动机

许多网民进行网上购物，就是一种求便心理在起作用。网民网上购物，不仅要求交易迅速方便，而且要求送货上门。

（五）逃避动机

新媒体可以使网络受众——网民——逃避现实，不用理会常规的工作。网民可以利用互联网，在他与周围的人之间建立一条缓冲带，以摆脱他人的打扰和制约。在逃避动机中起作用的不是"合群倾向"，而是"离群倾向"。事实上，逃避已经成为许多人上网的理由。一些网民在虚拟的网络社区中寻求安慰和解脱，回避现实生活中的矛盾和冲突。互联网成了一些人的避风港。对现实不满的人，或有心理问题的人，更容易到虚拟的网络世界中寻找支持和寄托。例如，一些女性喜爱网上聊天室，把它当成寻求现实中无法获得的浪漫的途径，或是抱怨其伴侣的一种方式。

事实上，网民上网的动机十分复杂，网民上网往往是多个动机综合作用的结果。

网民上网的主要目的是透过互联网获取资讯、与人沟通、消闲娱乐和阅读新闻。

从中国互联网络信息中心以及国外的统计数据可以看出，在互联网发展初期，网民上网的主要目的是获取信息。但是，随着网民的大众化，为消遣娱乐而上网的网民所占比例已经逐步上升到第1位。

中国互联网络信息中心于 2005 年 7 月发布的调查报告是一个分水岭。其数据表明，就网民上网目的来看，获取信息首次由第 1 位降低至第 2 位（37.8%）；为休闲娱乐（包括网络游戏、在线点播等）而上网的人数首次上升至第 1 位（37.9%）。这印证了新媒体的娱乐化趋势。

新媒体娱乐化的主要原因在于网民结构的大众化。网络正在由"精英"（年轻富有的高学历男性群体）的"专利"转化为大众化媒体，网民结构呈现出大众化趋势。从社会心理学的角度分析，与"精英"相比，"大众"更喜爱娱乐信息。网民结构的大众化造成了新媒体的娱乐化趋势。

网络游戏热也促进了新媒体的娱乐化。此外，宽带（broad band）的普及加速了新媒体的娱乐化，也带来了新媒体的多媒体化。网络不仅成了重要的新闻媒体与广告媒体，而且正在成为新兴的娱乐媒体。

新媒体的发展趋势是上网方式的宽带化、无线化，新媒体的娱乐化，网络新闻的多媒体化，新媒体与传统媒体之间界限的模糊与整合等。

五、网民行为特征分析——网民注意力呈现"马太效应"

调查显示，网民的注意力越来越集中于少数的知名网站，呈现出"马太效应"。

所谓马太效应（Matthew effect），是指好的越好，坏的越坏，多的越多，少的越少这样一种现象。这个名字来自《圣经·新约》的《马太福音》第 25 章："凡有的，还要加给他，叫他有余；没有的，连他所有的也要夺过来。"

罗伯特·莫顿将"马太效应"归纳为：任何个体、群体或地区，一旦在某方面（如金钱、名誉、地位等）获得成功和进步，就会产生一种积累优势，就会有更多的机会取得更大的成功和进步。

此术语后为经济学界所借用，反映经济学中贫者越贫，富者越富，赢家通吃的收入分配不公现象。

在新媒体领域，马太效应指的是网民虽然越来越多，但是，他们经常访问的网站却越来越集中在少数几个网站上。美国 Jupiter Media Metrix 等多家调查机构发布的报告称，Google、Twitter、Facebook 以及 YouTube 四家网站吸引美国用户驻足浏览的时间占用户上网时间的一半还多，即四家网站瓜分网民半数线上时间。Jupiter Media Metrix 还指出，在如今的互联网媒体市场上，公司规模越大就越可能获得成功。

第三篇

新媒体舆论的客体——平台研究

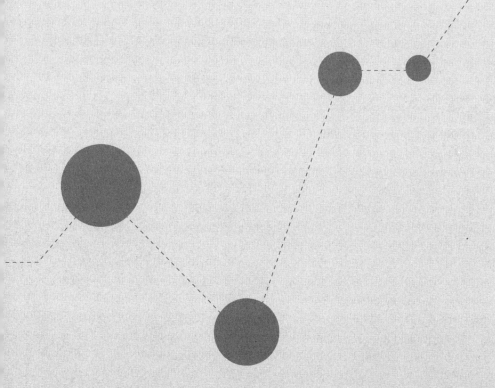

第五章　网络论坛

BBS 的英文全称是 bulletin board system，翻译为中文就是"电子公告板"。BBS 最早是用来公布股市价格等信息的，早期的 BBS 与一般街头和校园内的公告板性质相同，只不过是通过电脑来传播或获得消息而已。国内著名的网络论坛有：强国论坛、天涯社区、百度贴吧、搜狐社区、新浪论坛等。

第一节　网络论坛的传播特点

网络论坛作为网民获取信息、发泄情绪、发表观点等的重要渠道，曾经长时间占据网络舆论的霸主地位，诸多公众舆论都肇端于此，并在此酝酿发酵，最终形成影响广泛的重要舆论事件。网络论坛使用率的下降与微博这一新兴网络应用的发展密不可分。2010 年被称作"微博元年"，而到了 2011 年，微博已被称作"网络的舆论中心"①，成为公民监督政府公共权力和维护自身权益的主阵地。

微博的出现顺应了网络时代网民信息表达和阅读的碎片化趋势，同时，因为论坛管理规则相对严苛，而微博的把关尺度相对宽松，因此微博异军突起成为网络事件的重要发源地和最重要的舆论发酵平台。爆料信息从论坛转入微博平台后，爆料出处逐渐模糊。

例如，2011 年 10 月发生在湄公河的中国船员遇害事件，国内最先由网友在天涯社区披露，随后，微博上大量相关信息涌入，事件当事人也通过微博发布信息，而天涯社区最先披露该事件的事实则被公众和媒体"忽略"。

2011 年 10 月 5 日，湄公河金三角水域发生一起针对中国船员的恶性袭击事件。两艘搭载 13 名中国船员的中国籍"华平号"和缅甸籍"玉兴 8 号"商船，在湄公河金三角水域遭到不明身份的武装分子劫杀，13 名船员全部遇难。事件发生之后，中国政府向老挝、缅甸和泰国三国派出警务工作组展开跨国调查。

---

① 谢耘耕 . 中国社会舆情与危机管理报告（2011）. 北京：社会科学文献出版社，2011.

2012 年 4 月，案件主凶——缅甸毒枭糯康被老挝警方擒获，并于 5 月移交中国；2012 年 12 月终审判处主犯糯康、桑康·乜萨、依莱、扎西卡死刑；2013 年 3 月 1 日，上述四人在云南昆明被执行死刑。

一直喜欢在论坛上寻找新闻线索的传统媒体记者，也开始转战微博。论坛的"意见领袖"相继流失，不少人转入微博，或退守个人博客。原创性、思想性帖子的减少，使包括天涯社区在内的一些资深论坛上的帖子"含金量"也在下降。

但是，专业性强的小众化的论坛，诸如户外运动、旅游、摄影、汽车之类的专业论坛，由于其专业性和小众性，黏性较高，受到的冲击也相对较小；地区性网络论坛凭借独特的地方内容特色，也在一定程度上避开了微博的锋芒。

一、网络论坛的概念

网络论坛是一种基于虚拟互联网技术的网上交流场所，即人们日常所称的"网络社区"或"BBS"。"网络社区"这一称谓是现实生活社区概念的网络移植，因为网络论坛的主要功能在于为用户间交流与互动提供了空间，它将"天涯若比邻"变成了现实。BBS 最早是用来股市价格之类的信息，其主要功能就是"公告"。但随着时代的发展和技术的进步，人们开始利用这一系统进行在线交流和讨论，逐步形成了今天以提供在线讨论为主的"网络论坛"，但 BBS 的民间称谓沿用了下来。

早期的 BBS 与一般街头和校园内的公告板性质相同，只不过是通过电脑来传播或获得消息而已。一直到个人计算机开始普及，有些人尝试将苹果计算机上的 BBS 转移到个人计算机上，BBS 才开始渐渐普及开来。

网络论坛的核心功能是讨论，其他的功能还包括电子邮件收发、文件传输、在线交谈、公告牌以及互联网接入等。BBS 实际上基本包括了互联网的大部分功能。根据不同的分类标准，BBS 还可以分成这样几个大区：信件讨论区、文件交流区、信息布告区和交互讨论区。与网络舆论的形成直接相关的是交互讨论区。交互讨论区有三个结构性要素：电子空间、账号和帖子。

第一个 BBS 系统于 1978 年出现在芝加哥，我国 BBS 接入的标志是 1991 年北京长城站的建立。[①]

---

① 王海明，韩瑞霞. 国内 BBS 研究现状述评. 兰州石化职业技术学院学报，2004，4(4)：5.

二、网络论坛的发展

最早的一个 BBS 系统起源于 1978 年的美国芝加哥，当时的 BBS 系统 CBBS/Chicago 只能在苹果计算机上运行，而且今天网络论坛的大多数功能也都还没有。直到 1983 年，被誉为"BBS 鼻祖"的基于普通个人计算机的第一版 BBS 系统——RBBS-PC 才诞生。这个 BBS 系统支持信息讨论、问卷调查等现在 BBS 系统的常用功能。

我国第一个正式的 BBS 站点是曙光 BBS，由国家智能计算机研究开发中心于 1994 年 5 月开通，但曙光 BBS 在当时的影响力有限，如今也已经销声匿迹。在我国网络论坛的发展历程中，强国论坛的出现是一个转折点。强国论坛的前身为"强烈抗议北约暴行论坛"，是就一个特定公共事件开设的网络论坛。由于事件本身的特殊性，当时这个 BBS 并不回避敏感的政治话题，用户也积极参与其中。论坛所属的人民日报社在 40 天后顺势将论坛改名为"强国论坛"，强国论坛也沿袭了之前的风格，成为国内外华人讨论国际大势、国内时政的重要网络节点。强国论坛是国内第一个真正意义上用户活跃度高，且与社会舆论形成强烈互动的网络论坛。

强国论坛出现在世纪之交，当时正值中国互联网第一轮泡沫期，大批依存于市场力量的商业网站崛起，其中幸存至今的少数几家已经成为今天的互联网佼佼者，并奠定了国内目前的网络论坛基本格局。

目前，国内的网络论坛基本可以划分为两大类型：综合类论坛和专题类论坛。

综合类论坛又可以细分为两小类。一是门户网站下属的网络论坛，以新浪论坛、网易论坛等为代表。这类网络论坛相当于门户网站的下属子频道，流量与运营均依托门户网站（即母体），域名多为"bbs.××.com"（××为母体的短域名）。定位也与母体相匹配，例如新浪网的体育内容较为强势，因此新浪论坛的体育类话题讨论较多，也较其他内容更专业，强国论坛也属此类。二是拥有独立站点的网络论坛，典型代表为天涯社区和猫扑网。这类网络论坛各自定位有细微差别，如猫扑网偏向于聚集更年轻的群体，明星八卦等碎片化内容较多，最有名的板块即为"大杂烩"；天涯社区的内容侧重于体现人文情感，用户年龄偏大，论坛灌水内容少，很多网帖的质量较高。

专题类论坛定位风格更为明显，主要面向细分受众。相对于综合类论坛，专题类论坛以兴趣爱好或利益诉求为共同点，吸引志趣相投的网友。虽然影响力也多仅限于所涉及的领域范围，但这类论坛的创设有利于专业信息的整合和收集，对推动关联领域的发展和各类人群的网络聚合起到了重要作用。专题类论坛比较著名的有摄影领域的色影无忌、动漫领域的极影动漫论坛、体育领域的虎扑社区……细分领域众多，在此不一一列举。

网络论坛不仅用户数量庞大，而且成为中国网络舆论不可忽视的一个重要场域，有时甚至是舆情事件的肇始点。尤其是在微博出现之前，网络论坛是中国网络舆论的主阵地。以 2007 年的"重庆'钉子户'事件"为例，当年 3 月 19 日，重庆市九龙坡区人民法院做出"强制拆迁"的裁决，但"钉子户"主人拒绝服从，双方的强硬对峙使事件发展到高潮，成为全国现实舆论与网络共同关注的焦点。先后有 100 多家主要网站论坛以专题、图文、视频等方式进行报道，截至 3 月 26 日，网民点击超过 2 000 万次，成为一场网民群情激昂的"舆论嘉年华"。该事件自始至终在社会舆论、新媒体舆论与传统媒体舆论的三方互动中发展，事件最终以当事双方的和解收场。

人民网舆情频道从 2007 年起开始发布年度《中国互联网舆情分析报告》，其 2007—2009 年的报告均以各主要网络论坛的发帖数量为唯一标准来量化网络舆情状况，在 2009 年的"20 大网络热点事件"中，以网络论坛为主要载体的事件占到 12 件。直到 2009 年微博出现并兴盛，网络论坛的新媒体舆论"霸主"地位才逐渐被微博取代。

三、网络论坛的传播特点

人类在很长的历史时期内，生活在自然存在的和经过先辈改造的环境中，即我们通常所说的"感性世界"，这是一种能够清晰感觉到的自然世界和某种人工化了的物质世界。现在，由于大众传媒的普及和信息社会的到来，人们得以在感受外部世界方面自我扩展，想象的世界也变得无比广阔。因为在不知不觉中，人们习惯于接收和操作各种自身无法直接接触的感性世界的信息，生存于大大超过自身能感受到的感性世界的另一种世界里。这个世界不是实实在在的能被直接接触到的事件、人、物和观点本身，而是关于它们的复制符号或摹写。它是与感性世界并存的拷贝世界和象征世界。①

---

① 陈力丹. 舆论学：舆论导向研究. 北京：中国广播电视出版社，1999：65.

　　李普曼较早地意识到了这一象征世界，认为它是"楔入人和环境之间的虚拟环境"。他认为造成这一虚拟社会环境的原因是："直接面对的现实环境实在是太庞大、太复杂、太短暂了，我们并没有做好准备去应付如此奥妙、如此多样、有着如此频繁变化与组合的环境。虽然我们不得不在这个环境中活动，但又不得不在能够驾驭它之前使用比较简单的办法去对它进行重构。"[①] 所以，人们总会借助各种媒介提供的信息，以符号化、标签化等方式构筑起自己生存的虚拟环境。而正是网络论坛开启了人类存在的又一个虚拟环境和人际互动的模式，对人们虚拟世界的建构起到了重要的作用。正如麦克卢汉所言，我们塑造了工具，此后工具又塑造了我们。人们在网络论坛中的互动具有去中心化、超时空性、语言性、扩张性和间接性[②]等特点。

　　（一）去中心化

　　由于 Web 2.0 技术的推广及应用，网民可以随时随地就公共事件发表观点，信息发布具备了"对话性"，信息传递从单向变成了双向甚至多向。在 Web 2.0 时代，公共话语权由过去的媒体精英或知识精英垄断转变为如今理论上所有的人都能参与讨论、发表意见。而且由于网络的隐蔽性，人们在网络上发表意见更为大胆，意见的真实度更高，在一定程度上网络新闻评论的批判意识更浓。由此，网络论坛在一定程度上成了"意见的自由市场"。

　　去中心化是互联网发展过程中形成的社会化关系形态和内容产生形态，是相对于"中心化"的新型网络内容生产过程。相对于 Web 1.0 时代，在 Web 2.0 时代，网络内容不再是由专业网站或特定人群生产，而是全体网民共同参与、权级平等共同创造的结果。任何人都可以在网络上表达自己的观点或发布原创的内容，共同生产信息。

　　随着网络服务形态的多元化，去中心化网络模型越来越清晰，也越来越成为可能。Web 2.0 兴起后，Wikipedia、Flickr、Blogger 等网络服务商所提供的服务都是去中心化的，任何参与者都可提交内容，网民共同进行创作或做出贡献。

　　之后，随着更多简单易用的去中心化网络服务的出现，Web 2.0 的特点越发明显，如 Twitter、Facebook 等更加适合普通网民的网站的诞生，使得为互联网

---

　　① 李普曼．公众舆论．阎克文，江红，译．上海：上海人民出版社，2006：11 - 12.
　　② 陈晓强，胡新华．从社会学视角解析虚拟社会交往．山西高等学校社会科学学报，2003
（9）：22 - 25.

生产或贡献内容更加简便、更加多元化，从而提升了网民参与的积极性，降低了生产内容的门槛。最终使每个网民均成为一个微小且独立的信息提供商，使得互联网更加扁平、内容生产更加多元化。

（二）超时空性

美国网络预言家约翰·佩里·巴络说："我们目前正在创造一个空间，让全球民众可以有一种'新的'沟通关系：我希望能够与试图和我沟通的心灵完全互动。"① 这似乎只是一个主观希望，但是互联网的确正在为人们构建这样一个"现实"的空间——"赛伯空间"（cyberspace）。赛伯空间是网络论坛互动所依托的"物质"存在，它由"比特"组成，比特没有颜色、尺寸或重量，能以光速传播。这个空间消除了"这里"和"那里"、"这时"和"那时"的区别，从而使人际交往在互动范围上超越了传统的时空界限。

（三）语言性

在实质性社会互动中，非语言沟通之多令人吃惊。非语言沟通是借助符号而不是语言所进行的沟通。身体外貌、衣着和个人财物，所有这些都可以成为非语言沟通形式。其中身体语言和个人空间是两种最重要的非语言沟通形式。据估计，多数人一天只讲10～11分钟的话。通常情况下，在两个人交谈时，通过语言对情景的社会意义的表达平均不到35%，其余65%的意义都是以非语言方式表达的。与此相反的是，网络论坛互动则主要依靠语言符号（因为网络技术和网民使用习惯的发展，现在的网络论坛也越来越多地运用图片、视频等来传递信息）。这种符号可以分为三种：第一种是传统社会业已形成的语言符号，如汉语、英语等；第二种是计算机语言，如Java等；第三种是网络语言符号，这是一种产生于网络空间、仅用于网民交流的新的语言符号。网络语言符号具有能够超越话语或形体语言的特性。如"：D"或"：-D"就是指"笑得嘴巴张开很大"；"HRY"就是指英文"How are you"。这类网络语言符号具有较大的"封闭性"，只在同类网民中才能使用。

（四）扩张性

有人担心互联网会成为导致人际关系疏离的力量。

美国佐治亚大学商学院的帕特里克·麦基翁教授说："正如我们所知道的那

---

① GELERNTER D, REYNOLDS G, RAYMOND E S, LANIER J, et al. Internet liberation: alive or dead？. Amazon Digital Services, Inc. Kindle Edition, p. 45.

样，这些是生活的事实。网络使我们进入了另一种不同意义上的社会交往，现在你能和你无法辨认的人交往了。这几乎就像我们又回到了 1910 年在内布拉斯加的家园，那里只有你和你的家人，一连几天你都见不到别的人。我们经历了一个城市化的过程，现在我们又回到了几乎是农村式的生活方式——一个建在你屋子里的家园。"①

其实这种担心是多余的，社会交往的虚拟环境更有利于人际关系的扩张。互联网的匿名性特点使得网络论坛互动拥有一个有利于弱纽带形成和扩张的交往环境。这种环境更适合与陌生人形成弱纽带，有利于虚拟社群形成平等的互动模式并使沟通没有障碍，有助于成百上千条弱纽带的扩张，其中有些会发展为强纽带。这些都是运用传统互动手段无法达到的。

（五）间接性

与人—人直接互动不同的是，网络论坛互动在形式上表现为"人—电脑—人的间接互动"。电脑是实现网络论坛互动的媒介。美国网络社会学家曼纽尔·卡斯特称这种交往为"电脑中介之沟通"（computer mediated communication，CMC）。随着 20 世纪 90 年代互联网在世界范围的兴起，这种沟通一举走入寻常百姓家，从此"电脑"代替"便笺"，间接互动几乎是实现成员（网络论坛成员）互动的唯一形式。

四、网络论坛舆论的特点

网络论坛舆论具有新媒体舆论的一切特点，除此之外，还具有以下特点。

（一）用户生成内容

在足够多的信息扑面而来时，网民们不再局限于获取信息，更产生了分享信息甚至分享观点的需要。在市场化运作的互联网企业面前，有需要就有人来满足，网络论坛正是互联网满足网民新需要的新一代产品。所以，网络论坛的第一大特征就是用户生成内容（UGC）的诞生，这也是互联网在信息传播方式上开始真正区别于传统媒体的起点。从网络论坛出现直到今天，用户生成内容逐渐被人们所关注，并成为整个互联网后 Web 1.0 时代的大势。

"我为人人，人人为我"才是互联网精神的真实写照，在网络论坛上，除了少量内容来自管理论坛所必需的管理者，绝大部分发帖和回帖都出自亿万普通网

---

① 斯特赖特菲尔德. 网上工作狂与社会格格不入吗？. 华盛顿邮报，2000 - 02 - 16.

民。传播架构扁平化取代了以往传统媒体自上而下、单向的传播方式。也正是由于内容直接源于社会民众的虚拟分身——网民，网络论坛舆论才得以更逼真地反映真实而不被引导的社会舆论。

（二）意见交流的即时互动性

"人肉搜索"是网络论坛的副产品，首例人肉搜索案例"虐猫事件"即诞生于猫扑网，在这一经典案例中，用户们"按图索骥"，用了不到 6 天的时间就从一组看似不经意的虐猫照片中找到了事件发生的详细地点并揭露了当事人的个人信息，最终迫使当事人公开致歉。人肉搜索的是与非，这里暂且按下不表，但从人肉搜索这一过程的实现来看，网民彼此之间的交流意见与互动起到了极大的作用。网络论坛为亿万网民提供了交流意见的平台，人们利用这种即时交流拼凑信息碎片，互助互利，碎片化信息得以滚雪球似的重重叠加，最后形成完整的信息全景图。

人肉搜索只是特殊一例，在日常的网络论坛交流中，人们更多是利用即时互动来宣泄情感、互换信息和表达意见。这些碎片化的帖子，一旦涉及关乎公共利益的突发事件，就会迅速产生强大的舆论场域，对事件产生压力，推动事件的解决。"华南虎照片事件"和"周久耕事件"等著名事件的合理解决，都是网络论坛舆论利用意见交流的即时互动性所制造的舆论奇观。

（三）舆论主体的隐匿性

在现实的社会环境中，人们无论是走上街头还是通过信件、电话等方式表达对公共事件的意见或观点，都不能很好地隐匿个人信息，这也让现实的舆论监督面对无形压力的阻碍。传统的媒体监督由于"把关人"的存在，也不能很好地解决这一问题，只能通过媒体自身的力量来部分替代真实的舆论主体。互联网虚拟技术的出现为解决舆论主体这一隐忧提供了可能性，而网络论坛第一次在真正意义上将这一可能变成现实。出现在网络论坛中的发言人不再是有血有肉的真实个体，而是一个个虚拟的 ID，在虚拟 ID 的掩护下，ID 所有者可更少地顾忌外界因素而直接表达对公共事件的意见或观点。

理论上，每一个真实个体都可以有无数个 ID，每个 ID 只要不触犯法律底线都可以自由发言。这一方面使得网络论坛呈现意见的多元化与随意性，另一方面则容易让网络论坛舆论走向极端和偏激，管理难度随之增大。网络论坛舆论呈现出的种种新特征，也让新闻传播学者开始对传统媒体时代的"沉默的螺旋"和

"议程设置理论"等产生新思考。

（四）舆论客体的固定性和分散性并存

舆论客体往往指向特定的公共事务，在传统的舆论场域中，人们对公共事务的讨论一般会有始有终，但是在网络论坛上，正是网络论坛的隐匿性和论坛对用户普遍缺少的约束，使得网络论坛舆论的舆论客体存在着固定性和分散性并存的特征。

网络论坛通常有固定的板块划分，根据论坛站点的定位会划分为众多的小板块，不同话题的帖子在固定的板块中呈现，例如，天涯社区就有"天涯网事""舞文弄墨""经济论坛""情感天地"等界限分明的板块。管理严格的网络论坛还会设置版主，版主的重要作用之一就是定时移除与所属板块不相符的网帖。这是论坛内的固定性特征，在论坛与论坛之间，具有不同定位的论坛也存在彼此话题的差异性和固定性，如天涯社区和猫扑网的定位就是不同的。这种固定性使得网络论坛舆论呈现集中性特征，特定领域的公共事务在特定论坛和板块集中讨论与发酵。

但网络论坛存在极大的随意性，舆论主体自身所关注的公共事务变化莫测，在一个网帖中常常会出现"歪楼"的现象，有时为了戏谑网帖主题或所涉对象，故意"歪楼"。主题的中途变换非常频繁，舆论主体通过这种方式来解构和消解公共事务的权威性和严肃性，这种现象在各大论坛的"灌水区"尤为突出，无意义的灌水充斥屏幕，使舆论客体分散化趋势严重。

（五）情绪型舆论比例较高

何谓情绪型舆论？陈力丹教授认为，舆论是公众关于现实社会以及社会中的各种现象、问题所表达的信念、态度、意见和情绪表现的总和，具有相对的一致性、强烈程度和持续性，对社会发展及有关事态的进程产生影响。其中混杂着理性和非理性的成分。[①] 集中于情绪表达的舆论被称作情绪型舆论。

在论坛出现以前，大众传媒作为"把关人"在对公众舆论进行选择性反馈的时候，往往会过滤掉大部分情绪型舆论，代之以更理性的舆论。情绪型舆论与人的本能和无意识有很大联系。网络论坛赋予了普通网民表达的权利，人们可以在网络论坛上自由发表自己的看法。部分公众和网民受教育程度、知识水平所限，也因为网络匿名性所导致的个体行为约束力降到最低，其意见表达有相当部分呈

---

① 陈力丹. 舆论学：舆论导向研究. 北京：中国广播电视出版社，1999：11.

现非理性特征。个别的意见聚少成多，并在群体极化现象的推动下形成非理性的情绪型舆论。

群体极化（group polarization）的概念最早由美国当代哲学家、芝加哥大学法学院教授凯斯·桑斯坦①在《网络共和国：网络社会中的民主问题》一书中提出。群体极化是指在一个组织群体中，个人因为受到群体的影响，容易做出比独自一个人决策时更极端的决定。

在正常状况下，一个人在进行决策时，会有风险趋避（risk aversion）的倾向。普通的理性决策者，会倾向于避免有风险、可能会给自己造成损失的决定。但是当个人身处团体中时，群体成员中早已存在的倾向性得到加强，使一种观点或态度从原来的群体平均水平，提升到具有支配性地位的现象。结果使人把毫不存在的事当成事实，产生不良社会影响。

群体极化的团体成员一开始便有某些偏向，在商议后，人们朝偏了的方向继续移动，最后形成极端的观点。例如，经过讨论后，原本温和的女性主义者会变成激进的女性主义者，原来就抱有种族偏见的人会表现出更强烈的种族偏见，原本就有排外意识的人会表现出更严重的排外倾向。桑斯坦认为，群体极化正发生在网络上。网络对于许多人而言，正是极端主义的温床，因为志同道合的人可以在网上轻易且频繁沟通，但听不到其他人的意见，最终将走向极端，造成分裂的结果。

这种情绪型舆论往往出现在舆论事件的初期，无论网络媒体还是传统媒体，对相关事实和信息的挖掘和呈现都还不到位，导致事件发展可变因素多、想象空间大、参与表达的门槛低等，让情绪型舆论在群体极化的作用下以高强度扩散。甚至导致传统媒体或者出于压力，或者出于捕捉社会热点提高收视率、销量等目的，也参与到情绪型舆论的扩散中去。

（六）多元化特征更加明显

网络论坛上形成的舆论是多元的，而并非一元的。孟超认为，网络论坛的特

---

① 凯斯·桑斯坦（Cass Sunstein），美国哈佛大学法学院教授，奥巴马竞选团队的法律事务顾问，美国艺术与科学院院士，美国律师协会分权与政府组织委员会副主席，美国法学院联合会行政法分会主席；现任白宫信息管制事务办公室主任。他是奥巴马在芝加哥大学任教时的同事。桑斯坦还是《新共和》（New Republic）、《美国前景》（American Prospect）、《纽约时报》和《华盛顿邮报》的撰稿人。他的许多著作已经被译为中文，包括：《权利的成本：为什么自由依赖于税》《偏颇的宪法》《就事论事》《行为法律经济学》《设计民主：论宪法的作用》《信息乌托邦》等。

点主要在于"高频率的一对一、一对多的人际交流管理",网络论坛实现了"其他任何媒介在现实中和技术上不可能实现的多元言论空间"①,因而,有人称网络论坛上的言论就好像观点和意见的自由市场一样。

现实社会中,人们通常戴着面具。清代作家李汝珍的小说《镜花缘》中有一个"两面国",国中的人都长着两张脸,前面一张脸倒是寻常,后面一张脸却是十分丑陋凶狠、狰狞龌龊,不轻易露出。而且,前面那张脸越是正气凛然、相貌堂堂、慈眉善目或者天真烂漫,后面那张脸就越是猥琐奸邪、恶形恶状。所以,"两面国"的人一概都戴一顶特制的帽子来遮盖,名为浩然巾。

但是,在虚拟空间,人们可以摘下面具。网络论坛言论的多元性,主要产生于虚拟空间,虚拟空间中身份的不确定,使人们可以摆脱生活中的角色束缚。

不过,在虚拟空间,既可能产生各种真实的声音,也可能产生不需负责任的虚假消息。人在不同的角色下有着不同的言行,一个表面正派的人在虚拟空间里可能是一个龌龊的网络人,而一个内向的人在网络可能常常变得活泼、健谈。因此,网络论坛上的言论与现实中人的言论并不完全一致,反映网民一定的真实思想。

虽然网络论坛形成了一个众声喧哗的空间,但在网络论坛互动性的推动下,网络论坛舆论形成一种主导的舆论。

但是,网络是一个虚拟空间,成员之间的固定联系比不上现实空间,有些网民仍会我行我素,因而不同于主流意见的少数意见得以在网络论坛上继续存在。所以,网络论坛的互动性和虚拟性往往形成一种主导舆论和各种少数不同舆论并存的局面。在没有权威可信消息的时候,一些错误的小道消息也能成为网络论坛的主导信息及言论,这主要是因为在出现重大突发事件时人们对信息的要求骤然上升,而重大突发事件的不可预测性往往使一些发布权威信息的媒体措手不及,即使有了权威的消息,也要经过几重证实才敢认定发布。在这样的情形下,信息的供求就出现了矛盾,人们只好求助于一些并不权威的信息源,如网络论坛等。在没有权威证实的状态下,根据人们有选择性地接收信息的习惯,一旦某些信息符合人们的推理、想象和期待,这些信息即使是错误的,也会为人们所接受。

五、网络论坛的管理

在出现重大突发事件的时候,网络论坛上的言论冲突在一定程度上充当着社

---

① 孟超. 中国新闻网络媒体论坛的发展走向. 中国出版,2001(3):2.

会安全阀。根据科塞的观点，社会安全阀的作用为可以运用潜在的冲突维持社会结构，而不至于破坏整个结构。① 这样，网络论坛的舆论冲突及舆论监督将大大减轻重大突发事件可能给社会带来的危害。因而要适当允许网络论坛的舆论监督，尤其在出现重大突发事件的时候，要允许较为宽松的舆论环境，这样网民的真实声音才能更多地反映出来。

首先，应该积极接受舆论监督，合理化解矛盾。具体到网民的新闻评论，一味地弹压或标签化无助于问题的解决，也无法使网民噤声。应正确认识网民的言论，辨清其中的理性与非理性，使合理的公众的意见被有关部门吸纳。

维护社会稳定、构建有效有序的社会架构是每一个国家的正常需求，但这种需求绝不意味着抑制一切抗争和冲突。"在现代化过程中，产生一些社会不稳定因素是不可避免的，通过制度的净化和吸纳作用，可以将这些因素化解在制度的框架内。"② 执政者要保证的是民众对社会环境的基本认同，倘若不允许任何反对声音的存在，其实也是扼制了社会的活力。纷争和异见实际上是实现社会整体目标的重要诱因。

其次，应该正视网民意见，谨防制度性断裂。网民的批评意见并不针对既有体制，也无意挑战其合法性，只是希望在体制内寻求公正、有序的社会环境。出于这种目的的批评和抗争并不是"洪水猛兽"，而是完全可以成为促进社会活跃的动力和诱因。

网络舆论既有理性的成分，也有非理性的成分。由此，政府重视网民意见，而非简单地给网民定性，就显得尤为必要。倘若对网民的评论弃置不顾，当网民的负面意见无法排遣，超越了现有制度的容纳能力时，最终就可能造成社会的制度性断裂。

目前，因为微博的兴起，网络舆论在不同渠道生成、发展，形成舆论场的共振，进一步扩大网络舆论的影响。网络论坛在这一过程中与微博形成了互补关系：微博内容短，论坛内容长；微博适合碎片化围观，论坛适合厚重化参与；微博以个人为中心，论坛以主题为中心。微博虽拥有独特的传播优势，但由于能输入的字数有限（如新浪微博一次只允许输入 140 个字），必须最集中、最简洁地编辑信息，因此其信息承载量极其有限，只能传达核心信息，而关于信息的其他

---

① 宋林飞. 西方社会学理论. 南京：南京大学出版社，1997：335.
② 于建嵘. 抗争性政治：中国政治社会学基本问题. 北京：人民出版社，2010：5.

细节则无法顾及。论坛则刚好弥补了这一缺陷。在论坛发帖字数不受限制，因此可以详细陈述细节，充分说明事件的前因后果并发表意见，而论坛公开化的形式又可以让不同的观点和事实不断补充进来，让真相逐渐浮现。另外，微博的裂变式传播也使论坛中不断更新的信息加速传播。

"郭美美事件"起因是新浪微博昵称"郭美美 Baby"、实名认证为"中国红十字会商业总经理"的用户郭美美在微博中炫富。郭美美"住大别墅，开玛莎拉蒂"，并牵扯上"中国红十字会"，因而引起广泛关注及争议，引发中国公众对中国红十字会所获善款流向的质疑。后经中红博爱资产管理有限公司总经理翁涛与郭美美本人相继证实，郭美美所炫耀的昂贵名车、名包等财富，主要是中红博爱资产管理有限公司前董事王军的私人赠予。受此事件影响，各地红十字会收到的慈善捐款锐减，信誉受到质疑。2012 年 7 月，北京警方对郭美美进行的调查表明，郭美美及其母亲与中国红十字会总会无直接关联。

在"郭美美事件"中，微博、论坛信息的全面协同充分展现了其影响力。微博围观使得郭美美成为众矢之的，天涯社区等迅速跟进，补充大量信息，关于郭美美的各种传言逐渐出现，这些传言又在微博中进一步加速传播，使得"郭美美事件"迅速发酵，引发网民对中国红十字会的集体声讨。显然，在重大网络舆论事件中，网络论坛仍然有其不可替代的作用，如果管理不慎，也很容易成为谣言和不良舆论产生和发酵的基地，所以应该高度重视网络论坛管理。

1. 构筑网络论坛道德规范

我们在探讨网络论坛的舆论特点时，作为虚拟空间，网络论坛成员的身份是非常难以确定的，一旦发生重大突发事件，混在网络论坛中的虚假信息就特别容易泛滥。另外，在论坛中网民之间的相互传播又容易失真、变形。在这种情况下，论坛管理者可以根据论坛管理条例对此类信息进行删除。不过，单纯删除帖子只会导致网民的流失和不理解，因此关键还是要构筑网络论坛道德规范。

网络论坛道德是网络道德的组成部分。网络道德是指以善恶为标准，通过社会舆论、内心信念和传统习惯来评价人们的上网行为，调节网络时空中人与人之间以及个人与社会之间关系的行为规范。网络道德是时代的产物，与信息网络相适应，人类面临新的道德要求和选择，于是网络道德应运而生。网络道德是人与人、人与人群关系的行为法则，它是一定社会背景下人们的行为规范，赋予人们在动机或行为上的是非善恶判断标准。

网络论坛是一个虚拟空间，网络论坛道德呈现出以下特性：其一，自主性，即与现实社会道德相比，呈现出一种更少依赖性、更多自主性的特点与趋势；其二，开放性，即与现实社会道德相比，呈现出一种不同的道德意识、道德观念和道德行为之间经常产生冲突、碰撞和融合的特点与趋势；其三，多元性，即与传统社会道德相比，呈现出一种多元化、多层次化的特点与趋势。①

现代社会的发展要求网民提出自己的道德规范，除非出现违法行为，通常不应该由管理者将道德规范强加于网民。网络道德规范通常是多元的、开放的，由网民互相监督，促进其主体意识的确立和对社区的维护。网络论坛是一个互动性很强的地方，人们的情感容易互相感染，在道德规范的无形压力之下，传播不负责任的信息是会受到其他网民谴责的，这样就大大降低了虚假信息在网络论坛中泛滥的可能性。

2. 合理设置网络论坛的议题

议题设置的理论假设最初是由麦康和肖在 1972 年的一篇论文中提出的，他们分析了 1969 年美国总统选举时教堂山（Chapel Hill）的媒介内容议题的排序，同时对照当时该舆论中诸议题的排序，发现两者的相关性极高。经过深入分析，他们提出了一个假设：大众媒介通过日复一日的新闻选择和发布，影响着公众对什么是当前最重要问题和事件的感觉；在媒介的议程与公众的议程之间，存在着一种因果关系，即经过一段时间，媒介的优先议题将成为公众的优先议题。在这里，"agenda"总体上指的是所报道的问题的排序或程序，具体指的是某一议题或事件的报道，在以往传统媒体引导舆论的方法中，议程设置是经常使用的一个方法，而且也常常收到比较好的效果，但是，在网络时代，尤其是出现重大突发事件时，媒体的议题设置再也不能随心所欲了。

与传统媒体时代不同，新媒体时代的议程设置是否成功通常取决于网民是否积极互动。而在传统媒体时代，占优势传播地位的媒体与受众之间不仅没有实时互动，受众的反馈也通常被强势的媒体所忽略。一件事情是否能成为公众的议题，已由取决于传统媒体的设置转为该事件是否真的含有新闻价值来决定了，任何不围绕新闻价值的议题设置在网络时代都必将面临失败。

但是，在新媒体时代，一国的媒体还要面对外国媒体通过网络进行的对本国公民的议题设置，尤其是通过网络论坛进行舆论传播。有研究者以"强国论坛"

---

① 曾凡斌. 重大突发事件中的 BBS 舆论特点与管理初探：对人民网"强国论坛"的个案观察. 出版发行研究，2006，4(4)：61.

的"中美撞机事件"话题为研究对象，注意到网络论坛的消息来源问题——当中国官方媒体的报道缺乏，公众就转向西方媒体的相关报道，论坛上充斥着来自西方的消息。[①]

网络论坛改变了官方媒体议程与舆论形成过程之间的关系。在重大突发事件中，网络论坛的议程设置不同于现实媒体的议程设置，如果一个国家的公众不相信自己国家的媒体，他将转向国际媒体，甚至敌对国媒体，全球媒体可以影响一个国家的议程设置。

在网络论坛这个各种信息云集的地方，出现了重大突发事件，议题已不能再由管理者根据自己的意愿随心所欲地设置了，而是根据信息的新闻价值由网友自发形成，因此对于网友讨论、关心的热点，网络论坛的管理者不能回避，而应该在充分尊重网友兴趣的基础上进行合理的议题设置，如"强国论坛"每天设置"推荐讨论"就是在考虑网民讨论兴趣的基础上，选择比较有质量的用户原创帖或热点讨论新闻帖，进行推荐，引导用户对此话题发表意见、看法，形成自己的讨论。

3. 发挥舆论领袖的积极作用

舆论领袖指群体中热衷于传播消息和表达意见的人，他们或者是比同伴更多地接触媒介或消息源，或者是某一方面的专家，他们的意见往往能左右周围的人。信息往往先从媒体流向舆论领袖，然后舆论领袖再根据自己对媒体报道的理解向周围的受众传递观点，与媒体报道相比，普通受众更容易相信舆论领袖的观点和意见。

这样的规律在网络论坛上也同样适用。在出现重大突发事件时，网络论坛上会流行各种各样的观点，但网友们更需要的是有分量、有深度的观点，舆论领袖的意见对网络论坛舆论的形成发挥着导向作用。

舆论领袖能够及时地提出观点和看法，以影响其他网民。如在出现重大突发事件时，网络论坛常常是通过邀请嘉宾深入探讨问题，对庞杂的舆论进行引导。在出现谣言的时候，也应多利用舆论领袖来澄清谣言。同时，利用舆论领袖的功能，不能局限于舆论领袖的自说自话，而要使舆论领袖的意见在网络论坛上网民的互动中达到趋同。在网络论坛上，网民们的意见在短时间内汇集在一起，虽然

---

① 李希光，秦轩. 谁在设置中国今天的议程?：电子论坛在重大新闻事件中对党报议题的重构. 新闻与传播研究，2001，8(3)：8.

虚拟空间里来自群体的压力并不明显，但为了保持人们心理上的一致性，人们的意见总是在互相交流中形成相对集中的情绪方向和意志方向。而舆论领袖只要利用自己的独特身份，在互动交流中影响和感染其他群体，就能很好地对网络论坛的舆论进行引导。

第一，舆论领袖的甄别。

罗杰斯（C. R. Rogers，1902—1987），美国著名心理学家、哲学博士、教授，美国应用心理学的创始人之一。他总结了测量舆论领袖的四种传统的有效方法，包括自我报告法（self-designating/report techniques）、社会计量法（sociometrictechniques）、关键人物访谈法（interviews with keyinformants）和观察法（observation）。[①] 这四种传统的方法主要倾向于对现实舆论领袖的筛选，当筛选在网络论坛中进行时，可以而且应当采用某种更适合网络交流环境的方法。

虽然目前国内外的传播学研究者大多仍沿用了传统的方法，但也有一些学者对新的筛选技术进行了探索。研究者余红在日本学者所创的"影响力扩散模型"的基础上，发展出了"网络论坛舆论领袖筛选模型"[②]。"影响力扩散模型"主要通过提取"词语"的方法来量化测量论坛参与者的活动，余红通过该模型提取出"有影响力的活跃分子"，再借助"正、负响应值"等指标将"舆论领袖"从中筛选出来。研究认为，聚类分析是一种新颖而有效的数据挖掘方法，借助"发帖量""回复量""扩散度"和"认同值"等具体指标可以既简便又准确地达到筛选目的。[③]

在实际工作中，不同的论坛类型和功能设置可能会对指标的选择产生一些影响。因此这也需要管理者具体问题具体分析，根据监测对象的特征和自身需求，对指标体系进行相应的调整。

第二，舆论领袖的管理。

在甄别舆论领袖后，管理者应当建立数据资料库，对其进行长期的跟踪和观察。在危机情境下，当舆论领袖作为正面的信息提供者出现时，可以较为有效地缓解由信息需求带来的压力，发挥平息非议、安抚情绪的作用。此外，管理者还可以借助社会网络分析（SNA）等方法绘制出舆论领袖的社会网络结构图，以便

---

① 费斯克. 关键概念：传播与文化研究辞典. 李彬，译注. 北京，新华出版社，2004.

② 柯惠新，祝建华，孙江华. 传播统计学. 北京，北京广播学院出版社，2003.

③ 薛可，陈晞. BBS 中的"舆论领袖"影响力传播模型研究：以上海交通大学"饮水思源 BBS"为例. 新闻大学，2010(4)：7.

对其在群体中的位置、与其他成员的互动关系，以及在舆论引导中所能发挥作用的程度进行分析，以协助管理者更好地做出决策和判断。

对于网络论坛中的舆论领袖，可以采用网上、网下相结合的方式与其进行沟通。此外，还应当定期开展网络安全教育，推广网络应用的规范性，并建立起有效的网络舆论安全管理机制。对于具有榜样作用的舆论领袖，也要利用各种途径进行宣传，树立典范，鼓励更多网民理性表达自己的意见。

第三，舆论领袖的培养。

除了对既有的网络"舆论领袖"进行积极的干预和引导外，培养更多代表社会主义进步向上的精神风貌和思想言论的舆论领袖也是建立网络舆论导向的一个可行之道。培养舆论领袖最主要的就是要促成一些论坛的核心成员，如论坛活跃分子、版主、管理员等向舆论领袖转化。对舆论领袖的培养是一个长期的过程，但是相对于僵化的制度、规范来说，通过舆论领袖来引导舆论走向更符合新时代的发展特点，也更有利于维持网络舆论环境的开放与和谐。

对有望成为舆论领袖的成员的地位要加以肯定和突出。对于他们有见地、有代表性的发言，可以通过版主、管理员的权限或论坛的相关机制用醒目的字号和色彩加以强调，放在网页的突出位置——如置顶或置底，还可以推荐它们上论坛的首页，以强化主流舆论，孤立不良言论。

4. 强制性规定和网络技术的运用

充分利用控制网络信息的技术和软件，如关键词过滤技术。含有关键词的帖子将被拒绝发表或是这些词汇会以"＊＊"或"□□"等符号显示。这一技术的运用，在一定程度上也是对不良信息的一种"把关"。当然，这样做有悖于网络论坛的自由、开放的本性，但这是目前维护整个"意见的自由市场"正常、良好运行必须采取的措施。同时，应建立网络论坛实时管理体系，高度重视网络论坛上反映人民群众的思想动态的信息，适时做好引导工作。

5. 发挥网络评论员的作用

中共长沙市委宣传部在 2004 年 10 月聘用网络评论员，这个新兴群体第一次在媒体上露面并被公众认识。

2005 年 3 月，我国教育部对大学 BBS 进行清理整顿。南京大学将学生聘为兼职网络评论员，经费来自学校勤工助学基金。这些网络评论员搜索论坛上的不良信息并且主动用正面观点进行反击。这个项目非常成功。随后的几个月里，江苏省政府开始招纳网络评论员团队。到 2007 年中期，学校和党组织聘用的网络评论员队伍已经遍布全国。上海师范大学雇用研究生来监控论坛上出现的不良信息。不过他们不只参与争论，也参加一些比较小的一般性讨论。之后，各地大学和地方政府开始组建"网络评论员队伍"。

2007年1月23日，国家主席胡锦涛在中央政治局第三十八次集体学习中要求"加强宣传舆论工作和思想文化阵地建设"。中共中央办公厅、国务院办公厅发文，要求我国各大网站和当地政府学习贯彻胡锦涛同志讲话精神，并选拔"政治素质过硬的同志"，组成"网络评论员队伍"。

网络评论员的成功案例越来越多。例如，一起交通事故后互联网上出现了网民批评警方的舆论，之后焦作市公安局建立了一套机制来分析公众舆论。警方对网上呼吁事实真相的网民中的120位开展工作，他们渐渐改变了立场，开始支持警方并呼吁理性及不造谣、不信谣。

第二节　网络论坛案例

本节以强国论坛、天涯社区为例，分析我国著名网络论坛上出现的经典案例。

一、强国论坛

（一）强国论坛的发展

强国论坛的前身是1999年5月9日创办的《人民日报》网络版"强烈抗议北约暴行论坛"。1999年5月8日，以美国为首的北约轰炸了中国驻南联盟大使馆，造成三人遇难、二十多人受伤，大使馆被毁。这是人类文明史上罕见的野蛮事件。

消息传来，国人群情激奋，抗议以美国为首的北约轰炸中国驻南联盟大使馆的暴行，《人民日报》网络版新闻网站对此突发事件迅速做出反应，当天上午就开始进行翔实报道。当晚报社领导亲自组织并拍板决定，在曾开设一段时间因故暂停的"体育论坛"基础上开设"强烈抗议北约暴行论坛"。5月9日下午4时，论坛正式推出，广大"坛友"积极投入，各抒己见，在短短一个月内，论坛上的帖子就达到了9万多条，在迅速形成舆论方面发挥了独特的作用。

同年6月19日，"强烈抗议北约暴行论坛"改名为"强国论坛"。"强国论坛"是由中国传统媒体创办的第一个电子时政论坛，当时设有"精华""热帖"

"热评""推荐""深入讨论"和"E政"等板块。其中精华区集中讨论的有：户籍、医疗、分配、社保改革、反腐风暴、经济杂谈、法治时评、国际风云、海峡两岸、阶层聚焦、党风廉政建设等话题，基本涵盖了经济、政治、社会民生的重要领域。党政建设、反腐败、台海关系、中美关系等内容是强国论坛经久不衰的重点讨论话题。

强国论坛被誉为网上"最著名的中文论坛"，已引起了国内外的广泛关注，新加坡《海峡时报》《联合早报》，日本《产经新闻》《朝日新闻》，美国《纽约时报》、美联社、《华盛顿邮报》，英国BBC，德国《世界报》等境外媒体都对"强国论坛"进行过采访和报道。

2008年6月20日，在《人民日报》创刊60周年之际，中共中央总书记、国家主席、中央军委主席胡锦涛和中共中央政治局常委李长春来到人民日报社考察工作，并视察人民网。胡锦涛同志在人民网强国论坛，通过视频直播同广大网民在线交流，他在回答网友提问时表示：虽然我平时工作比较忙，不可能每天都上网，但我还是抽时间尽量上网。我特别要讲的是，人民网强国论坛是我经常上网必选的网站之一。

（二）强国论坛案例——汶川大地震

2008年5月12日14时28分04秒，四川汶川、北川等地发生8级强震。这是新中国成立以来破坏性最强、波及范围最广的一次地震。

人民网2008年5月12日开始直播，并对地震情况进行实时播报，新闻几乎以每分钟一次的频率发布，不断对汶川大地震的情况及周边受影响城市进行报道。北京、上海、重庆、甘肃、云南、湖南、湖北等地的情况也被迅速发布在网站上，而且是文字、图片、视频的形式同时发布。从当日16点17分开始，陆续有网友开始在强国论坛就汶川大地震发帖，截至17点20分，发帖量已经达到700多次，发帖间隔时间不到一分钟。夜间12点前，主帖和跟帖数达到4 078次。帖子的发布量大，回帖量大，截至6月1日，已经达到16.3万多次。其中，与汶川大地震有关的内容占到90%左右。这些帖子内容特别集中于沉痛哀悼、鼓舞士气和积极赈灾这三个方面。其中既有对中央及地方政府救助速度和效率的赞扬声——《从温总理身上体会"责任政府"》，也有对救灾过程中个别官员以权谋私行为的担心和批评——《必须把抗震救灾与反腐败紧密结合起来，一些人只要还有点精气神就要贪污挪用，四川人官方要看好捐助的款物》；既有对社会各界积极捐助灾区善举的大力提倡和拥护——《我们应以感恩之心对待国内外援助四川灾区的捐助，善款不论多少都是一份爱心的奉献》，也有对救灾捐款中存在问题的质疑——《请问嘉宾，你们为什么不把捐助款使用情况在网上做个全程披露，你们害怕民众监督吗?》；有对在这次大地震中牺牲自己生命保护孩子的人民教师的称赞——《人民教师张米亚:"摘下我的翅膀，送给你飞翔"，用血肉之躯为他的学生牢牢把守住了生命之门》……正面意见与负面意见，称赞与质疑、批评并存，论坛表现为一个宽松自由的意见交换场。这正符合网络媒体自身的传播特点，也体现了网络舆论应该多元化的特征。

网络舆论多元化本身并不能引导主流舆论，但它是引导主流舆论的基础。网民在这个环境下通过自由发言、互动讨论，在主动讨论中辨别真伪，自主地形成对焦点事件的认识，并形成共同意见。这个过程是网络舆论具备的特殊能力，也是与传统媒体舆论引导相比最大的优势。

二、天涯社区

(一)天涯社区简介

天涯社区创办于 1999 年 3 月，自创立以来，以开放、包容、充满人文关怀的特色受到了全球华人网民的推崇。经过十多年的发展，天涯社区成为以论坛、部落、博客为基础交流方式，综合提供个人空间、相册、音乐盒子、分类信息、站内消息、虚拟商店、来吧、问答、企业品牌家园等一系列功能服务，并以人文情感为核心的综合性虚拟社区和大型网络社交平台。

凯迪网 2008 年 12 月 23 日公布的中文论坛排行榜显示，以人数、信息量、信息质量为指标，天涯社区位居社区类的第一。天涯社区当时拥有 300 多个公共版块、20 多万个博客和超过 2 000 万注册用户，在 Alexa 全球网站排名中居 120 位左右，中文网站排名居 25 位左右。

天涯社区当时每天有超过 20 万人同时在线，发帖量达到 3 万篇，回帖量更是达到 150 万篇。作为颇具影响力的华人社区，天涯社区在网络公众议程设置中发挥了举足轻重的作用，大量的网络明星和网络焦点话题都诞生于天涯社区，得到了众多主流媒体的密切关注，天涯社区也因此形成了巨大的公共影响力。

截至 2013 年 12 月，天涯社区注册用户超过 7 000 万，形成了全球华人范围内的线上线下信任交往文化，成为华语圈首席网络事件聚焦平台，是具有较大影响力的全球华人网上家园。

（二）天涯社区案例——"乞丐王子"犀利哥

"乞丐王子"犀利哥一度因混搭的穿衣风格和强大的气场红遍国内外（见图 5-1）。

图 5-1　"乞丐王子"犀利哥

犀利哥，江西上饶人，其走红源自蜂鸟网上的一组照片，以及被网络拍客拍下并传到网上的视频。2010 年 2 月 21 日，天涯社区的一篇帖子——《秒杀宇内究极华丽第一极品路人帅哥！帅到刺瞎你的狗眼！求亲们人肉详细资料》，使犀利哥迅速走红，被网友誉为"极品乞丐""究极华丽第一极品路人帅哥""乞丐王子"等。之后，网民又加以"人肉搜索"，以探求其真实身份。有结果称，犀利哥实为宁波街头一名乞丐，由于其复杂身世流落街头。亦有网友对其乞丐身份表示质疑。

纵观天涯社区的这组跟帖，我们可以发现，在由天涯社区提供的可以自由交流思想的意见市场里充满了不一致性，网民之间的冲突以不同形式呈现出来：有以调侃式的言语、游戏式的态度对犀利哥评头论足；有用伤痛的笔调关注犀利哥背后故事的跟帖；有从自身经验出发就如何救助犀利哥的争论。其中，对犀利哥是否该接受政府救助的争论集中体现了不同利益的角逐。

我们以天涯社区有关犀利哥是否该接受政府救助的跟帖为研究样本，从意见分类、跟帖立场以及表达方式三个维度来对其进行内容分析，旨在从对这个问题的争论中，找出天涯社区用户在意见表达中的特点。

鉴于这部分跟帖集中在2010年3月2日，因此我们选择样本也集中在这个时间点，并以政府救助为关键词，筛选出3月2日有关是否该接受政府救助的意见性跟帖138条。

针对这138条跟帖，我们将其分为赞成接受政府救助的赞成帖、反对接受政府救助的反对帖以及没有明确表明态度的中立帖。赞成接受政府救助的跟帖占到跟帖总数的一半之多，有52.17%。在这些赞成帖里，内容又有两种倾向：一是分析赞成接受政府救助的理由；二是在表示赞成接受救助的同时要求政府救助机构接受网民的监督。在34.78%的反对帖里，网民们凭借着自己的经验一方面提出反对的理由，另一方面呼吁民间救助组织参与；中立帖仅占总数的13.04%，这些跟帖或转载传统媒体的报道、视频，或者是就救助站工作人员的态度发表个人评论，内容上没明确表明是赞成还是反对。鉴于这部分的跟帖数目很小，这里不做重点分析。

在对是否应该接受政府救助的跟帖表达方式的研究中，我们从情绪表达和理性分析两方面来入手。具体说来，情绪表达是指那些明显带有情感宣泄的跟帖，理性分析是指那些采用理性的语言来说明观点、理由的跟帖，而那些只有观点却没有说明理由的跟帖不属于此。我们在研究后发现，43条理性分析跟帖全为赞成帖，而在61条情绪表达帖子中，反对帖有46条，赞成帖有15条。也就是说，情绪表达多见于反对帖。

分析这些情绪表达跟帖，我们发现网民们所依据的反对理由多是由经验得来的。这些经验绝大部分是根据各种媒体的报道以及身边朋友的描述所形成的间接认识，并非网民的亲身经历，但这些"江湖传闻"却成为网民反对犀利哥接受政府救助的主要原因。理性分析跟帖多是从犀利哥目前最需要解决的衣食以及健康问题出发，综合比较政府救助与民间救助，认为接受政府救助是在犀利哥未找到家人之前解决问题的最好选择。在面对不同己见的网友的质疑声中，理性分析者也不乏情绪表达的方式。

为何赞成意见大都理性，而反对意见却多数是情绪表达？我们认为，情绪表达更多的是基于自身对政府以及政府救助的片面认识。"犀利哥事件"体现了网络论坛上舆论事件发展的可变影响因素多、想象空间大、参与表达的门槛低等特点，这些都让情绪型舆论在群体极化的作用下以高强度扩散。

第三节　网络水军

网络水军是指在网络中针对特定内容发布特定信息、被雇用的网络写手。他们通过伪装成普通网民或消费者，发布、回复和传播博文等对正常用户产生影响。

一、网络水军的概念

（一）网络水军：新名词与新职业

水军，本是海军前称，在中国古代也称舟师。而在网上，则指在论坛大量灌水的人员。网络水军，是网络发展衍生出的一种新职业，以注水发帖来获取报酬。网络水军通常受雇于网络公关公司，为他人发帖回帖造势。为客户发帖回帖造势常常需要成百上千人共同完成，那些临时在网上征集来的发帖人就被叫作"网络水军"。版主把主帖发出去后，获得最广大"网民"的注意，进而造成一个话题事件，所有网络公关公司都必须雇用大批的人员来为客户发帖回帖造势。网络水军有专职和兼职之分。

从"贾君鹏你妈妈喊你回家吃饭"，到"小月月"的疯狂蹿红，到"3Q"大战，再到魅族手机被曝上市炒作……事后都有调查证明，这些事件背后有一只操纵网络舆论的手——网络水军。除了利用网络进行炒作外，还有部分网络水军使用了诽谤、诬陷、抹黑等手段，攻击竞争对手、编造轰动事件、混淆公众视听等。

每部热门电视剧、电影上映之时，就有人在网络上发帖招募网络水军，或攻击或赞美。除此之外，要骂一些明星或捧一些明星的时候，也有人在网络上招募网络水军。在网上发一个骂人帖通常可以获取5角钱的收入；如果能写一篇看上去相对有文化的文章，则可以获得5～10元的报酬。而幕后操控者可能是电视台、制片方的竞争对手，但也不排除制片方的自我炒作。

网络水军在发挥网络营销作用的同时，负面影响也显而易见。它可以帮助幕后的商业企业，迅速炒作信息并打击竞争对手（网络打手），也可以为新开发的网络产品（如网站、论坛、网络游戏等）恶意提高人气，吸引网民关注和参与。更有甚者，不少无良网络水军得到国外别有用心的机构和资本支持，不断在国内各大论坛发布和张贴攻击信息、谣言或挑拨话语，制造网民间的矛盾、进行网络文化渗透。

网络水军具有以下特征：（1）零散性：网络水军分散在全国各地，有活干时才聚在一起，完成项目后又分散开。（2）不可控性：网络水军大多是不识身份的网民，大都穿"马甲"和雇主交易，无法掌控。（3）灵活性：可以根据任务的不同选择不同的网络水军进行操作。

（二）网络水军的传播机制

网络水军的传播分为以下两个阶段。

（1）议程设置。新媒体具有开放、互动、信息容量无限的特点，任何人都可以发表自己的观点。但是，当某一事件经过网络水军的议程设置后，便很容易成为公众话题。观点和意见在交流、博弈中形成强大的舆论力量。

在网络水军的议程设置中，"显著性模式"最常见的就是在大型门户网站论坛、个人博客和百度等主流网站的问答栏目中，不断植入相同的信息，对少数问题突出强调，以引起网民的关注。一般的传播模式是先在网络上大量地发帖造谣，再由网络水军在论坛"置顶"以吸引受众的注意力。

（2）信息传播。新媒体的出现颠覆了传统媒体的"把关人"角色和地位，新媒体信息传播多向、反馈及时、互动性强，网民可以随时发布、复制、粘贴文字、图片和视频等信息，传播速度非常快，信息可以像雪球一样越滚越大，因此，很难阻碍信息的传播。

从用户的角度而言，在新媒体中，他们既是传播者，又是接收者，具有自由地接收和表达信息的权利，理论上地位是平等的。但是在受到"多数意见"所带来的压力时，用户也会在一定程度上产生"沉默的螺旋"效应，网络水军便占领了舆论的主场。

二、网络水军的运作

在网络水军制造的众多网络事件中，根据操作类型和运作模式，大致可以分为以下几个表现形式。

（一）制造话题，吸引公众的注意力——"贾君鹏事件"

"贾君鹏事件"是指2009年7月16日发生的空帖莫名爆红现象。当日百度贴吧"魔兽世界吧"中，题为"贾君鹏你妈妈喊你回家吃饭"的无内容帖被回复75万多次，该帖名称旋即成为网络流行语，贾君鹏这个真实身份不明的人物也随之走红网络，并引发众多后续评论和效应。

7月16日10点59分，某网友发表了第一个题为"贾君鹏你妈妈喊你回家吃饭"的帖子，过了3分钟"贾君鹏"在帖子中第6楼出现，并说不回去吃饭，但网友发现此账号注册时间为11点02分，还是个后注册ID，在后来回帖中贾家"亲友"几乎倾巢而出。还有不少网民借题发挥，衍生出各类二次创作，如将这一句话制作成各类恶搞图片，或是将其翻译成各国文字，甚至为贾君鹏以文言立传。截至第三天上午7点48分，用电脑在此帖发言，会显示回帖数已达到上限，此时点击数为7 818 740，回帖数为302 259，但仍可以通过手机回帖，数量仍在上升。

该帖在贴吧曾几度被删，但经过网民申诉得以恢复。最后贴吧管理员亦认识到该帖的影响力，7月17日及18日，贾君鹏帖分别以"一句回家吃饭引发的狂欢"和"回家吃饭引爆玩家寂寞"为题登上百度贴吧首页头条，首页套用当时网络流行语称："回家吃饭？其实，吃的是寂寞。"

随着这一现象的出现，贾君鹏这个身份不明的名字便迅速在网上走红，"回家吃饭"也成为新的网络流行语。这又是一个百度贴吧里的网络迷因现象。不少商家发现了这一现象的商业价值，有商家推出了相关文化衫，还有的将其嵌入广告语中，借以促销。

7月30日后，陆续有更多的策划公司公开"认领"贾君鹏。北京某传媒公司经理在博客声称贾君鹏事件乃是公司一手策划，为某游戏造势，共动用营销人员800余人，收入达"6位数"。

网络水军通过制造公众话题、跟帖回复、炒作造势等手段使某个人物或现象在网络上迅速走红，成为广大受众热议的焦点，使之影响力和知名度飙升。正是由于符合当下社会文化的某些特点，或恶俗，或讽刺搞笑，或标新立异，这些人物和现象在现实中能够引起人们的共鸣，产生了强大的传播效果。

（二）消费性产品的推广——"王老吉事件"

据中国国际公共关系协会（CIPRA）统计，我国2010年网络公关业务取得了长足的进步，绝大多数公司涉足该服务领域，入榜的40家（公关）公司中有14家公司的网络公关业务规模超过1 000万元人民币（较2009年增加5家），其中7家公司的网络公关业务规模超过3 000万元人民币。

企业支付给公关公司的费用，根据不同的需求和项目而不同。一般情况下，公关公司抽取 60%，而众多网络水军分食 40%。

2008 年汶川地震发生后，生产王老吉凉茶的加多宝公司向灾区捐款 1 亿元。接下来的几天里，在几乎各大网站和社区都能看见《让王老吉从中国的货架上消失！封杀它！》之类的帖子。发帖者所指的"封杀"其实是"买光超市里的王老吉！今后只喝王老吉"的意思。正话反说产生的强烈反差刺激了无数网友跟帖留言。简单的文字却很有煽动力，不但导致网友疯狂转载，更直接激起了网民对王老吉凉茶的购买热情。于是王老吉凉茶在多个城市的终端都出现了断货的情况。

王老吉凉茶是源自广东的著名凉茶，于清朝道光年间（约 1828 年）由广东鹤山人王泽邦所创。传说王泽邦本以务农为生，当时地方瘟疫流行，他偕同妻儿上山避疫，途中巧遇一道士传授药方，王泽邦依照药方煮茶，帮助百姓治病。清文宗咸丰二年（1852 年），皇帝在听闻民间有"王老吉凉茶"防疾治病了得后，召王泽邦入宫制备凉茶供文武百官作清凉饮料，获广泛好评。半年后王泽邦被赐封为太医令，并获银五百两，在内务府总管大臣陪同下荣归故里，轰动羊城。翌年在广州十三行路靖远街（今靖远路）开设了"王老吉凉茶铺"，专营水碗凉茶。之所以得名"王老吉"，是因为王泽邦乳名阿吉。

1949 年中华人民共和国成立后，王老吉凉茶归入国有企业。

1986 年 6 月，王老吉凉茶商标重新注册。1992 年，广药集团推出盒装"王老吉"和罐装"王老吉"凉茶，重新启用了这一商标。

2005 年，鸿道旗下加多宝公司使用"怕上火，喝王老吉"的广告语，对王老吉凉茶的推广做出了很大贡献。加多宝公司在 2003 年投入 1 亿多元广告费后，红罐王老吉销量激增，年销售额增长近 400%，从 1 亿多元猛增至 6 亿元，2004 年则突破 10 亿元。同年，广药集团的绿盒王老吉的销售额仅为 8 000 万元。在红罐王老吉的拉动下，2007 年，绿盒王老吉销售额达到 7.1 亿元。2008 年，红罐王老吉的销售额突破 100 亿元。2002—2009 年，王老吉凉茶的年均增长率达到 96%。2007—2009 年，红罐王老吉连续三年在我国罐装饮料市场销量第一。到 2010 年，王老吉凉茶销售额增长到 150 亿元。随着红罐王老吉年销量跳跃式增长，广药集团的绿盒王老吉借着加多宝重金铺就的美誉和渠道轻松取得较大的市场份额。2011 年，绿盒王老吉的销售额接近 20 亿元。

2011 年 4 月 11 日，加多宝公司在北京发布声明，称广药集团并没有取得王老吉粥类产品的商标许可。由于其外形为红色包装，与红罐王老吉包装相似，加多宝公司认为，广药集团授权广粮集团生产王老吉固元粥、王老吉莲子绿豆爽等产品的举措侵权了其包装及装潢权。加多宝公司也谴责广药集团借王老吉商标跨越饮料行业甚至是跨越食品行业盲目进行多元化发展，不符合王老吉专注于凉茶生产的品牌内涵，也背离了国家对非物质文化遗产整体性保护的权威性指导。广药集团也向中国国际经济贸易仲裁委员会提出关于"王老吉"商标的仲裁申请。2012年5月9日，中国国际经济贸易仲裁委员会发出仲裁结果，认为之前有效的合同于2010年5月2日过期，因而加多宝公司在此日期后已无权使用"王老吉"商标。

自2011年起，加多宝公司出品的红罐王老吉逐步改名，2011年至2012年5月的红罐产品印着"加多宝出品王老吉"，2012年5月之后彻底改名为"加多宝"，并在各种广告中宣传"全国销量领先的红罐凉茶已改名加多宝"，"不再使用过去十七年沿用的商标"，"还是原来的配方，还是熟悉的味道"。

2013年1月31日，广州市中级人民法院裁定，加多宝公司立即停止使用"王老吉改名为加多宝""全国销量领先的红罐凉茶改名为加多宝"或与之意思相同、相近的广告语进行广告宣传的行为，因为法院认为这可能存在"虚假宣传"。

2013年2月4日，加多宝公司在其微博上连发主题为"对不起"的自嘲系列文案，并在上面配以幼儿哭泣的图片，引发上万网友转发，被称为"对不起体"。当天傍晚，有用户以广药集团王老吉的名义发出样式相同的"没关系"作为回应，但事后广药集团王老吉澄清并不是其所为，而是网友恶搞。之后，"对不起体"红遍网络，其中，网友"哇-林芬"假托可口可乐以相同形式恶搞了"都怪我"系列，而网友"鞋骨"则假托百事可乐做了"少得意"系列。广告图中哭泣的小宝宝让很多网友对加多宝公司的遭遇倍感同情。加多宝公司方面或希望用网络营销达到"未赢官司，先赢民心"的效果。实际上，加多宝公司的这种营销或已经赢得消费者的心。

（三）删帖——"三鹿奶粉事件"

2008年的"三鹿奶粉事件"是我国一起影响深远的食品安全事件。事件起因是很多婴儿在食用了三鹿集团生产的奶粉后被发现患有肾结石，随后三鹿奶粉中被发现存在大剂量化工原料三聚氰胺。该事件引起各国的高度关注和对乳制品安全的担忧。国家质检总局公布对国内乳制品厂家生产的婴幼儿奶粉的三聚氰胺检验报告后，事件迅速恶化，包括伊利、蒙牛、光明、圣元及雅士利在内的多个厂家的奶粉都检出含有三聚氰胺。该事件亦重创中国制造产品信誉，多个国家开始禁止进口中国乳制品。9月24日，国家质检总局表示，事件已得到控制，9月

14 日以后新生产的酸乳、巴氏杀菌乳、灭菌乳等主要品种液态奶样本的抽样检测中均未检出三聚氰胺。2010 年 9 月，中国多地政府下达最后通牒：若在 2010 年 9 月 30 日前上缴 2008 年的问题奶粉，不处罚。2011 年，中央电视台《每周质量报告》调查发现，仍有七成中国民众不敢买国产奶粉。

当网络上出现对客户不利的负面信息，并且已经危及客户的利益时，一些专门删帖的公司就会发挥作用。它们可以一夜之间让帖子销声匿迹。一般来说，正规删帖流程是由当事方向网站客服提出申请，并递交证明，经网站客服审核通过后，通知内容编辑负责人，最后由网站编辑根据指令删帖。而这个正规的删帖流程是不用花任何费用的。然而上网搜索会发现，关于某些企业的负面信息往往在一夜之间就消失了，这多是网络删帖公司从中做手脚。除正常删帖业务外，目前也有个别删帖公司会故意在网上发出负面帖子，然后以各种形式告诉当事方，暗示对方给钱就能删帖，"一边发帖，一边删帖"。在"三鹿奶粉事件"中，三鹿公司就是运用了网络删帖的手段使广大消费者迟迟接触不到该信息。在事件被揭露之前几个月，三鹿奶粉导致婴幼儿患肾结石的消息就已经在网上出现，但是很快就被屏蔽乃至封锁。事后经查明，原来是三鹿公司雇用了网络公关公司来为其删除负面消息，这样就使毒奶粉得以更久地在市面招摇，受害面积因此持续扩大，救治时机一再延误。最终，一个民族品牌轰然倒下。

（四）网络刷票

网络投票被认为是一种最能体现民意和公共参与的快捷方式。一些评选活动开始采用网上投票的方式，希望借助网络的开放性和广泛性来聆听广大网民的真实心声。但是越来越多的网络投票活动都出现了网络水军的身影。

其中一种叫"网络打手"的网络水军，只要接到指令，就会针对同一个话题在论坛、博客上使用各种片面、偏激而具有扰乱视听功能的文字来诋毁竞争对手。一些想要提高流量的网站也会用网络打手去同类型的博客网站留言攻击，以期将流量引到他们的网站。网络打手通常以谩骂、诽谤为主，语言多数比较夸张。网络打手通过不断发帖、跟帖，造成群体效应，并最终引导社会舆论。

三、网络水军的治理

"众口铄金，积毁销骨。"网络水军涉嫌操控舆论，绑架民意，已经一定程度上危害到社会，影响正常的网络秩序。

网络信息的传播特性促成了网络水军的诞生，他们使互联网更加热闹，但有时热闹的背后是欺骗、陷阱和对民意的绑架。从 2008 的"'封杀'王老吉营销策划方案"到猫扑的"虐猫女事件"再到蒙牛"陷害门事件",可以说,网络水军已经触碰法律的底线,并引起了社会各界的重视和反思,那么该如何对其进行治理呢?

此外,不少网络水军行为实质上是网络诽谤,应该依法受到处置。而且网络水军规模的扩大,正使得网络诽谤日益呈现出职业化的特征。

首先,网络诽谤职业化。随着网络公关公司、网络营销公司的兴起和风靡,一些网络公关公司开始沦为"网络打手",大量招纳网络水军,按照客户需求,通过 QQ 群等方式,组织或发帖吹捧客户及其产品,或密集发帖诋毁他人名誉。以营利为目的而建立的"代骂网站"更使得网络诽谤日益呈现出职业性的特征。

其次,网络诽谤集群化。网络诽谤内容的无限复制和延展基于网络传播的无限复制性和延展性,使得网络诽谤信息不再受时空条件的束缚而无限延展,这也就导致网络诽谤行为的危害性被无限放大。与利用传统媒介实施的诽谤行为相比,网络水军使参与网络诽谤的受害人数量大规模增加,成千上万的网络水军在网络空间中对被害人进行肆意的发帖诽谤,已成为导致网络诽谤社会危害性扩大化的重要因素之一。

网络水军危害社会,影响正常的网络秩序,引起了广大人民群众的不满,需要治理。2010 年 11 月,国务院新闻办主任王晨在回应网络水军问题时说:"'网络水军'危害社会、影响正常的网络秩序,引起广大人民群众的不满,确实需要治理。"这是我国官方首次对网络水军问题进行公开回应。关于网络水军治理,一些业内人士提出,对于那些罔顾新闻道德、纵容网络推手,为网络推手的活动提供温床的网站,必须进行严肃处理。对于一些易被网络推手所利用的网络传播形式,要及时进行研究,加强监管。网站作为网络精神食粮的提供者,更应该加强行业自律,主动行动起来,与网络推手划清界限,禁止网络推手渗透到网络编辑、论坛版主等岗位上来。

我们认为:

第一,网络水军需要综合治理。

网络水军治理要明确治理对象是"水军"而非"网络"。一旦出现恶性营销事件,要调查治理的不只是网络公关公司,还有各大论坛的版主、编辑、管理员和网络监管人员,因为他们往往是"被公关"的对象,否则在网络编辑眼中"裸奔"的网络水军不可能肆无忌惮。

第二，依法惩治违法的网络水军。

我国目前还没有明确而精准的法律法规来治理"网络水灾"，但也并非无法可依，可以根据灾情的具体内容，借鉴相关法律法规。

不少网络水军的行为实质上是网络诽谤。无论是散布虚假信息、恶意谣言的"水军"，还是他们背后的网络公关"推手"，都需要承担相应的刑事或民事责任。如果在网上诋毁、诽谤竞争对手，虚假宣传或恶意攻击其产品，可根据《中华人民共和国反不正当竞争法》追究刑事责任，最高可判处 5 年有期徒刑，企业还有权继续追加经济损失赔偿。

第六章　博客与微博

博客和微博是社会媒体网络的一部分，具有群体传播和大众传播的双重特点。

博客的英语是 blog，为 weblog 的简称。海外华人通常译作网志、部落格，是一种由个人管理、不定期张贴新的文章、图片、音频或视频的网页或联机日记，用来抒发情感或分享信息。博客上的文章通常根据张贴时间，以倒序方式由新到旧排列。许多博客作者专注于评论特定的主题或新闻，其他则作为个人日记。一个典型的博客结合了文字、图像、其他博客或网站的超链接，以及其他与主题相关的媒体。能够让读者以互动的方式留下意见，是许多博客的重要因素。大部分博客内容以文字为主，也有一些博客专注于艺术、摄影、视频、音乐、播客等各种主题。

微博的英语是 microblogging 或 microblog，又称微博客，是一种允许用户及时更新简短文本（通常少于 140 字）并公开发布的微型博客形式。它允许任何人阅读或者由用户选择的群组阅读。微博客的代表性网站是 Twitter 和新浪微博。微博与传统的博客不同，其文件（如文本、音频或者视频）容量通常比传统的博客小。许多微博在一个面对面水平上提供短的评论或者关于公司的份额新闻：产品和服务。

第一节　博客

博客的历史在国外最早可以追溯到 20 世纪 90 年代。作为一种新的网络交流、沟通形式，博客的发展大受网友的青睐。

1998 年 1 月 17 日深夜，美国博主麦特·德拉吉率先捅出"克林顿与莱温斯基绯闻"，被认为是最早的、成功的政治博客，在大约半年的时间内，引领着美国的政治议程。这在新闻史上创下了一个个人网站长时间设定社会焦点话题，并使传统主流媒体蒙羞的先例。

2001 年的 "9·11" 事件，是博客发展的分水岭。正是这场恐怖袭击，使人们对生命的脆弱，人与人沟通的重要性，以及最实时、最有效的信息传递方式有了全新的认识。可以说，对 "9·11" 事件最真实、最生动的描述存在于那些幸存者的博客日志中，而不是《纽约时报》；对事情最深刻的反思与讨论，很多亦出自博客。

在这两大事件之后，博客为越来越多的人所熟知，队伍迅速壮大。博客力量的日益壮大引起了广泛的关注，主流网络媒体纷纷开始吸引博客加盟，以免落伍，企业界开始把博客方式引入公司内网和公司网站。

自 2002 年起，方兴东等人开始在中国大力推广 blog，他们将 blog 翻译成"博客"，并创建了国内第一家较有规模的专业博客网站——"博客中国"。

博客真正进入寻常百姓的视线、登上媒体的版面主要源于两个人和由其引起的事件：王吉鹏和互联网反黄事件、木子美和性爱日记事件。

王吉鹏曾经在教育部办公厅工作，2001 年开始自主创业，2003 年入主博客中国，是博客中国的创始人之一。著有《王吉鹏快意恩仇录》《觉醒：东北》《盛大：成功之谜》三本畅销书。他还曾接受中央电视台《面对面》栏目的采访。

木子美，本名李丽，"木子美"是其网名，毕业于中山大学哲学系。木子美于 2001 年通过互联网在个人网络日志上发布其性爱日记《遗情书》，在道德、法律范畴引起了广泛的讨论和争议。也因此，博客作为一种新兴的网络媒体形式在中国获得更多的关注和更高的知名度，并迅速推广。她本人则因其博客内容而受到社会各方压力。

王吉鹏在 2003 年 6 月 18 日发布其挑战三大门户网站、批评网络色情的文章《网站 CEO 的下一个称呼》，木子美在同年 6 月 19 日发布个人性爱传记《遗情书》。此后，博客和网络色情批评立刻成为媒体关注的风暴眼，传统媒体、网络媒体竞相报道。在这股冲击波的强力推动下，不仅王吉鹏和木子美迅即成为中国最知名的博客，更使博客这种新的网络传播方式被越来越多的普通网民所关注。

一、博客的概念

博客是英文 blogger 的音译。blog 是 weblog 的简称，即 web 和 log 的组合词，是网络上的一种流水记录形式，简称"网络日志"。blogger 或 weblogger，是指习惯于日常记录并使用 weblog 的人，国内普遍翻译成"博客"。事实上，博客不仅指使用 weblog 的人，也可以指提供 weblog 的服务或工具。一般将人们在网络上利用博客工具，创建博客网站，写网络日志的现象称为博客现象。

博客概念主要体现在三个方面：频繁更新、简短明了以及个性化。它更规范、更明晰的形式界定是：内容按时间顺序排列，而且一般是倒序，也就是最新的放在最上面，最旧的放在最下面；网页主体内容由不断更新的、个性化的众多"帖子"组成；内容可以是各种主题、各种外观布局和各种写作风格，但是文章内容必须以"超链接"作为重要的表达方式。

从技术层面上讲，博客就是个人主页或个人网站。创建个人主页或个人网站，通常需要注册一个独立的个人域名，需要一个 IP 地址，需要一个空间，这个空间可以由独立的服务器提供，也可以是许多个人主页共享一个服务器的空间，服务器还要有操作系统、底层数据库等。但是，博客不需要单独注册域名，利用泛域名解析技术和数据库技术，系统可以自动生成与服务商域名同根的二级域名。博客主页和其他主要页面都利用服务商提供的现成模板即可，不需要博客创建者自己设计，也无须考虑操作系统、底层数据库设置等技术问题。因此，博客更简单。博客不需要注册域名，不需要自己设计制作页面，甚至不需要花钱租赁空间，因此它的花费更少，理论上可以做到零成本。也正因为如此，博客才在一段时间内获得了很大的发展。

二、博客的特点

在现实生活中，人们往往因为社会环境、社会角色、社会地位与社会关系的制约，而在不同的场域、不同的情境说各种不同的话。人们习惯了戴着各种面具说话和办事，而更多地将自己内心真实的思想隐藏起来或只在自己的私人领域表达。

博客则不同，它提供了一个没有束缚的空间，也提供了个人言说现实性超越的可能：网络的虚拟性使个人可以隐匿自己的真实身份，无障碍地表达心中的真实思想与感受；网络的开放性使个人可以随时传播自己的文章、作品与观点，并且瞬间传遍全球；网络的互动性使个人可以方便地与人交流、沟通与互动。

博客实现了真正意义上的个人化：个人拥有、个人写作、个人发表与个人管理。个人可以在博客上自由地言说与评论。博客同时也是开放的和社会化的，它作为一种传媒工具，意味着个人空间直接变成了公共领域，个人进入公共领域的门槛和制约完全消散于无形。开放的博客群体应该是多元的、宽容的，能够容纳异质性的。

公共领域（德语 Öffentlichkeit，英语 public sphere），是一个哲学与社会学概念，与私人领域（private sphere）相对，是指介于国家和社会之间的一个公共空间，公民们假定可以在这个空间自由参与公共事务而不受干涉。此外，出版物、产品以及发明方法在未受到专利或著作权保护的情况下，亦属于公共领域。

德国哲学家尤尔根·哈贝马斯在 20 世纪 60 年代通过《公共领域的结构转型》对此进行了充分的阐释，并产生了广泛的影响。他对公共领域的定义是："首先可以理解为一个由私人集合而成的公众的领域；但私人随即就要求这一受上层控制的公共领域反对公共权力机关本身，以便就基本已经属于私人、但仍然具有公共性质的商品交换和社会劳动领域中的一般交换规则等问题同公共权力机关展开讨论。"[①]

博客在一定程度上左右着网络舆论。在中国，"孙志刚事件"就是一个典型的个案。2003 年 3 月 17 日晚上，任职于广州某公司的湖北青年孙志刚在前往网吧的路上，因缺少暂住证，被警察送至广州市"三无"人员（即无身份证、无暂居证、无用工证明的外来人员）收容遣送中转站。次日，孙志刚被收容遣送中转站送往一家收容人员救治站。在这里，孙志刚受到工作人员及其他收容人员的野蛮殴打，于 3 月 20 日死于这家收容人员救治站。这一新闻事件被称为"孙志刚事件"。"孙志刚事件"引发了对收容遣送制度的大讨论。之后，我国政府颁发新法规，废除了被广泛认为有弊端的收容遣送制度。

博客在国外出现之初，就表现出不同凡响的社会价值。德拉吉在披露克林顿的"拉链门事件"时就被传统的新闻界认为"不准确、不道德"。

1994 年 5 月，曾在小石城的州长质量管理会议担任登记员的葆拉·科尔宾·琼斯起诉克林顿总统于 1991 年 5 月 18 日把她召到旅馆房间进行"性骚扰"，并索赔 70 万美元。1998 年 1 月 23 日，"琼斯性骚扰案"中证人、白宫前实习员莫妮卡·莱温斯基被指控与克林顿有染。克林顿则否认与莱温斯基有任何关系。同年 1 月 28 日，司法部部长珍妮特·雷诺授权独立检察官肯尼思·斯塔尔调查莱温斯基同克林顿的关系。4 月 1 日，阿肯色州小石城地方法院法官苏珊·韦伯·赖特否决了琼斯在性骚扰诉讼中提出的一切指控，但指出克林顿不能因行政官员豁免权而免于接受调查。8 月 17 日，克林顿向全国发表电视讲话，承认他和莱温

---

① 哈贝马斯. 公共领域的结构转型. 曹卫东，王晓珏，刘北城，等译. 上海：学林出版社，1999：6.

斯基有"不适当"的关系，并承认他和莱温斯基的关系是错误的，他对此将承担全部责任。但他强调自己"在任何时候都没有要求任何人撒谎、隐藏和销毁证据或做任何其他违法的事情"。9月9日，独立检察官斯塔尔结束了调查，向国会递交了一份长达445页的对克林顿总统的调查报告和36箱附件。

但博客最终以其对事实的追求与对真相的披露，赢得了不同寻常的公信力。在对伊拉克战争的报道中，博客报道客观中立，找回了主流媒体在战争中失去的中立原则；2002年，博客披露了美国参议院多数党领袖洛特的种族主义言论，导致洛特被迫辞职。

博客具有共享性。用博客方式产生的知识，以共享方式扩散。每个博客有固定的网址，所有网民都可以通过这个网址阅读文章，类似公开的记事本，使个人资源共享得以最大限度实现。

博客具有互动性。博客以留言的方式进行交流，传者和受者可以实时互动，成为真正意义上的对话者。博客打破了传统媒体中的单向传播方式，信息的发出者也可以是接收者，具有双重性。这种互动性可以调动人们积极参与的愿望，实现一些在现实中不能参与的交流。

博客具有大众化特征。在技术层面，博客满足了"四零"（零技术、零成本、零编辑、零形式）条件，将最简单实用的形式免费提供给使用者，人们只需选择简单的模板，就可以创建自己的博客。

博客具有娱乐性。许多博客出于自娱自乐而创作，并非完全为了获得经济报酬，写作源于内心冲动，强调感性的社会特质，是一种自由体验式写作。博客文章没有文体限制，没有字数、质量要求。博客同时具备记者、编辑和出版者三种身份，实时写作、自我校验。

博客具有草根性。在互联网开放性的背后又存在着"精英化"的倾向，即黑客、政府机构和其他技术精英构成的实体，凭借其技术知识和操作技能拥有某种范围的控制力。博客是一种超级简单的个人网页工具。成为一名博客，没有任何技术含量，没有任何新技术，不需要注册域名，不需要租用服务器空间，不需要许多软件工具，不需要许多网页制作知识。博客是一种傻瓜式工具，就如同人们拿到纸和笔就可以写、画一样。

三、博客对新闻传播的影响

西方国家出现了大批作为业余新闻工作者的"新闻博客"。在博客发展过程中，克林顿"拉链门事件"、"9·11"事件和伊拉克战争是具有标志性意义的事件。1998 年 1 月 17 日，德拉吉的博客网站成为世界上第一个报道"克林顿绯闻"的地方；2001 年"9·11"事件爆发后，以戴富·温纳斯的 Scripting News 为代表的个人博客网站成为人们获取信息的重要来源。

博客作为新媒介的出现影响了传统的传播方式，并对既有的传播学理论产生影响，而由库尔特·卢因①提出的"把关人"理论就是其中之一。

"把关人"是大众传媒内部的工作人员。因为大众传播的一切信息，都要经过这些工作人员的过滤或筛选，才能同公众见面，所以他们便是信息传播的"把关人"。"把关人"理论是由美国社会心理学家、传播学四大先驱之一的卢因率先提出的。他在《群体生活的渠道》（1947）一文中，首先提出"把关"（gatekeeping）一词。"把关人"既可以指个人，如信源、记者、编辑等，也可以指媒介组织。

在传播学中，"把关人"是一种普遍存在的现象。"把关人"这一概念现在已得到大众传播学者的普遍承认，"把关人"的作用、性质也随之成为大众传播学的重要课题。在传播者与受众之间，"把关人"起着决定继续或中止信息传递的作用。"把关人"可以是个人，也可以是集体。从整个社会的角度来看，传播媒介是全社会信息流通的"把关人"；从传媒内部来看，不同的媒介具有不同的"把关人"；从报纸、广播、电视等传统大众传媒来看，在新闻信息的提供、采集、写作、编辑和报道的全过程中存在着许多的"把关人"，其中，编辑对新闻信息的取舍是最重要的。

"把关人"的把关行为可以分为疏导与抑制。前者是指"把关人"准予某些新闻信息流通的行为，后者则是指禁止一些新闻信息流通或将其暂时搁置的行为。

由于新媒体的匿名性，人们可以自由地在网上发布自己认为有用的信息，这些信息可以是传统媒体未披露的新闻内幕，也可以是传统媒体众多信息的集纳甚至个人生活的所见所闻等，这使得过去大众传媒组织所特有的"把关"特权开始

---

① 库尔特·卢因（Kurt Lewin，又译勒温，1890—1947）是传播学研究中"把关人"理论的创立者，著名的社会心理学家，其代表作为《解决社会矛盾》等。他是一位美籍德国犹太人，1890 年 9 月 9 日出身于维也纳，先后在德国慕尼黑大学、柏林大学等著名学府学习。第一次世界大战期间，他曾到前线参加作战。1921 年，他到柏林大学任教，与格式塔心理学派建立联系，并成为该学派的积极倡导者。他于 1933 年移居美国，先后在斯坦福大学、康奈尔大学、艾奥瓦州立大学任教，担任社会心理学教授。

为广大的公众享有。因此在网络时代，"把关人"机制出现了缺失。近些年来博客和微博的大量涌现更是如此。

传统的大众传媒的传播者，无论是特定的社会集团还是媒介组织或媒介工作者，都是传播的主体，是传播行为的发起者，是通过发出的信息主动作用于他人。传播者始终处于传播过程的首端，对信息的内容、流向、流量以及受者的反应起着重要的控制作用，是传播特权的拥有者，也就是所谓的"精英"阶层。对于"精英"们传达的信息，广大的公众只能被动地接收。

博客的零技术门槛，使得每一个人都可以自由、随意地参与到新闻生产中。博客虽然无法和大众传媒的力量相比，但是作为新闻信息的补充来源，作为新闻信息的再加工者、整合者以及解读者，越来越显现出在新闻生产环节中的独特价值。这就使草根博客可以不受"把关人"的限制而大规模迅速普及。因此，有人提出了"市民新闻学"或"公民新闻学"的概念。

"公民新闻"（citizen journalism）一词产生于 20 世纪 90 年代的美国，伴随着 Web 2.0 时代的到来而兴盛。我们可以把它理解为公民（非专业新闻传播者）通过大众媒体、个人通信工具，向社会发布自己在特殊时空中得到或掌握的新近产生的特殊的、重要的信息。简单地说，"公民新闻"是指从新闻的采访、写作到最后的编辑发布，都不假手于专业记者或编辑，是完全由"读者"自己采写的新闻，而这些读者则被称为公民记者。

"公民新闻"是对传统新闻传播的一种颠覆，它代表了"新闻媒体 3.0"（1.0 是指传统媒体或旧媒体，2.0 就是人们通常所说的新媒体或跨媒体，而 3.0 就是以博客为趋势的个人媒体或自媒体）。全世界第一位公民记者当属 1998 年在其个人博客中对克林顿"拉链门事件"进行曝光的美国人德拉吉。

四、博客存在的问题

博客给传统道德带来了一系列冲击：虚拟性弱化了道德规范，信息多元化导致道德信念的迷失，匿名性导致了道德人格的异化。博客作为一种弘扬个性的新媒体方式，主要目的应该是发掘个人的社会价值，拓展个人的知识视野，充分发挥网络的知识价值，追求健康、个性和平民精神。但是，博客导致传统道德的弱化、迷失、异化，已成为不容忽视的社会问题。

从新闻传播的角度看，博客仍存在很大局限性，无法替代传统主流媒体。这主要体现在以下两点。

（一）博客仍然需要主流媒体，其提供的信息需要核实

博客的发展离不开主流媒体。不少博客内容并非原创，而是把传统媒体的消息转发或链接到博客空间。传统媒体还为博客提供了批判的靶子，离开了报纸和广播电视，博客便失去了批判对象，很多以挑战传统媒体为己任的博客将不复存在。

尽管博客在及时性、目击性、多元化，甚至在某些领域的专业性上具有优势，但是在新闻专业素养方面，博客仍远远不及主流媒体。博客只是碰巧报道了发生在自己身边的事件，而并不是真正意义上自觉的新闻记者。

（二）受众（用户）面仍有局限

尽管博客增长迅速，但其受众面与已经发展数十年的传统媒体相比仍然较小。即使是最有影响的博客日志，阅读的人数仍然相对很少。在美国，有调查显示，排名最靠前的博客也只占网络浏览量的 0.005 1%。博客只适合较小的群体进行互动，数量在几百人最适宜。博客的点击浏览量一旦很大，就不可能与上万人甚至数十万人同时对话互动了，那么博客就与广播电视无异，从而丧失了它互动的优势。

总之，博客与专业媒体之间的关系是互补关系。

第二节　微博

微博，即微博客的简称，是一个基于用户关系的信息分享、传播以及获取平台，用户可以通过 Web、WAP 以及各种客户端组建个人社区，以 140 字的文字更新信息，并实现即时分享。国际上最早、影响力最大的微博是美国的 Twitter；国内微博市场份额最大的是新浪微博和腾讯微博。

中国互联网络信息中心 2013 年 1 月发布第 31 次《中国互联网络发展状况统计报告》显示，截至 2012 年年底，中国的微博用户大幅增加，在 2012 年年底达到 3.09 亿，占总网民人数的 54.7%。其中，手机微博用户 2.02 亿，约为总体微博用户的三分之二。中国互联网络信息中心 2014 年 1 月发布第 33 次《中国互联网络发展状况统计报告》显示，截至 2013 年 12 月，中国网民规模达 6.18 亿，全年共计新增网民 5 358 万人。互联网普及率为 45.8%，较 2012 年年底提升 3.7 个百分点。但是，2013 年，微博、社交网站及论坛等互联网应用使用率均下降，而类似即时通信等以社交元素为基础的平台应用发展稳定。从具体数字分析，

2013 年微博用户规模下降 2 783 万人，使用率降低 9.2 个百分点。而整体即时通信用户规模在移动端的推动下提升至 5.32 亿，较 2012 年年底增长 6 440 万，使用率高达 86.2%，继续保持第一的地位。微博受到了微信的巨大冲击。

根据新浪微博提供的财报数据，从 2019 年开始，微博日活就一直维持在 2 亿以上，月活一直维持在 4.5 亿以上，只不过从 2020 年第二季度开始，日活、月活环比有所下滑，在 2020 年第四季度开始恢复增长状态，2021 年第二季度日活环比增幅达 6.95%，是这两年仅次于 2020 年第一季度的增幅，不过整体来看，用户量变化不大。2021 年 8 月 18 日，新浪微博发布第二季度财报。财报显示，新浪微博第二季度净营收达到 5.7 亿美元，同比增长 48%。净利润为 8 100 万美元，同比下降 59%。

一、微博的发展

（一）Twitter 的发展

第一家提供移动社交网站和微博服务的公司是创建于 2006 年的美国公司 Twitter。

Twitter（中文称为"推特"）是一个社交网络和一个微博客服务器，它可以让用户更新不超过 140 个字符的消息，这些消息也被称作"推文"（Tweet）。Twitter 是互联网上访问量最大的 10 个网站之一。截至 2012 年 3 月，Twitter 共有 1.4 亿活跃用户，这些用户每天会发表约 3.4 亿条推文。Twitter 每天还会处理约 16 亿的网络搜索请求。

Twitter 的创建理念源于从事播客服务的 Odeo 公司的一次头脑风暴会议，会上，杰克·多尔西（首任 Twitter 董事长）受短信群发服务"TXTMob"的启发，提出将短信群发服务引入网络中的构想，增加传统博客的移动性，让人们可以在任何地点更新博客。

在英文字典中，Twitter 的释义有二：一为"简短、细琐、突然迸发的信息"；二为"小鸟的啁啾"，从而形象地展现了 Twitter 的特性并同时赋予产品美好的视觉想象。Twitter 的成功与其巧妙的营销手段分不开。2007 年的"西南偏南音乐节"（South by Southwest Festival，SXSW）是 Twitter 的成功触点。SX-SW 是在美国乡村音乐的中心——得克萨斯州州府奥斯汀每年春天举办的音乐节，这是美国最大的音乐节之一。在这一年的音乐节上，Twitter 将两块 60 英寸的等离子显示屏置于音乐大厅的走廊上，上面展示的是 Twitter 的短信息。来参加音乐节的人们用 Twitter 记录彼此的联系方式，有些人还在博客上对其进行介绍和赞赏。在主题小组讨论会上，发言者们也提到这项新服务，认为这项服务"既像即时通信，又像博客，甚至还有点发送一连串电报的感觉"。在这次庆祝活动上人们对 Twitter 的反应大都叫好，仅节日期间，Twitter 的日发帖量就从 2 万剧增至 6 万。

下图是 Twitter 的一个页面，从中可以看出人们在 Twitter 上交流的多为日常生活经历（见图 6-1）。

图 6-1 Twitter 页面

微博从诞生之初起，就秉持了跨平台数据互动交流的理念。

Twitter 的成功较大部分有赖于其 OpenAPI。网站提供开放平台的 API 后，可以吸引一些第三方开发人员在该平台上开发商业应用，平台提供商可以获得更多的流量与市场份额，第三方开发者不需要庞大的硬件与技术投资就可以轻松快捷的创业，从而达到双赢的目的。第三方应用扩展 Twitter 原有的功能，让 Twitter 更好用，从而极大丰富了 Twitter 自身的功用和乐趣，现在，Twitter 有超过一半的流量是来自第三方 API（见图 6-2）。

随着 Twitter 的 OpenAPI 发布数量不断增加，运营过程中也开始暴露出一些问题。OpenAPI 的巨大访问量引起了 Twitter 种种性能问题，使得 Twitter 的稳定性大为降低，为了支持大量的外部 API，Twitter 宕机频繁，是几乎所有 Twit-

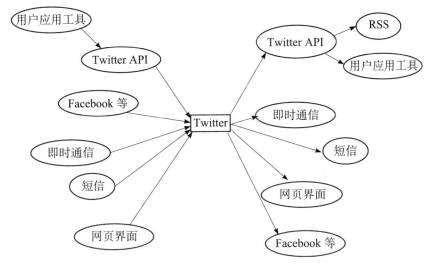

图 6-2　Twitter 支持的输入、输出界面

ter 用户都遇到过的现象。

（二）国内微博的发展

饭否网是我国第一个提供类 Twitter 微博服务的网站。该网站创建于 2007 年 5 月，到 2009 年上半年，饭否网的注册用户数从年初的 30 万左右激增到了百万级别，其中不乏陈丹青、梁文道等各界名流，这使得饭否网的影响力与日俱增。但遗憾的是，2009 年下半年，饭否网由于内容监管的问题被有关部门关闭，如日中天的国内首个微博类站点戛然而止。尽管该网站在一年多之后又恢复服务，但彼时，新浪、腾讯等商业门户推出的微博服务已经抢占了大部分用户，饭否网的影响力难再重现。

目前，国内影响力较大的几家微博网站均由传统门户网站主导创建，公认影响力最大的是新浪微博，截至 2021 年四季度末，微博月活跃用户达到 5.73 亿，日活跃用户达到 2.49 亿。其他还有搜狐微博和网易微博以及各个专业化网站推出的专业化微博服务，如财经类网站和讯网的和讯微博。

之前饭否网被强制关闭的事实已经说明，微博的内容不同于以往互联网应用中的用户生成内容。当时一条微博的内容虽然最多 140 个字，但是上亿网友的"合声"却威力巨大，这些看似碎片化的声音，足以对现实舆论造成强大影响。

与 Twitter 用户大部分时间都在分享"生活新鲜事"不同，由于现实舆论环境的逼仄，微博在我国从诞生开始，就肩负着"网络公共空间"的重任，人们期待微博能够在介入公共事务这一点上较之以往的互联网应用更进一步。

事实上,在 2009 年之后,微博参与公共事务尤其是突发公共事件的作用有目共睹:"宜黄拆迁案"中,当事人钟如九通过微博一呼百应;舟曲泥石流灾害后,微博志愿者纷纷集结;"7·23"甬温线特别重大铁路交通事故中,微博上质疑声如潮;"郭美美事件"后,中国红十字会声誉在微博上首先坍塌……有调查显示,七成以上的微博用户将微博作为获取新闻的重要平台,而且超过六成用户明确表示微博上的新闻真实可信。

人们通过微博获取信息并随之爆发的舆论能量,足以直接改变公共事件的进度和方向。以在微博上发端的"郭美美事件"为例,自 2011 年 6 月 21 日"郭美美 Baby"的"炫富微博"受到关注开始,一周时间之内,新浪微博关于"郭美美"的微博数量即暴增至 53 万条,随后传统媒体跟进报道,事件在网络和现实生活中都引发轩然大波。虽然北京市公安局与中国红十字会纷纷出面辟谣,但仍然没能阻止该事件带来的现实影响:自"郭美美事件"后,社会捐款数以及慈善组织捐赠数额均出现锐减。全国当年 7 月份社会捐款数额为 5 亿元,和 6 月份相比降幅超过 50%,慈善组织 6 月到 8 月收到的捐赠数额降幅更是达到 86.6%。而作为事件当事一方的中国红十字会,2011 年收到社会捐赠约 28.67 亿元,占全国捐赠总量的 3.4%,同比减少了 59.39%。

除了颠覆人们的新闻获取方式,搭建人们响应突发公共事件的新阵地之外,微博还成为社会组织建设的新平台。民间自助精神在微博上得以发扬光大,而这正是社会组织的核心特质。在微博上,微博"打拐"活动发动所有人参与"随手拍"解救被拐儿童,"免费午餐"接受民间捐款让山区小学生受益,"老兵回家""大爱清尘"等众多公益项目都直接在微博上创建并发展。这些"微公益"项目不像突发公共事件那样,会引发轰轰烈烈的舆论风暴,但这也是社会舆论利用微博平台参与公共事务、推动社会变革的重要途径。

可以说,微博的出现已经取代了之前网络论坛的舆论主阵地作用,极大地影响了中国互联网舆论的深度和广度。

二、微博的优势

微博有不少优点,主要表现为以下几点。

(一)简单易用

微博内容由简单的只言片语组成,对用户的技术要求很低。用户可以通过手机、PC 等来即时更新自己的个人信息。

（二）即时性强

微博网站即时通信功能强，可以通过 QQ 和 MSN 直接书写，在没有电脑的地方，只要有手机也可以即时更新内容。一些重大突发事件或引起全球关注的大事，如果有微博在场，就可以利用各种手段在微博上发表，其实时性、现场感及快捷性高。移动终端提供的便利性和多媒体化，使微博用户体验的黏性越来越强。

（三）主动性强

只要轻点 "follow"，即表示用户愿意接收某位用户的即时更新信息；对商业推广、明星效应的传播更有价值；维护人际关系。

（四）发布平台的开放性与多样性

用户可以通过手机、IM 软件（gTalk、MSN、QQ、Skype）和外部 API 接口等向微博发布消息。

三、微博对新闻行业的影响

（一）微博成为重要的消息来源

微博支持多界面的信息输入和输出，尤其是它与手机的结合，使得微博成为一种重要的消息来源。

一个最突出的例子是 2009 年伊朗 "绿色革命" 中，微博在信息传播中扮演了重要的角色，以至于人们也把这次运动称为 "Twitter 革命"。

2009 年 6 月 12 日，竞选连任的总统马哈茂德·艾哈迈迪-内贾德在总统竞选中获胜。根据选举委员会的数字，艾哈迈迪-内贾德赢得了大约 62％的选票，其主要竞选对手——反对派总统候选人、前总理米尔·侯赛因·穆萨维的得票率为近 34％。

但是穆萨维认为选举存在严重舞弊，要求重新选举。从 6 月 13 日凌晨开始，大批民众走上街头抗议选举不公和艾哈迈迪内贾德政府。由于穆萨维将绿色作为竞选颜色，示威群众大多身穿绿衣或者佩戴绿色丝带、头巾等，并挥舞绿旗，因而被称为 "绿色革命"。

"绿色革命" 是自伊朗革命以来最严重的骚动，同时，这次运动一个很大的特点就是微博技术的广泛应用。由于伊朗政府进行信息管制，封锁和驱逐媒体，伊朗国内局势实况不能及时传递出去，但是伊朗民众顶风利用新兴的网络工具，如 Twitter、Facebook、YouTube 和代理服务器，将示威和政府镇压的实况报道出去。所以很多人也称这次运动为"Twitter 革命"。

伊朗"绿色革命"是在重大政治事件中，正常采访途径受到阻碍的情况下，利用微博获取新闻信息的典型案例。

在一些特殊的环境中，由于客观技术条件等的限制，新闻记者有时候也不能及时获得消息，比如在太空探索中，记者要对宇航员进行采访要克服较多的条件制约，要经过的程序也很多。而利用微博来和宇航员进行沟通，就能获得更多的一手信息。2009 年 5 月，宇航员迈克·马斯米诺利用 Twitter 发送哈勃太空望远镜修护的过程，就是 Twitter 首次在太空中应用。

此外，越来越多的用户在 Twitter 上发布所亲历的突发事件。

2009 年 1 月，美国航空公司的飞机与飞鸟相撞，被迫降在哈德逊河上。在媒体到达现场前，前往营救的船只中，一位乘客詹尼斯·克伦穆斯拍下了乘客疏散撤离的情景并发送到 Twitter 上。

2008 年，《新科学》（New Scientist）指出，在紧急情况下，Twitter 在获取信息方面的优势要大于传统媒体和政府。比如，在 2007 年 10 月美国加利福尼亚大火中，一些 Twitter 用户每隔数分钟就发布即时信息，使亲朋好友得知自己的状况以及现场大火的情况。美国红十字机构也开始使用 Twitter 来发布当地险情与相关数据和方位。2009 年 4 月，美国政府机构也用 Twitter 发布 H1N1 流感病例数据。

2008 年 4 月，美国加州大学伯克利分校的新闻系研究生詹姆斯·巴克和他的翻译因为拍摄了埃及当地的反政府示威活动而被捕。在前往警察局的路上，巴克用他的手机发送了"Arrested"（被捕）一词到 Twitter 上。他 Twitter 上的 48 位追随者立即得知情况，之后联系加州大学伯克利分校以及美国驻开罗大使馆和多家媒体机构。加州大学伯克利分校为他聘请了律师，第二天巴克获释。

以上案例都说明，新媒体时代的记者，如果忽视微博，就等于丧失了一个重要的信息渠道，更等于在媒体融合时代的新闻行业中失去竞争力。

（二）微博在一定程度上影响重大新闻事件发展

在重大新闻事件中，微博也扮演着越来越重要的角色，新闻工作者也不应忽视这股力量。

在 2008 年的美国总统选举中，诞生了美国历史上首位黑人总统——奥巴马。

与此同时，他也被称为首位"互联网总统"。奥巴马十分重视互联网，他自己在大选中就是互联网和社会化媒体的受益者。他的竞选团队创建了一个社交网络来增进奥巴马在网络的影响力，并充分利用 Twitter、Facebook、YouTube 等社会化媒体，充分塑造了奥巴马 Web 2.0 一代的形象，为他拉得不少选票。善于学习的奥巴马则通过自己在网络上的营销鲜明地树立起清新、年轻、锐意进取的候选人形象，这拉近了他与选民的距离，使他更具亲和力与竞争力。

在竞选中，奥巴马非常重视微博的沟通交流功能。其实，奥巴马的竞争对手希拉里也在 Twitter 上建立了个人主页，但是，希拉里只是把 Twitter 当作单向信息发布平台，而不是交流工具。

奥巴马的 Twitter 有专人维护，并不会主动追随任何人，而一旦有人成为奥巴马的追随者，他就会把那位追随者加为好友。当这些好友发表一些关于奥巴马的言论时，奥巴马的 Twitter 会主动回复，这拉近了他与普通选民的距离。

不过，奥巴马本人并不使用 Twitter。2009 年 11 月，奥巴马在上海与中国青年的对话，在回答一个关于使用 Twitter 的问题时，奥巴马说："我从来没有使用过 Twitter，但我是新技术的倡导者。"

据美国有线电视新闻网（CNN）2012 年 12 月 12 日报道，在谷歌公布 2012 年度全球热门搜索关键字排行榜后，Twitter 也公布了 2012 年关注热点排行榜，奥巴马赢得总统大选后，在 Twitter 上发布的"再干 4 年"言论被评为最热推文。

2021 年 1 月 8 日，号称 Twitter 总统的特朗普，其账号被永久关闭。Twitter 8 日晚发文称：在仔细审查特朗普账号最近发布的推文以及这些推文的背景后，鉴于有进一步煽动暴力的危险，我们已永久停用该账号。

由此可见，微博使名人与普通人的零距离、感性接触成为现实。传统的网络传播方式，如电子邮件、博客等，虽然也提供了便捷的沟通方式，但是，电子邮件私人性较强，而且这种信息反馈方式往往严肃有余活泼不足。在博客上，受众的反馈意见只能跟在博客主人更新的内容之后，而且博客主人在自己的博客里享有控制权，比如，他可以决定保留或删除哪些回复、回答哪些回复，这种控制权导致博客主人与其回复者间形成较大的地位落差。

作为一种社交网络，微博围绕着追随者的理念进化发展，某一用户选择了他所追随的微博作者，该作者的更新就会以逆时序出现在该用户的主页上。追随者追随一个人并不需要双方的相互确认，而且追随者可以通过各种方式，如手机等，即时获知被追随者的更新情况。从系统论的观点来看，一个追随者和被追随者之间可以看作一个系统。在这个系统里，信息得以从微博支持的各种沟通渠道传递。从信息数量看，微博使得从被追随者流向追随者的信息量增加；从信息内容看，微博上名人的信息更加日常化，更能满足追随者对名人全方位了解的欲望，甚至满足他们一定程度的"偷窥欲"；从信息流向看，在微博上，信息的传递是互动的、双向的。

（三）微博是媒介组织传播产品的新方式

短小精悍的特点使得微博也成为实时新闻的重要来源。新闻机构开始使用微博发送重大新闻的链接，发布头条，以及简短网址（URL）。

新闻媒介组织还可以利用微博发现潜在受众。在微博上，如果一组节点相互间的联系要比与节点外的联系明显密切得多，那么我们可以笼统地把它称作一个"群落"，这些群落常常是因共同的兴趣而形成。用户在某一群落的行为可能与其进入另一群落的行为很不相同。比如，在某一群落里，他可能是活跃的信息源，而在另一个群落里，他扮演的却是信息搜寻者的角色。

利用一定的技术手段，我们可以通过确定一些社群来实现新闻产品的定点传播。通过数据分析，可以发现某群人之间的交流频率非常高，他们交谈的关键词可能包括工作、Xbox、电子游戏等。他们探讨着共同的兴趣——电玩，同时也会在微博上分享个人感受和经历。那么新闻机构就可以将收集到的关于电玩的最新信息发送给他们。

2009 年 4 月 30 日，Twitter 对其界面进行改版，增加了搜索栏以及热门话题。热门话题是人们在帖子里讨论最多的短语，短语会实时更新。由此，微博具备另外一个重要功能：除了让人们得到关于自己社交圈或者所关注圈子的消息之外，还可以向人们展示整个网络最受人关注的焦点。网络和手机的无缝连接，使人们得以及时感知外部世界的整体状况。

（四）微博与媒介组织的网络口碑营销

口碑是人们口口相传的、对某一事物的评价。目前学界的"口碑"（word of mouth）一词源于传播学，由于被市场营销广泛应用，所以就有了口碑营销。传统的口碑营销是指企业通过亲朋好友的相互交流将自己的产品信息或者品牌传播开来。不少企业家发现，产品拥有一个良好的口碑，会产生更大的利润价值。口碑传播的一个最重要的特征就是可信度高，因为在一般情况下，口碑传播都发生在朋友、亲戚、同事、同学等关系较为密切的群体之间，在口碑传播开始之前，他们之间已经建立了一种长期稳定的关系。相对于纯粹的广告、促销、公关、商家推荐、家装公司推荐等而言，口碑传播的可信度要更高。在国内，北京睛点点公关认为，口碑营销是利用舆论的力量进行宣传的一种手段。口碑营销被业内人士称为"病毒式营销"，营销人士敖春华认为这是因为其传播影响力大。越来越多的市场营销人员开始研究和使用基于社会化媒体，如微博等的口碑营销。

微博可被用来提供产品信息，或者把潜在顾客吸引到公司网站或者博客上。一些公司雇用商业情报机构监控微博上关于自己产品和竞争对手产品的信息。对于自己公司或者产品的追随者，可以实行精准营销。企业也可以通过微博的投票、调查工具等获得实时反馈。

利用微博的监控工具，公司还可以跟踪对自己的产品或服务产生不良评价的用户，及时介入解决问题，化解尚处于酝酿期的危机。

新闻媒介也是整个社会系统的一部分，而且有其明确的企业目标：出卖新闻产品赢取利润。在激烈的同行竞争中，无论是想保持优势地位还是维持生存，都必须靠有利的企业形象。微博作为网络口碑的重要传播方式，对企业形象的树立和维护，都起着不容忽视的作用。

（五）微博在媒介组织机构内的应用

微博有望成为一种新的组织内沟通媒介。在过去几年里，随着远程办公的发展，组织内传播由传统的面对面传播，转向越来越依赖电子邮件、即时通信等的在线网络传播。随着企业扁平化管理、精简裁员等所带来的工作压力的增大，电子邮件、即时通信等虽然便利，却可能会对工作造成干扰，因此一些公司明令禁止在办公时间使用即时通信工具。

随着越来越多的用户在微博上发布近况，微博可能成为媒介组织内员工的非正式沟通渠道，以满足组织成员的信息需求以及社交、情感需求。在信息需求方面，媒介组织成员间可以分享有用的机会信息，交流职业心路历程，共建及维护共同的利益基础等；在情感需求方面，微博可以通过展示工作以外的多彩生活，共享生活体验，从而成为媒介组织内部公众的情感纽带。

四、微博与公共领域

互联网进入 Web 2.0 时代后，人们关于"互联网能否构建中国的公共领域"这一话题的讨论越发激烈，尤其在现实舆论空间受到制约时，人们普遍将构建公共领域的一线希望投向互联网。在微博作为网络舆论的新阵地出现之后，这类论断更是层出不穷,笔者通过百度搜索"微博公共领域",出现的网页达千万量级。在国内学界,已经有研究人员将微博理所当然地视为公共领域的一种,如郑燕的《网民的自由与边界:关于微博公共领域中言论自由的反思》、沈晓梅的《微博公共领域中的公众话语空间:以人民网两会微博为例》等。

"公共领域"最先由著名学者哈贝马斯提出,随后成为社会科学中的一个热词。所谓公共领域,哈贝马斯意指一种介于日常生活的私人利益与国家权利领域之间的机构空间和时间,其中个体公民聚集在一起,共同讨论他们所关注的公共事务,形成某种接近公众舆论的一致意见,并组织对抗武断的、压迫性的国家与公共权力形式,从而维护总体利益和公共福祉。

学者查德威克指出,公共领域的构建至少要满足六个条件:(1)摆脱国家和经济权力而自治。(2)推理而不是断言。(3)自反性。(4)理想的角色扮演。(5)真诚。(6)无层次的融入与平等。

按照查德威克给出的条件,我们以目前最具代表性的新浪微博为例,依次考察微博是否满足公共领域的构建条件。这不仅有助于我们看清微博与公共领域的关系,也可以窥见微博作为网络舆论载体的优势与弊端。

第一,新浪微博隶属于新浪网,新浪网虽然是独立的商业公司,但是在内容上,仍然受制于对口管理部门——国务院新闻办公室的管理。在经济权力方面,微博更是免不了受到海量商业信息的侵蚀,一方面来自试图以微博为平台第三方的商业营销机构,另一方面新浪网自身也在寻求微博的盈利模式,这些商业因素的影响,都使得微博难以摆脱经济权力的影响。当然,与以往的互联网应用相比,微博在这一点上已经前进了很大一步,因为微博上的大部分内容都直接来自用户,"把关人"效应被削弱,被国家权力和经济权力所过滤的内容较之前大大减少。

第二,公共领域推崇基于逻辑的推理辩论而不是单纯基于情感的断言,但在微博上,一部分是由于字数的限制逻辑推理很难展开,另一部分原因在于感性的断言更能赢得"粉丝",因此,微博上多是没有逻辑支撑的只言片语、饱含情感诉求的义正词严。以著名的"方寒之争"为例,论战话题最初指向"韩寒的文学作品是否为代笔"这一具备公共性质的内容,随着事态的发展,两位当事人的拥趸逐渐开始攻击对方,最后,两位当事人也开始对对方进行人身攻击,基于理性的严肃网络论战转而变成"方寒"二人的对错甚至人品之争,最后无果而终。正是"单纯基于情感的断言"泛滥于微博,因而直接导致了后来方舟子在新浪微博的出走。与此相呼应的是，在新浪微博人气最高的 10 位微博主人中，无一例外全是娱乐明星，大量的内容是关于日常琐碎的生活状态和娱乐化信息，而这些内容对公共领域的构建几无作用。

第三，所谓自反性，查德威克意指参与者必须批判地反思他们的文化价值、思想、利益和更广阔的社会背景，以及大的社会环境对他们已有观点的影响。因为这涉及参与者个人的公共意识，很难考察微博作为一个应用平台能使这种公共意识发生多大的改变。但是作为技术形态本身，微博与以往技术不同的是，它第一次提供了"关注"的功能，也就是说，只要参与者关注了一个人的微博，这个人的观点和信息就会主动推送到关注者的页面。而一般来讲，参与者更乐于关注与自身观点相同的观点，这是参与者寻求认同感的重要途径。这些大同小异的声音叠加起来，增大了自反性在微博平台形成的难度。另外，并不排除参与者会主动倾听来自异议者的声音，微博也为这一可能性提供了参与平台。

第四，理想的角色扮演是指参与者必须试图从其他人的角度来理解争论。这就要求持有不同观点的对话者承诺恭敬地互相听取意见。与第三个条件相同的是，这同样涉及参与者个人的公共意识，作为平台的微博只能视参与者不同而加速或减缓这种公共意识的发展。

第五，每个参与者必须做出真诚的努力以使人们知道所有的信息，只是在微博的带动下，原本的不真诚者已经很难将关乎公共事务的信息隐匿，从这一点来看，微博的信息搜索功能客观上推动了不真诚者的"真诚化"。

第六，是对参与层次的界定，公共领域要求的是"无层次的融入与平等"，其中，每一个正在讨论议题的人，应尽可能地在参与协商中保持权利平等。微博让每一个普通网民都有了发声通道，理论上谁都可以拥有上千万关注者，这较以往的互联网应用前进了一大步，但还远远未能完成这一过程。在一定程度上，现实中既有的"话语权差距"在微博上被放大，"看似高效率的公众意见决议，其本质是冒进的群体非理性因素在作祟——打着顺应公共舆论大旗的'伪公共舆论'"。

此外，作为公共舆论载体的微博，由于基本没有限制性门槛，网民在微博上的信息发布随意性极强。这也导致在微博上，谣言与流言滋生、暴力与色情等限制性内容广泛传播的现象存在。这不仅不利于微博舆论的合理合法，也容易产生诱导犯罪、毒害未成年人等社会问题。

综上所述，在已经出现的互联网应用当中，微博最靠近公共领域的定义。但我们依次考察后发现，微博还没有走完公共领域构建的全程，这一方面受制于国内整体的社会环境，另一方面也关乎微博作为公共舆论载体形态的未完成性。微博依旧只能算是一个"未完成的公共领域"，网络公共领域的完全构建，还有待于下一代互联网产品的出现。

五、微博与信息茧房

"信息茧房"是指人们在信息领域会习惯性地被自己的兴趣所引导，从而将自己的生活桎梏于像蚕茧一般的"茧房"中的现象。由于信息技术提供了更自我的思想空间和任何领域的海量知识，一些人还可能进一步逃避社会中的种种矛盾，成为与世隔绝的孤立者。在社群内的交流更加高效的同时，社群之间的沟通并不见得一定会比信息匮乏的时代顺畅和有效。

早在 19 世纪，法国思想家阿历克西·德·托克维尔就发现，民主社会天然地易于促进个人主义的形成，并将随着身份平等的扩大而扩散。托克维尔的主要代表作有《论美国的民主》《旧制度与大革命》，其中《论美国的民主》使他享有世界声誉。《论美国的民主》上卷第一部分讲述美国的政治制度，第二部分对美国的民主进行社会学的分析。下卷分四个部分，以美国为背景发挥介绍作者的政治哲学和政治社会学思想。

凯斯·桑斯坦在《网络共和国：网络社会中的民主问题》开篇即生动地描述了"个人日报"（daily me）现象。

在互联网时代，伴随网络技术的发达和网络信息的剧增，我们能够在海量的信息中随意选择我们关注的话题，完全可以根据自己的喜好订阅报纸和杂志，每个人都拥有为自己量身定制一份"个人日报"的可能。这种"个人日报"式的信息选择行为会导致信息茧房的形成。当个人长期禁锢在自己所建构的信息茧房中，久而久之，会使个人生活呈现一种定式化、程序化。长期处于过度的自主选择中，沉浸在"个人日报"的满足中，失去了解不同事物的能力和接触机会，不知不觉间为自己制造了一个信息茧房。在桑斯坦看来，网络信息时代在带来更多资讯和选择、看似更加民主和自由的表象下其实也蕴藏着对民主的破坏。从信息茧房的个人表征方面观察，可以发现，信息茧房以"个人日报"的形式彰显。

微博过滤掉自己不感兴趣的信息和人，有可能会导致其使用者被分化为越来越小的、与社会其他部分没有什么共同点的兴趣群体。因此，有研究者认为微博加剧了"信息茧房"效应。但是也有人认为，通过微博中人们话题的实时更新，为使用微博的人打开了一扇关注外部社会的便捷窗口，将减缓"信息茧房"效应。

六、微博的冷思考

作为博客之后的一种新型媒介形态，微博的诞生也引发了学界、业界的广泛关注。针对目前的"微博热"现象，学界都是持正面的态度，甚至大唱赞歌。有人认为其带来了 Web 3.0 时代的春天，有人认为微博的出现是新媒体发展的一次巨大跃迁，在微博上真正实现了 Web 2.0 时代都不曾有过的即时互动。

我们认为，微博的社会意义在于推动社会的民主化，促进企业营销，有助于社会组织的形成。但是，微博亦是一把双刃剑。我们检索了有关微博的学术论文，竟找不到一篇全面深入分析微博存在的问题。我们研究发现，微博已经过了发展高峰，以下不足正制约其发展。

（一）发布信息随意性强，真实性没有保障

微博上信息的传播，没有传播学中所说的"把关人"，微博信息均未经核实，网民发布信息随意性强，真实性没有保障。近年发生的一系列"微博事件"，如"郭美美事件"等进一步凸显了微博信息可信度低的问题。

有人热烈地颂赞微博以 140 字的"微内容"带来了"微革命"，但是微博上个人发出的声音与意见，其真实性依然难以得到确认。在自我表达的同时，每一种言论仍然面临着失范的危险。微博进一步催生了大众的书写与表达欲望，但是这种书写是零碎的与片段式的，内容呈现出多元化、琐碎性和无标题等特征，短短几十字一览无余。微博上的信息是用户自己发布的，具有私密性与公开性，这些没有经过认证筛选的信息甚至有可能引发社会恐慌，扰乱社会秩序。

微博用户发布信息时所处的环境往往充满着不确定性与随意性。这直接导致了微博用户在发布信息时往往如蜻蜓点水般地一带而过，很少深思熟虑。加上微博对用户的发布状态没有过多的限制与要求，因此用户表达会更加随意，这种状态往往导致用户的表达缺乏节制。

微博流言的盛行及广泛传播深深阻碍了它作为时代记录者的公正角色。这意味着在微博中找寻有价值的新闻点不仅如同大海捞针，而且即使在杂乱无章的各类庞杂信息中找到了有价值的新闻，也未必就能确定它的真实性。这就更进一步导致了原本内容碎片化的微博信息在形式上更加碎片化。

"僵尸粉"的大量存在，使网民对微博网站或频道、知名微博主产生了信任危机。2011年5月27日《北京日报》报道，有网民选取了新浪10位名人微博作为统计对象，发现他们的粉丝中"僵尸粉"约占17%，其中直指李开复的粉丝中有近百万为"僵尸粉"。"僵尸粉"指极度不活跃的用户，多是被人注册用于增加粉丝数或制造垃圾微博的账号。界定标准有三条：已注销的用户、粉丝数低于五个、微博数低于五条。只要满足其中任何一条，就可认定为"僵尸粉"。

2011年4月，新浪微博、腾讯微博先后宣称其用户数量为1.4亿、1.6亿，然而，貌似巨大的用户数有多少是"僵尸粉"？不少微博网站、微博频道还自动生成"僵尸粉"。目的在于增加自己的用户总量，依靠自动生成"僵尸粉"来获得更漂亮的数据。

2021年6月，新浪微博平均月活用户数达到5.66亿，较2020年同期净增约4 300万。月活跃用户数中约94%为移动端用户；平均日活用户数达2.46亿。

（二）微博具有草根性，实质是娱乐化平台

由于每条微博限定在140字以内，必然导致信息传播的碎片化。单条微博信息十分有限，但是微博信息总体上却又具有海量性，两者之间存在尖锐的矛盾。这一矛盾，造就微博的草根性和娱乐性。在微博上，140字的限制将平民和莎士比亚拉到了同一水平线上。

访问量最高的微博都是娱乐明星，微博实质是娱乐化平台。如姚晨的微博粉丝数曾在中国微博粉丝排行榜上高居榜首，全球排名则曾位列第三。如果一些未经核实的事件被网民盲目转发，极易误导社会造成微博用户对公共事件的集体娱乐。

微博甚至已经成为娱乐圈的"微观江湖"，不少微博用户过于关注甚至有意暴露个人隐私，尤其是艺人的隐私。作为一种公共传播的私人媒介，微小的个人事件特别是名人的个人生活、情感事件都可能会被微博用户加以曝光。

（三）微博已经成为商业炒作的工具

通过炒作提升人气，制造虚假商业新闻，已经是微博的常态。

作为一种网络沟通方式，微博有别于传统的网络销售，它反映了公司与客户之间沟通方式的多元化，增加了公司与客户群体之间相互了解的可能。由于微博用户登录采取匿名制，微博信息又处于实时更新状态，再加上其真实性难以考证，微博网站也就最终成为虚假信息的制造工厂和传播源。而网络平台上以秒为单位不断刷新的海量信息中，难免存在一些别有动机的人在故意歪曲事实。

微博营销存在着很多缺憾。首先，需要有足够的粉丝量才能保证传播效果，因为人气是微博营销的基石。其次，由于微博上内容更新几乎是无时无刻，所以如果发布的信息没有及时被粉丝关注，就很有可能被淹没在浩瀚的海量信息中。最后，一条微博信息往往只有几十个字，传播力非常有限。所以仅限于在微博平台传播，很难像博客文章那样，被大量转载。因此微博营销走向了另外一条道路——炒作，只有通过商业化炒作，微博才能达到预期营销目的。

（四）容易导致社会不稳定

微博用户能够在第一时间获得信息并更新博文。但是由于发布者的思想倾向和在获取信息时可能出现误差，微博这个舆论先锋极有可能在发布正确信息的同时，传播许多不准确的消息，甚至是虚假信息。一些微博用户为了赚取更大的利润还会借网民之名，打着正义的旗号，造谣生事，煽动网民情绪，甚至不惜采用散布黄赌毒信息、制造虚假新闻、披露隐私、发布不良智力游戏等方式吸引网民的参与或者诱惑和拉拢未成年人以提升其微博的传播力。与此同时，微博谣言传播行为也无法得到及时准确的法律监管和社会监督。同时微博的匿名性和开放性使其相较于传统媒体信息不对称更严重，隐蔽了微博的责任缺失。

基于微博自身的快捷分享、传播功能更是为信息的病毒式传播提供了便利条件。也正是这些特征使微博成为虚假信息的发源地与集散地。微博传播是一个交谈双方不断建构话语文本与解构话语文本的过程。传播过程中信源模糊，遇到敏感事件，网民往往又没有足够的批判力，很可能会导致谣言的传播。谣言的传播一旦失控，引发的后果将难以预料。

在 2009 年伊朗骚乱、2011 年的"茉莉花革命"中，Twitter 就扮演了十分重要的角色。

发生"茉莉花革命"的原因固然很多，而政府腐化和经济危机是主因。但是，"茉莉花革命"的重要特点就在于以互联网为代表的新媒体发挥了举足轻重的作用。技术的进步往往在政治事件中具有催化作用，当网络成为这场革命的主角，人们很容易会想起伊朗大选骚乱中的 Twitter 和手机媒体。

许多人将发生在突尼斯、埃及等国的"茉莉花革命"归因于互联网，尤其是 Facebook 和 Twitter 等新媒体。新媒体在埃及成为汇聚抗议力量的重要工具。它有效地放大了反对派的力量与声音，促使骚乱横扫全国。尽管穆巴拉克随后采取了极端手段，立即屏蔽了这两个网站，切断全国的互联网及移动通信；但是，与突尼斯发生的情况一样，一切都已经太晚。

（五）缺乏有效的盈利模式

目前全世界所有的微博网站，独立核算都是亏损的。Twitter 用户的增长速度虽然令人吃惊，但是 Twitter 在 2010 年的收入只有 4 500 万美元，仍然处于亏损状态。其收入主要来源是即时信息开放以供谷歌、微软必应等搜索引擎进行即时消息搜索。

国内微博目前盈利方式主要有"免费＋广告营销"，即免费供网民使用，向企业收营销费用。此外，一些微博网站通过加粉丝、转发博文、评论和炒作话题等方式获取一定的收益。认证是提升微博关注度的方法，不少微博网站的认证渠道不够透明。这时候就有很多人提供付费认证服务，他们通常是通过"内部"关系来完成认证，价格从几十到几百不等。但是，中国的微博网站或微博频道，独立核算都是亏损的。

没有明确的盈利模式是当下中国微博发展的一个瓶颈。微博也缺乏一个作为营销平台的入口。虽然当下关于草根微博赚钱的金点子层出不穷，但是在当下所有微博网站中，还没有一个是盈利的，大多数微博网站仍然停留在跑马圈地的时代。一方面，微博比较零散，微博客界面较混乱，信息的碎片化程度较高，对营销传播的技巧要求也相对更高；另一方面，微博信息的可信性较弱，这些都决定了在微博上投放广告可能难以获得持久性的关注，或者靠提供信息获得资费非常困难。因为客户群体从微博上难以获得具有较大吸引力的服务体验。

（六）管理的困境

由于微博用户和信息的海量性、无国界性，要对微博进行有效管理十分困难。面对微博带来的风险环境，我国的微博网站在疏导风险层面目前可以把重点放在加快塑造微博用户道德上，以便有效地应对全球性风险和制度转轨风险。具体来说，首先要增强对微博用户的媒介素养教育。在转轨过程中，如果微博用户的甄别能力过弱，必然造成信息传播的失实、夸大甚至整个社会转轨的失序，成为所爆发社会风险的导火索。增强微博的治理能力不仅要改革微博的治理结构，提升国家对微博的监管水平，更要调整国家与微博、社会组织的关系，使之形成合作互补、良性互动的关系。

在微博"打拐"事件中，面对网民通过细微之力集成浩荡声势，对拐卖儿童现象进行声讨，有人开始质疑是否侵犯未成年人的隐私权和肖像权，有人则担心伤害乞讨者的尊严，更有甚者指出，此举恐将迫使不法分子对乞讨儿童实施二次伤害以避人耳目。其实，在一个成熟的法治社会，网民应该是理智清醒的监督者，他们不该也无法成为冲锋在前的探案警察。此次讨论的最大作用只是发出预警，除了寄希望于职能部门引起足够重视之外，更是希望能在微博上引起对渐趋沉沦的社会道德伦理的反思。

技术上的监管也是遏制微博色情、诈骗信息的重要手段。微博用户、粉丝数、信息量都可谓海量，加上互联网没有国界，对微博的监管，是各国政府面临的棘手问题。

总之，微博已经过了发展高峰。根据美国新墨西哥大学埃弗雷特·罗杰斯教授的创新扩散 S 曲线理论，微博已经走过了知晓、劝服、决定、确定四个阶段，正步入下降阶段。

第三节　微博舆论分析

我们将借助微博平台形成和传播的新媒体舆论称为微博舆论。近年来，我国互联网发展最具标志性的事件，就是微博迅速发展为互联网中最受关注的网络传播平台。微博作为一个新兴的社会交流、交往的技术平台，有着鲜明的与以往传播工具、传播平台不同的特点。微博作为一种新兴的自媒体平台，吸引了众多的追随者。它凭借着即时性、草根性、零准入限制、强交互性、弱控制性以及裂变式的传播方式等诸多优势，逐渐成为网友获取信息和表达意见的首选工具。

最为典型的莫过于"7·23"甬温线特别重大铁路交通事故，在短短的一周时间内，新浪微博和腾讯微博上对此事的相关讨论各自达到了 3 亿多条，共计近7 亿条信息，对官方形成了巨大的舆论压力。

2011 年 7 月 23 日晚上 8 时 30 分 05 秒，甬温线浙江省温州市瓯江特大桥上，由北京南站开往福州站的 D301 次列车与由杭州站开往福州南站的 D3115 次列车发生追尾事故，后车 D301 次 4 节车厢从桥上坠下。事故造成 40 人死亡、172 人受伤，中断行车 32 小时 35 分，直接经济损失 19 371.65 万元。国务院事故调查专家组的调查结果颠覆了铁道部认为信号技术存在缺陷导致事故的说法，并提出组织和管理不善是事故形成的主因。这是中国高速铁路第一次发生重大伤亡事故，也是全球高速铁路（广义上时速超过 200 公里）继 1998 年 6 月 3 日艾雪德列车出轨事故之后发生的第二起重大伤亡事故。

事故发生后，搜救行动是否过早结束、恢复通车是否过急、坠地的后车车头为何被迅速掩埋、政府是否控制媒体和司法系统以及越早签订赔偿协议是否会得到越多赔偿等问题使铁道部遭到了社会各界的质疑。

微博是一种特殊网络媒体形式，在网络舆情中扮演着重要的角色，因此微博舆情是一种特殊的网络舆情形态。微博凭借着技术上的优势，在网络舆情的产生过程中起着推波助澜的作用，并放大了网络舆情的影响力。

人们出于各种需求和目的而使用微博。微博用户主要通过"加关注"的方式来形成大大小小的交际圈，每个微博用户既有自己关注的对象，同时也是别人的关注对象，因此他们在自己的交际圈中处于中心位置，并且也是别人交际圈的组成部分。在各个交际圈内主要进行这样几项活动：信息发布、信息评论和信息转发。当有人通过微博爆出重大新闻或敏感信息时，马上会引起该交际圈内其他用户的围观和评论，继而他们将该信息转发扩散到自己的交际圈内，这便是微博裂变式的传播在发挥作用。这个过程不断重复，使该新闻或信息得以迅速传播，随着参与人数的不断增加，逐渐升级为微博突发事件，一时间成为众矢之的，人们纷纷针对该事件发表评论，表达自己的情绪、意见和态度，微博舆情便就此形成。

一、微博舆论的特点

（一）微博舆论构建速度快

舆论传播具有即时性。随着互联网技术的发展成熟和手机客户端业务的普及，微博用户可以通过互联网、手机、WAP、MSN、QQ等即时聊天工具随时随地发布和接收信息。互联网和无线终端结合，用户可以随时保持移动在线状态。140字以内的低门槛写作方式更适合普通大众，用户不需要在语言方面进行复杂的创作编排，发布的内容只要涉及日常生活的点滴即可。

这种即时的信息发布功能打破了传统博客受限于传播工具、版面、文字表达能力的局面，推动了社会事件的传播进程。微博以关注和"评论＋转发"的形式构建起了这个世界的"纽带"，为人们建立起了无限连接的即时立体传播系统。

微博舆论形成的快速性和不可控性，对各级政府的危机处理能力都提出了挑战。经常出现网民借助微博平台对突发事件进行同步直播，如"7·23"甬温线特别重大铁路交通事故等。

在微博舆论的生成和传播过程中，作为主体的传播者和受众打破了传统媒体的传播方式，由起初的单向传播、双向传播转向当前的互动传播。主导意见生成传播的主体是网民。他们自组织化的传播群体集合了众多的新闻源、传播渠道和受众，成为在某些机制规约下有序进行的传媒社会，网民设置议程的影响力也日益增大。

微博作为舆论传播的客体，意见在生成传播的过程中由分散化流变逐渐融合统一，甚至会出现新的分化或异变，直至最后衰落。微博舆论的演变过程可以归结为"个人意见—领袖表态—整合分化—专家引导—分化衰落"五个阶段。

微博具有传播迅捷性和传播效应的裂变性。它打破了传统媒体的线状传播和网络媒体的网状传播，形成了链状、环状、树状相结合的传播结构，实现了舆论的裂变式传播。其独有的"信息聚合—临界点—信息裂变"传播形式，在一条信息发布后，经过种种联系产生了许多切入点和信息种类，这种裂变式传播的速度和广度都是令人难以想象的。

（二）微博舆论议程设置的自主性

1968年，美国北卡罗来纳州的两位研究人员马尔科姆·麦肯姆斯和唐纳德·肖针对1968年美国总统选举期间传播媒介的选举报道对选民的影响进行了调查分析，并于1972年在《舆论季刊》上发表了论文——《大众传播的议程设置功能》，作为总结，他们首次提出了"议程设置"理论，即公众通过媒介来知晓事件或问题，并按照媒介对各种问题的重视程度来调整自己对这些问题重要性的看法。换言之，公众对同一事物的重视程度同媒介对某一事物的强调程度正相关。

由于麦库姆斯和肖的推动，目前的议程设置理论已经涵盖了不同的理论范畴，并超越地域和政治的限制，成为一个被全世界的新闻传播学者关注的研究领域。由于议程设置研究在政治传播研究中的重大影响，互联网使传统媒体失去了对新闻"议程设置"的全面"垄断"。越来越多在传统媒体不能及时报道的突发事件，尤其是特大和重大突发事件，在网络时代却总是首先被网民公之于众。这些爆料大多源于突发事件的当事者、现场围观者、知情者和锲而不舍的社会关切者。在网络新媒体时代，突发事件信息第一发布者很可能既不是相关政府部门，也不是新闻媒体，这一现象值得注意。

微博传播具有议程设置的自主性。微博上"把关人"的角色被最大限度弱化，因此微博舆情意见表达具有更大的自由度。

微博舆情具有更强的交互性。微博彻底打破了传统媒体的"专业主义壁垒"，在直接发掘新议题的同时，也从传统媒体那里"抢"走了部分议题设置权。众多新闻事件体现了这一趋势，例如，网民王凯第一时间在新浪微博上发布甘肃舟曲泥石流灾害的现场照片，短时间内被数千名微博网友转发；山西尘肺病矿工钟光伟用手机发布700多条微博讲述维权遭遇……这些微博内容都曾引起传统媒体议程互动。

微博议程设置实质上是不同主体对议题核心观点的解读和传播，议程设置主体由单一逐渐走向多元，议题来源也从由上至下转为平行、纵横相交错。议题的设置过程又体现了"丛林法则"，当焦点的事件、焦点的发言自发形成后，滤去了媒体"把关人"的环节，用户在转发和评论中，各种观点碰撞在一起，并相互磨合，深刻的观点会由其他微博传播者以评论或深度讨论的方式在微博传播结构图谱中不断置顶，不为其他传播者接受的观点将会在竞争中淘汰、淹没，就像丛林中的树木，树林中总有一棵树长得最高大、最能吸收阳光，而有的树木因为吸收不到阳光而死亡。

所谓"丛林法则"，是指自然界里生物学方面的物竞天择、优胜劣汰、弱肉强食的规律法则。它包括两个基本属性：一是自然属性，二是社会属性。自然属性是受大自然的客观影响，不受人性、社会性的因素影响。自然界中的资源有限，只有强者才能获得更多。自然属性一般体现在植物界，而社会属性一般体现在动物界。人作为高等动物，可以改变"丛林法则"的自然属性。这也是人类社会要遵守的生存法则。大到国家间、政权间的竞争，小到企业间、人与人之间的竞争，都要遵循"丛林法则"，至于竞争结果，那就看各自的实力、智慧、手段和改造世界的能力了。

在微博上，观点提出后，某些作为事件的参与者、见证人或知情者的网民所发布的揭露社会现象、挖掘社会问题的帖子，常常成为网络舆论的源头。话题对共同兴趣者的吸附，有益于共同兴趣者彼此交流，互相促进，建立群体感，逐渐成为网民视野中的重要议题，经过转载、评论等环节，形成二级或多级传播过程，也引发了议题的交叉传播。

2010年年初，一个生活垃圾焚烧发电厂将落于番禺大石街会江村附近的消息，从官方渠道正式传出。很快，在华南碧桂园、丽江花园、南国奥园、锦绣香江等多个大型楼盘业主论坛上，"反对建垃圾焚烧发电厂"的帖子受到了业主们的支持。对于规划在家门口的垃圾焚烧发电厂，多数业主都表示坚决抵制，并对该项目选址于楼盘众多的居民区的做法表示质疑。丽江花园等小区论坛上的网友认为，二噁英是毒性最大的化合物之一，其毒性是氰化物的 130 倍、砒霜的 900 倍，有"世纪之毒"之称，国际癌症研究中心已将其列为一级致癌物。除了剧毒之外，二噁英之所以可怕，还因为它溶于脂肪，难以降解，半衰期长，属于持久性污染物，一旦进入人体，10 年都难排出，而一旦累积到一定程度，就会置人于死地。有业主听到这一消息后立刻想到了搬家。不少业主认为，当初选择到番禺居住就是觉得这边空气新鲜、环境安静，如果建发电厂，空气污染将会很严重，她不得不考虑搬家。

在广州垃圾处理问题的发展过程中，网络舆论的力量是强大的，主要是该议程顺应了民心，城市垃圾涉及千家万户的切身利益，是百姓最关心的议题。

微博舆论的自主选择机制在议程选择的过程中发挥了重要的力量，能在第一时间把与民众生活息息相关的议题提升到社会共同关注的层面，把握议题选择的主动权。微博日益成为公众传递信息、表达意见、评论时政、释放情绪的一个主要渠道，对传统媒体和社会大众议程设置的影响越来越显著。

不过，微博的诸多传播优势同时也给微博管理带来了新的挑战。微博上充斥着大量的虚假信息而管理者无力辨别，更难以清除，因此微博容易成为一些别有用心的人散布谣言、恶意炒作、扰乱社会秩序的工具。有些谣言经过了散布者的精心编排和包装，广大微博用户根本无法辨别真假，他们利用微博用户情绪化和非理性的特点，很容易制造微博舆情，特别是一些涉及民生、腐败、民族矛盾、弱势群体利益被侵犯、明星绯闻等话题的谣言，微博用户往往会群情激昂而不去追究消息的真假，从而在不知不觉中帮助那些别有用心的人达成目的。

（三）微博舆论的草根性和广泛性

微博的草根性可从三个角度看：一是微博的注册形式简单，通过邮箱就可完成注册；二是微博的操作简便易学，对没有互联网基础的人来说也不困难；三是微博发布的信息短小精悍，却影响巨大。以往的舆情可能只是官方一家或数家之言，现在人们可通过微博自由传播、平等传播、实时传播、互动传播等方式，更民主地参与舆论的发布和监督，人们更方便快捷地接近完全对立交叉的多种版本和意见，更快捷地接近真相，甚至造成舆论声势，引导舆论方向，参与最终决策。

微博言论具有平民化的特征，微内容更多的是体现人们的日常行为规范，涉及生活的方方面面。海量的信息符合人性的逻辑结构，内容有自己关注的新闻时事、各类资讯，还可以展现自己的心情、观点，体现了个体活生生的生存状态。

传播者之间透过微博看到的是一个有血有肉、有情感的普通人，所以传播的范围更广，加上人们自主情感的影响，让舆论监督的力度更具人性的特点，微内容的价值含量决定了其传播深度和广度，对社会非公平正义的监督，在舆论传播中价值日益凸显。

作为自媒体的代表，微博赋予了草根群体全新的话语权。在微博对公共事务的传播中，在众多的互联网围观、舆情进程中，"意见领袖"有了新的特点。

微博舆论传播具有去中心化的特点。微博传播模糊了信息传播者和接收者的界限，激发了普通大众创作和表达的欲望，让公众从"旁观者"转变成"当事人"，形成"人人即媒体"的格局。

去中心化是互联网发展过程中形成的社会化关系形态和内容产生形态，是相对于"中心化"的新型网络内容生产过程。

相对于早期的互联网（Web 1.0）时代，以微博为代表的网络（Web 2.0）时代，内容不再是由专业网站或特定人群生产，而是由全体网民共同参与、权级平等共同创造的结果。任何人，都可以在网络上表达自己的观点或创造原创的内容，共同生产信息。

Web 2.0 兴起后，Wikipedia、Flickr、Blogger 等网络服务商所提供的服务都是去中心化的，任何参与者均可提交内容，网民进行内容协同创作或贡献，为互联网生产或贡献内容更加简便、更加多元化，从而提升了网民参与的积极性、降低了生产内容的门槛。最终每一个网民都成为一个微小且独立的信息提供商，使互联网更加扁平，内容生产更加多元化。

微博的独特性和分众传播的优势，一方面契合了现代社会信息化、快节奏的生活方式，节约了时间成本，另一方面又影响了信息传播者的传播方式和接收习惯，甚至引领着整个社会生活方式和人际交往模式的潮流。微博传播中平等观念进一步提升。只要受到足够的关注，任何人都可以是中心。与传统的大众传媒严肃、权威的面孔不同，微博因去中心化的特点颇具亲和力。微博提供了一个平等的交流平台，它打破权威，鼓励创新，张扬个性。这在一定程度上填补了大众传媒的传播空隙，降低了传播的成本和门槛，使精英阶层的话语权下移，彰显了微博草根性与平民化的传播个性。

从心理学的角度来看，所谓注意是指人类心理活动或意识对一定对象的指向与集中，注意的基本功能是对信息进行选择。面对大量的信息，人要正常地工作和生活，就必须选择重要的信息，排除无关的信息。在这个选择过程中，人的动机、需要、情绪、情感等因素都会起到相当重要的作用。当传播内容能够满足人们的动机和需要，并能够带来愉悦的心理和生理体验时，人们的注意力就会指向和集中于这些内容。由于个体的动机和需要不尽相同，于是就有了分众传播的必要。

微博舆论具有多样化和碎片化的特点。微博区别于博客最大的一个特点便是其"微"。微博之微在浓缩信息内容的同时也增加了信息的数量，而数量的增加也让信息变得更加多样化和碎片化。在微博上，由于信息传播速度快、范围广，潜在舆论监督议题发酵的速度更快。一则看似不起眼的微博在短时间内也有可能成为舆论监督的焦点。

"碎片化"一词是对当前中国社会传播语境的一种形象描述。所谓"碎片化"，英文为 fragmentation，原意为完整的东西破碎成诸多零块。不少人将"碎片化"理解为一种"多元化"，而碎片化是在传播本质上的整个社会碎片化或者说多元化的一个体现。

（四）微博舆论中的意见领袖与蒲公英效应

虽然微博上的信息具有碎片化的特征，表面上看来，意见领袖的声音容易被海量的信息所淹没，用户是在一个相对宽松和分散的环境下传播信息，但是这并不代表微博信息对一个事件的发生和发展没有作用。

相反，在微博传播的环境中，意见领袖既维持了一定的权威性，也表现出一定的亲和力，改变了传统环境中公众仰望意见领袖的局面。微博强化了分散信息的组合和集中，微博上的意见领袖除了具有网络媒体的特征外，还具有信息传播的蒲公英效应，即人人都可以发表自己的意见和看法，在一个社会热点事件中成为意见领袖。

蒲公英效应形容投资和创业公司即使失败也不会就此消失，其中人才会像蒲公英的种子一样随风到处飘荡，然后落在合适的土地，再生根发芽。信息也像被吹开的蒲公英种子，向不同的方向扩散，最后会适应用户的需求，落到最合适的土地上。

在整个生物界，人类有最广泛的社交圈。一个人的社交圈人数最多可以达到150人。但是手机、电脑等通信工具和飞机等交通工具的发展给了人们扩展社交圈的手段和途径，社交圈人数已经远远超过150人。

在微博上进行信息传播，利用用户自身关系链的影响可辐射到更多的受众。在社会化媒体出现之前，以往的信息传播无论是传统媒体还是互联网都是单向而一步即止的。社会化媒体的关系链打通了人际传播的快捷渠道，只需要一个简单的转发按钮就可以把信息分享给朋友。

而这其中，微博的弱关系链将蒲公英效应发挥到了极致。微博的关系链较开放，信息依托关系链传播，而不会被关系链封住，用户能很容易找到自己感兴趣的信息。同时，平等的话语权与用户喜爱自我表达的特性，使得 A 信息经过转发加之用户不同视角的评论逐渐变成 A＋B 信息、A＋C 信息甚至完全没想到的 E 信息。

当意见领袖发布一个话题时，这个话题像蒲公英的种子一样向外界散播出去，将信息先后辐射到各个角落，以达到增强意见领袖影响力的作用。如果某个议题遇到合适的土壤，能引起他人的兴趣，他人可以通过转发和评论功能，自主地选择评论、转发，而他的粉丝也会看到这个议题和评论。只要议题受到足够的评议和讨论，这个循环就会一直持续延伸，关注的人数越多，舆论所生长的土壤越肥沃，效果越好。被转发的微博又会形成裂变式传播过程，使话题得到最大限度的传播，而最早发布话题的人所要表达的信息和观点，也传到了世界的角落，意见领袖的影响力得到了提升。如果话题传递出去，没有遇到合适的土壤，即话题不能引起粉丝和其他用户的关注，就会在信息中被掩埋、消亡。

戴丽娜 2012 年发表的文章认为当时我国的微博舆论领袖主要由以下几类人组成：一是学者和自由撰稿人，该类舆论领袖兼具思想性和批判性，粉丝对其的认同度较高；二是企业家，该类舆论领袖活跃度较高，但在特定事件中的影响力并不明显，话题通常不涉及政治等敏感领域；三是媒体人，该类舆论领袖对社会公共议题的关注度较高并抱有强烈、持续性的参与意愿；四是文体界明星，该群体人数众多，且粉丝数量巨大，相对来说对公共议题介入度较低；五是维权律师，该群体与部分公共事件当事人一起，通过网络舆论将维权等公众诉求加以传播。①

戴丽娜还将新浪微博平台的具体功能与社会网络分析法相结合，构建了一个舆论领袖识别的指标体系（见图 6-3）。

（五）微博舆论中理性与非理性并存

理性，是指人在正常思维状态下时，有自信与勇气，遇事不慌，能够全面了解和总结，并尽快分析后恰当地使用多种方案中的一种进行操作或处理，达到事

---

① 戴丽娜. 微博舆论领袖的识别方法与管理策略研究. 新闻记者，2012(9)：26-29.

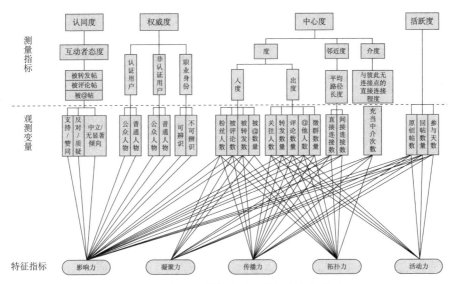

图6-3 （新浪）微博舆论领袖评判指标体系

件需要的效果。理性是基于正常的思维结果的行为（反之就是非理性）。理性的意义在于对自身存在及超出自身却与生俱来的社会使命负责。

理性和感性相对。它要求处理问题时按照事物发展的规律和自然进化原则来考虑问题，处理事情不冲动，做事情不凭感觉。

在哲学中，理性是指人类运用理智的能力。相对于感性的概念，它通常指人类在审慎思考后，以推理推导出结论这种思考方式。

但是，现实社会的人是理性与非理性的综合体。在人的精神属性中，包含着理性因素和非理性因素。理性因素是人类特有的区别于动物的一种基本特征，人类的理性伴随着社会发展而发展，总体来讲，"人类"的理性具有绝对性。然而，人虽然是有意识的理性存在物，但是思维和理性绝非是人的全部，人是社会关系中的知、意相统一的现实个体。非理性因素与人相伴相随，每个人都有不同的非理性特征，因此，"个体"的非理性又具有相对性。

人作为理性与非理性的综合体的特征，在微博舆论中表现得十分明显。

微博舆论在演变过程中，容易出现情绪化、煽动性和破坏性大、个体性和误导性强等问题。

部分网民的评论存在过于随便、不够文明，甚至出现言语攻击的情况。这种评论所占比例很高，情感色彩过于浓重，体现了部分网民在思考问题时的情绪化、非理性。

网民的媒介话语权越来越大，由网民引发网络旋涡，再引起传统媒体关注，直至影响政府部门的日常工作日渐明晰。部分网民具有精英意识、草根立场，成为这类行为的重要参与者，他们的很多言论有一定的影响力，很多能引领后期的舆论观点。当然，这种强大的引发性也是一种强大的煽动性，很多谣言就是因为一时的煽动而给社会造成了巨大破坏。

微博是大量用户发布信息的平台。传统新闻媒体数量有限，研判的对象和内容相对集中。而微博用户众多，知名微博用户的舆论监督会成为热点，一些名不见经传的"草根人物"也有机会在微博舆论监督中大有作为。如京沪高铁开通后，不少京沪高铁线的乘客就在微博上发布列车故障的信息，此类微博被大量转发后不仅在微博平台上造成了强烈反响，更成为传统新闻媒体的新闻线索，引发传统新闻媒体的关注。

（六）微博舆论传播具有自净化的特点

微博除了上述特点外，最重要的是在传播过程中具有自媒体的自净化功能。

"自净化"一词源自"水体自净化"。水体自净化可有如下过程：物理自净——由于水的湍流、涡流、扩散、挥发、沉淀、过滤而使水体自净化的过程；物理化学净化——通过溶解氧的作用，水体内发生氧化、还原、化合、分解、中和、络合、螯合、吸附、凝聚等使水体自净化的过程；生物净化——通过水体中的微生物对污染物的消解作用，使水体得到净化的过程。

由于每个微博传播都是以"自我"为主题的传播，任何信息的发布、转发、评论都带有自主选择性，在信息互动的传播过程中能辨别真伪，对信息进行自我创造，使得错误的信息得以澄清。微博的自我纠错是建立在一个信息开放、多元化的环境基础上。

微博的自净化具有阶段性，当用户发布信息时，在第一阶段，信息发布者的粉丝接收信息，并对信息的真伪进行辨别。这一阶段对信息的鉴别能力跟粉丝数量有关，粉丝量越大，知识的互补能力越强，鉴别能力越大。但在这一阶段，可能因为发布者的高信任度增加了信息辨别的困难，错误信息在庞大的用户群中难以辨别。随后，信息在第一阶段得到认可，被大量转发，在转发的过程中接受新的检阅，这个过程中参与的人数扩大，成分更为多元，专业领域的意见增多，信息得以辨别，再经过第三波转发、第四波转发……如此循环往复。微博用户在大量的转发、评论、围观中，也参与信息创造，并将更真实的信息转发出去，从网民的反馈中寻找进一步的线索和观点启发，及时修正过往消息中的偏差甚至谬误，尽力从资讯碎片中拼凑出信息全景；经过更多人的论证，微博中的其他用户和当事人在传播的过程中自我纠错，在评论和转发的信息中不断整合转发过程中的微博，将信息聚合起来，叠加构成更真实、更全面的事实真相。

（七）微博舆论事件中屡现"塔西佗陷阱"

普布里乌斯·克奈里乌斯·塔西佗（Publius Cornelius Tacitus，约公元55—120）是古罗马伟大的历史学家，他继承并发展了李维的史学传统和成就，在罗马史学上的地位犹如修昔底德在希腊史学上的地位。塔西佗曾出任古罗马执政官、保民官、营造官、财务官、行政长官和外省总督等。所谓"塔西佗陷阱"，通俗地讲，就是当一个部门失去公信力时，无论说真话还是假话，做好事还是坏事，都会被认为是说假话、做坏事。这个见解后来成为西方政治学里的定律之一——"塔西佗陷阱"。

"塔西佗陷阱"在近年来的社会群体突发事件得到充分的体现。诚信体系会出故障，社会秩序会混乱。当一个部门失去公信力时，无论说真话还是说假话，都会被认为是在说假话。

冰冻三尺，非一日之寒，社会情绪的蓄积，也并非一朝一夕之功。公众不相信官方公布的数字，是因为既往的无数事实都让我们多了一分警觉，也因为在那些数不清的矿难、地震甚至流行病害中有未解决的疑问，同样还因为那些与公众耳闻目睹有差距的官方数据已经让我们读不懂什么是真实。理清这一点就不难发现，"不明真相"的公众和媒体恰恰是在以理性平和的方式倒逼真相，维护公道和人心。

在微博时代，"塔西佗陷阱"正随着传播方式的变迁成为日常社会管理中需要频繁面对的挑战。微博舆论事件频发，已成为民意聚散的一个重要平台和渠道。"塔西佗陷阱"有可能因漠视民意、信息淤塞而急速放大，也会在及时合理的应对中逐渐消弭。保障人民群众的知情权、参与权、表达权、监督权，正是网络语境中社会管理的一项指导原则。

从我国当前社会心态和网络舆论现象中可看到，越来越多的公众对政府尤其是一些基层政府部门在应对突发事件中的所作所为，或在日常工作中表现出来的职业素质，产生了越来越多的不安、怀疑和指责，人们开始把屡屡出现的食品安全、医疗药品安全、楼房安全、交通安全等问题，无良商家和逐利者以及市场某些无序环节造成的种种"乱象"，惯性地归因于政府。网络上的流行语，如老百姓成了"老不信"，"你信不信"，"反正大家都不信"了，对政府公信力的"塔西佗陷阱"做出了网络体的诠释。

公信力的概念源于英文 accountability，意指为某一件事进行报告、解释和辩护的责任；为自己的行为负责任，并接受质询。公信力是指在社会公共生活中，公共权力面对时间差序、公众交往以及利益交换所表现出的一种公平、正义、效率、人道、民主、责任的信任力。公信力既是一种社会系统信任，也是公共权威的真实表达，属政治伦理范畴。公信力作为一种无形资产，是媒体在长期的发展中日积月累形成的，体现了一家媒体的权威性、在社会中的信誉度以及在公众中的影响力。

建立政府公信力是一个国际命题。2007 年，联合国举办了一场关于政府创新的国际论坛，主题就是"建立对政府的信任"。我国在 2006 年也把政府公信力问题提上了议事日程。《中共中央关于构建社会主义和谐社会若干重大问题的决定》和党的十七大报告，都强调要提高政府工作透明度和公信力。国家"十二五"规划中更是把提高政府公信力作为创新政府管理和进行行政体制改革的落脚点。

2013 年 1 月 7 日，中国社科院在北京发布的社会心态蓝皮书《中国社会心态研究报告（2012—2013）》显示，中国社会总体信任指标已降至 60 分的"及格线"以下。蓝皮书对北京、上海、广州三地居民的调查显示，社会总体信任程度得分仅为 59.7 分。与上一年结果相比，北京和上海的社会信任程度都有较大的下降，只有广州略有上升。

调查显示，社会信任指标下降的特点之一是人际不信任的扩大化，只有不到一半的受调查者认为社会上大多数人可信；另一个特点则是群体间的不信任加深和固化，表现为官民、警民、医患等许多主要社会关系之间，以及不同阶层群体之间的不信任。

蓝皮书分析，社会信任水平下降，可能是由于频发的公共事件冲击了民众对社会的诚信感受。调查显示，民众对政府机构、政法机关的信任度不高，对广告、房地产、食品及药品制造、旅游和餐饮等行业的信任度极低。

蓝皮书认为，中国社会正经历由传统向现代的转型，传统的人际信任被打破，新的制度信任未完全建立，造成转型期社会信任危机频发。社会不信任导致社会的内耗和冲突加剧，并成为许多社会性事件的培养基。

为此，蓝皮书也建议从推动权力公开透明运行、落实信息公开和舆论监督、打击失信组织和个人行为三方面提高社会信任水平。

（八）微博舆论传播具有"群体极化"效应

所谓群体极化性，是指在决策心理学中，人们把集体决策和个人决策相比较时得到的结论：集体决策往往倾向于更保守或更冒险的两个极端对立的心理现象。莫斯科维希和扎瓦罗尼的研究表明，群体极化效应往往发生于非正式群体的决策中，而微博的草根性为群体极化效应提供了客观因素。在微博舆论中，这种群体极化效应更容易促成舆论效应。人们可以有选择性地接受、理解、关注、记忆微博事件，当某一事件和现象被多个主体做出选择时，这些主体就会形成自己的微博圈子，意即非正式群体决策圈子，这种圈子可导致已有认知结构的固化。

以新浪微博"小悦悦事件"为例，截至 2011 年 12 月 6 日，"小悦悦事件"以"请停止冷漠"为关键词的微博内容共 65 万条，事件总评论 766 万条。

2011 年 10 月 13 日傍晚，广东省佛山市南海区黄岐镇广佛五金城内，2 岁女童王悦（乳名"小悦悦"）由于父母的疏忽，在阴雨天独自跑出家门百米外后，先后被两车碾压。最初路过的数名行人未及时施救（主流媒体称有 18 名，但其实据深究疑似顶多 13 名），后被路人陈贤妹（主流媒体称陈氏为第 19 名路人）救起，随后小悦悦被送往原广州军区广州总医院急救。第二天，两位肇事司机中的第一位自首。2011 年 10 月 21 日零时 32 分，小悦悦在原广州军区广州总医院宣告抢救无效离世。这次事件引发了国内外舆论对中国国民质素现状的质疑。

群体极化效应形成的原因是多方面的。

网络技术的发展，为网民提供大量信息的同时，也提供了搜索、过滤、筛选的功能以及各种各样个性化的服务。而根据传播学中受众信息选择心理，受众倾向于选择与自己固有印象意见一致的信息，选择自己感兴趣或者认为正确的信息。即使是与自己的意见有差异的信息，受众也会选择用自己的方式来理解。网络的匿名性所带来的个人责任感的缺失，减少了人们发表意见的顾忌。

网络舆论的自由性与多元性恰好迎合了多数网民的需求，这就使得网民可以选择自己感兴趣或认为正确的信息。在网络环境中，受众倾向于进入与自己观点相似的网站从而找到归属感，而处于同一个群体的个体相互间存在传染性，比如身边的同学都在使用微博等社交网站，出于与同学交流、不被孤立的心理，自己也会选择上这些网站。在这些舆论平台进行交流，接触到的也是这些平台的信息。同时，由于网络平台的开放性，某一受众能看到其他受众对新闻事件的意见。

微博舆论传播还具有明显的刻板效应。刻板印象常常是一种偏见，人们不仅对接触过的人会产生刻板印象，还会根据一些不是十分真实的间接资料对未接触过的人产生刻板印象，习惯于把人进行机械化的归类，把某个具体的人看作某类人的典型代表，把对某类人的评价视为对某个人的评价，因而影响正确的判断。群体极化效应容易使身处这个群体的受众通过以往在生活中亲身接触和长期在网络上形成的印象，给相关的人或事打上负面的标签，如认为城管都是粗暴且野蛮的，对社会事件的判断难以保持客观和理智的态度，言论容易一边倒，从而造成舆论的几何级数增长和事态的扩大。

二、微博的舆论生成机制

互联网的发展，特别是微博的出现改变了舆论生态，舆论成规模地聚集，舆论传播更具人性化、话语权、表达权进一步普及。虽然微博信息呈现分散碎片化的状态，但是微内容按照事件或情感逻辑积聚起来，影响力会比较明显。微博传播超越了传统人际传播的范畴，其舆论影响力受到了传统媒体和相关政府部门的重视，能够在舆论传播的过程中积极发现问题、解决问题，实现了"由下而上地反映舆论，由上而下的舆论引导"。

微博是网络舆论传播的升级，对事件形成持续深化讨论的格局、引起社会的关注、促进事件的解决发挥重要的作用。虽然微博参与主体多样、舆论生成环境变化多端，但舆论生成有其基本规律。

第一阶段，舆论形成。

舆论事件曝光，微博让碎片化的信息传递出去，微内容会根据事件对社会的影响程度进行叠加，一些对社会有重大影响力的微内容，其扩展度特别大。任何人都可以通过注册成为微博用户，根据自身的选择发布信息。在这一阶段，传播者提供有关事件的微内容，事件来源可以是用户的所见所闻，也可以是其他媒体发布的信息。传播者发布原创信息后，一方面，由于微博信息的繁杂、多样等问题，某一信息可能被其他海量信息所淹没，无法广泛传播开来；另一方面，信息传递出去后，引起大量粉丝关注、评论并转发，事件信息经过粉丝的评论、整合加工，裂变式地向外传播，其传播速度取决于粉丝量和对事件的关注度。在用户对信息的转发、评论中，网络舆论开始形成。

第二阶段，舆论爆发。

随着事件的发展，微博舆论形态多元化，舆论的聚合力随着事件的发展而不断增强，网民纷纷通过论坛、博客、QQ 等即时通信工具转载消息，舆论开始叠加，讨论和辩论随即展开。意见领袖就事件本身发表意见、看法并转发，传统媒体间互动协作，通过线上和线下活动，寻找并采访事件的当事人、根据线索调查事件相关人员并邀请各界专家进行评议，尽可能地让更多的受众关注事件的进展，了解事件背后的真相，更深层次地探讨大众的态度和意见，将舆论推向一个新的层面。由于传播主体巨大，个体对事件的认知存在差异，形成观点交锋和碰撞，各方力量汇聚起来，推动事件的升温，舆论爆发。

第三阶段，舆论波峰。

在微博舆论爆发后，依据事件的典型性和重大性的不同，会在或长或短的时间内达到舆论传播浪潮的波峰。一般而言，事件越重大、越复杂，从事件发生达到波峰所需的时间就越短。

第四阶段，舆论缓解。

有关部门就事件本身和舆论信息反馈，采取舆情应对措施，舆论由此得以缓解。随着事件处理的推进，公众对事件的认知趋于理性，他们的情绪开始平复，加上层出不穷的新热点、新事件转移了部分公众的视线，舆论由最高点渐渐下落，进入事件的缓解期。

在这个过程中，意见领袖的作用增强，公众在跟进事件发展的过程中，关注意见领袖和网络媒体发表的对事件处理的看法。在这个阶段，舆论会对政府部门的活动起到自下而上的监督作用，如果事件处理不当，舆论就会出现反弹，引发第二轮的舆论高潮。

第五阶段，舆论平复。

随着事件的解决，公众对事件的关注热情逐渐消退，舆论场逐渐平复，传播者将视线和注意力转移到其他热点事件上，形成新的舆论。舆论的生成演变过程会因事件的性质各不相同，有些焦点事件具有短时爆发力和瞬间吸引力，舆论形成期很短甚至会直接进入舆论爆发期。这一阶段，原事件本身的舆论逐渐平复。

第六阶段，舆论再现。

随着舆论的平复，公众对事件的注意力转移，但当新的事实、新的证据出现，又会使整个事件的舆论重新爆发，形成舆论链条，形成下一轮微博舆论，引起用户的关注和讨论，直到弄清事件的真伪、始末。微博舆论的生成环境本身就具有波浪式的特点，在事件的发展过程中形成舆论链条，影响社会生活结构，推进社会事件的合理处置，引导社会思潮的运行轨迹。

微博在网络舆情形成中的作用也可以通过一些模型对其进行描述，如下图所示（见图6-4、图6-5、图6-6）。

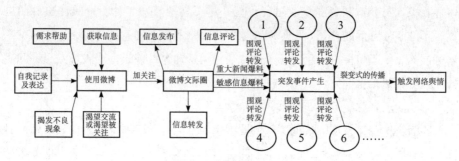

图6-4　微博在网络舆情形成中的作用

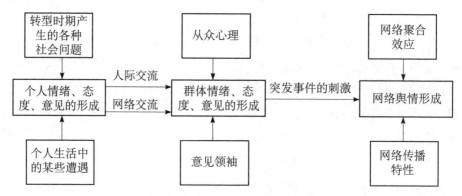

图6-5　网络舆情形成影响因素

微博事件一般都遵从这样的规律：先是舆论主体在微博上爆料，意见领袖们跟风表态讨论，然后群众围观，最后民意或多或少影响决策和游戏规则。这表明，微博早就远远超越了传播手段或中性工具的范畴，而带有社会力量，甚至政治色彩的属性。当前，微博凭借短、平、快等优势正在形成自己独特的"微博舆论场"。微博的传播特性，加速了舆论的形成和扩散，实名认证制提升了微博舆论的权威性和可靠性，庞大的用户群使微博舆论场具有了一定的规模效应。从个人的生活琐事到体育运动盛事，再到全球性的灾难性事件，微博已经成为全球网民表情达意的重要渠道，谁都不敢轻视微博的影响力。

议题的一个非常明显的特点就是微博舆论随着议题分散而衰变，进入"长尾"阶段，即在最后的阶段构成舆论的意见慢慢减少，但难以终结，始终处于消退状态，时而反弹，但终不会为零，其演变的自然衰变性也是有据可查的。

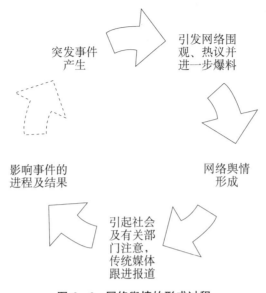

图 6-6　网络舆情的形成过程

首先，随着媒体技术的不断发展，媒体队伍的不断壮大，对一些事件的后续报道近几年逐渐增多，大众对新闻的需要不仅在于新近发生的事，也有对过去事件的追究及后续关注。

其次，新事件出现后，大家往往会想到类似的旧议题，借此引出新议题。这样新议题中关于旧议题的部分自然就成了旧议题的"长尾"。

最后，很多事件发生后，会衍生出"议题名词"或者"议题体"等遗留文化。它们经常在一些网络议题中出现，成为大众比较青睐的一种网络表达方式，这些遗留文化成为网络议题"长尾"中持续时间比较长、传播范围比较广的一部分。

三、微博的舆论影响的扩大机制

（一）与手机媒体相结合

手机已成为重要的媒体工具。在今天，手机用户利用手机媒体传播新闻、表达诉求已经成为常态。根据工信部发布的数据，截至2021年12月，我国手机用户规模达16.43亿户，通过手机上网的用户已经超过通过PC上网的用户。基于庞大的用户数量和便捷的移动互联渠道，手机正成为人们参与新闻和舆论的重要工具。

2013 年 2 月 22 日广东省河源市东源县（北纬 23.9 度，东经 114.5 度）发生 4.8 级地震，毗邻河源市的惠州市出现强烈震感。地震发生后，全国范围内最早发出地震消息的不是地震局，也不是媒体，而是一条微博（见图 6-7）。这条发送于 11 时 34 分的微博只有两个汉字："地震!!"网友大呼："姑娘，你这是用生命发微博啊！"微博博主"苏丽姊 a"被瞬间封为"地震姐"。而在 2008 年发生的汶川大地震中，最早发出地震消息的也不是官方，而是百度贴吧的一名网友。

图 6-7 东源县地震的最早消息来自微博

微博与手机相结合，是互联网交互行为的一种延伸，网民由此可以保持移动在线状态，无论走到哪里，都能即时看到别人对事件的评价，并发表自己对现实的意见。更重要的是，微博用户可以借助手机媒体成为即时的报道者，对正在发生的事情进行简洁而快速的报道，并有超过传统媒体报道速度和广度的可能性，这可以丰富舆论参与者对现实的把握和对意见的表达。

（二）多点发布和"同步"

微博的简洁、随意和互动，是它吸引用户的亮点。用户可以利用 QQ、微信等即时通信工具或借助其他插件进行多点发布，同时，一个用户若有多个网站的微博账号，可选其中一个作为更新的主地址，使更新的内容"同步"到其他微博账号上。这种操作风格可帮助用户随时随意更新微博内容，"同步"则最大化了用户的舆论影响力，使用户可以一人对多个网站进行传播。这是以往的互联网传播所不多见的，也是微博影响舆论生成的新特点。

飞信是中国移动开发的即时通信软件，该软件过去是利用移动 GSM 网络，在一定前提下，可以从不同的飞信客户端向普通手机免费发送短信息，或者进行多人通话服务。

微信是腾讯公司于 2011 年 1 月推出的一款支持 Windows Phone、Android 以及 iOS 系统的类即时通信软件。微信用户可以通过智能手机客户端与好友分享文字与图片，微信也支持分组聊天和语音、视频对讲。微信软件本身完全免费，使用任何功能都不会收取费用。

（三）链式反应和循环转帖

链式反应存在于微博的内容更新中，一个用户发表的内容可以即时被跟随者或好友看到并转发，而每个转发者的好友或跟随者又可以看到被转发的内容，因此，信息的扩散不再是一对一的传递或一对多的广播，而是一乘以多再乘以多的链式反应，这种即时快速膨胀的信息传播，具有其他媒体难以比拟的扩散优势。

"链式反应"的概念源自物理学，有焰燃烧都存在链式反应。当某种可燃物受热，不仅会发生汽化，而且该可燃物的分子会发生热裂解作用从而产生自由基。自由基是一种高度活跃的化学形态，能与其他的自由基和分子发生反应，从而使燃烧持续进行下去，这就是燃烧的链式反应。

微博的信息更新，有一种有趣的"跟帖循环"现象：当一条热门帖子被发出后，会有多个好友转发，而转发到某个时候又会被发帖者本人转发，并持续转发下去，发帖者本人可能在这条帖子的转发链中多次出现。出现这种情况，是由于发帖者发出的帖子总是显示为最新，如果经过转发则又会在好友中显示为最新，这同聊天室的滚动播报类似。以上两种作用方式对舆论的影响可能在于：当一条重要新闻受到关注或重要评论受到追捧时，会迅速发生链式反应并在微博用户中快速传播；当新闻或评论受到高度认可时，会形成转发的循环，并持续出现在个人页面或共享页面的顶部，引发持续的关注和舆论反应。

（四）与传统媒体形成互动

北京人民广播电台《午后大道东》栏目开通了与微博的互动，微博用户可以通过新浪微博等即时留言。微博的作用正在被进一步认识，微博在与传统媒体的互动趋于成熟后，可以形成更好的内容把关和舆论引导格局。

总之，舆论的生成离不开传播，可将微博看作随个人媒体的发展而新出现的一种传播形式，微博的多点内容发布、信息同步、与移动媒体的结合、链式反应和循环跟帖等，是微博对以往的网络舆论生成模式产生巨大影响的基础。

第四节　网络论坛舆论与微博舆论的比较

虽然同为新媒体舆论的重要形式，网络论坛舆论和微博舆论在生成与扩散中形成的特点各有差异，这些差异的背后，有着或深或浅的原因。

一、网络论坛舆论与微博舆论的差异比较

（一）论坛重顶帖，微博重转发

在用户界面的特点上，论坛首页呈现出泾渭分明的板块划分，由用户自主决定进入哪一板块进行更深层次的参与。在进入某一板块之后，用户所接触的依旧不是全部内容，而是以标题为分界的彼此独立的帖子，标题浓缩了帖子详细内容，用户可以根据个人兴趣点击阅读。阅读后点击量和跟帖数量的多少决定帖子热度，热度较高的帖子将被自动置于或由管理员置于论坛显眼位置。而微博呈现的是另一种全然不同的舆论参与方式，用户首先需要对自己感兴趣的内容生产者而不是内容本身进行"关注"，在作为"粉丝"完成关注之后，被关注者发表的任何内容都会主动推送给用户，如果用户觉得内容值得分享与再度呈现，可以转发，转发后，用户自己的粉丝接收第二轮的内容推送，依此类推。

正是这两种舆论参与方式的不同，使两种舆论场域的影响力因子各不相同。论坛的内容影响力来自参与者的顶帖（也就是评论），即使是毫无实际意义的一个"顶"字，也能将网帖送至论坛首页；而在微博舆论影响力因子中，转发的作用超过评论，一条微博即使拥有上万条评论，其影响力范围也仅限于发布者的个人页面，而一旦转发引发蝴蝶效应，粉丝带动粉丝，最终将使得单条微博的影响力实现"核裂变式"的指数级增长。

而且，部分论坛的热帖评定在很大程度上由管理员决定，管理员可以通过人工加精、手动置顶等方式赋予网帖不同级别的重要性；但在微博中，管理员的作用被大大削弱，舆论主体的自主决定权权重增大，舆论的传播扩散结构更加扁平化和去中心化。可以说，这是两种不同类型的舆论发酵形式。

（二）论坛专业化，微博少分类

网络论坛大致可分为综合类论坛和专业类论坛，专业类论坛以精细的定位和板块划分取胜，但即使是综合类论坛，也存在专业化的板块划分。除非是本身就定位于"大杂烩"的板块，否则板块与板块之间界限相对分明，不同性质的内容得到有效整合。用户可以据此对板块内的内容产生合理期待，特定性质的舆论得以在特定的板块中酝酿与扩散。

微博则不然，所有的被关注内容都统一呈现在用户的单个页面中，用户往往

上一秒还在阅读一位意见领袖对公共事务的观点，下一秒就跳转至营销账号推送的冷笑话，内容间的撕裂与互不关联，降低了舆论扩散的加速度。较之网络论坛可以集中在一个网帖中讨论一个话题的"有始有终"而言，微博由转发带来的影响力也同时分散了微博舆论的注意力，使人们对公共事务的讨论越发碎片化。

当然，变化正在发生，微博的运营者与参与者正在努力缝合这些碎片：微博搜索的推出即是一例，用户可以通过不断改进的搜索技术在杂乱无章的信息碎片中搜寻指定的内容，然后再通过人工整合的方式实现对公共事务前因后果的再还原；内容分组也在发生作用，用户可以主动将不同性质的博主分到不同的组别，这样，大致可以避免前述的思维被动跳跃；还有长微博，长微博在一定程度上颠覆了微博的定义，微博可以不再是140个字，复杂的逻辑推理同样可以在微博平台展开……众多的第三方应用，通过开放的微博平台实现了对微博信息碎片化的有效缝合。总而言之，微博舆论需要克服弱点走向公共领域，实现信息的有效整合是大势所趋。

（三）论坛单向性，微博有互动

我们所说的单向性，是指在网络空间舆论双方互动的单向性。具体而言，在历次由网络论坛肇始的公共事件中，舆论所指的权力方几乎没有在网络空间对网络论坛舆论予以正面回应，往往只是迫于后期的现实舆论才做出现实退让或改变。以"重庆'钉子户'事件"为例，事件从头至尾都在论坛发展，虽然事件最终得到解决，但当事方双方都没有在同一舆论场域中与舆论发起方实现互动。在此意义上，网络论坛虽然最终起到了对突发公共事件的有效舆论监督，但是却没能将事件当事方带到网络平台，实现双方的沟通。仅对突发事件有效而忽略日常的互动，舆论主客体彼此间舆论场域的撕裂也削弱了网络论坛舆论的长效性，这是网络论坛作为舆论载体的局限所在。

同样是拆迁事件，与"重庆'钉子户'事件"相比，江西抚州"宜黄拆迁案"中的新媒体舆论演变路径发生了极大的变化。在该事件中，一方面，事件受害方钟九如姐妹通过实名认证微博在微博平台直接发声，直播事件的最新进展。而另一方面，舆论监督的客体，宜黄权力部门中一位名为"宜黄慧昌"的官员在微博平台直面来自各方的质疑之声，撰文为宜黄拆迁辩护，并直言"没有强拆就没有新中国"。钟九如姐妹与"宜黄慧昌"分别作为舆论的当事方代表，在微博这一新媒体平台上实现了对公共事件的直接讨论。此次事件后，抚州市方面进一步开放网络问政，"江西省抚州市公安局"等党政部门微博开通，虽然问政效果还有待检验，但至少让关于抚州的网络舆论多了一个信息出口。

"宜黄拆迁案"发生在微博发展的初期，在微博接棒新媒体舆论的主阵地之后，"政务微博"逐渐成为新媒体舆论领域的热门话题。权力部门与舆论主体在微博上直接对话变得司空见惯，这在以往互联网应用中几乎是不可想象的。党政机构与党政干部的大范围"触网"，使舆论主客体不再分立现实与虚拟的防火墙两端"隔空喊话"，加速了微博公共领域的构建。

二、网络论坛舆论与微博舆论差异原因分析

（一）技术形态的演进

网络论坛与微博分属两代不同的互联网产品，网络论坛是 Web 2.0 时代的典型应用，真正开启了互联网的互动性功能，而微博的诞生，则是 Web 2.0 技术的思想和应用的提升，被称为 Web 3.0 时代的开端。

真实的新闻信息往往是舆论肇始的出发点，在网络论坛上，一方面受到来自运营方的板块限制和管理员的内容管制，第一手时政新闻内容被限制发布；另一方面，即使是发布新闻信息的网帖，发布者完全匿名的特性也使新闻信息很难得到确认，人们只有等待传统媒体的跟进核实才能酝酿进一步的舆论风暴。

与网络论坛相比，微博具有更浓厚的媒体属性：一方面，大量传统媒体在微博上实现信息发布方式的华丽转身，短平快的新闻内容第一时间由具备内容优势的传统媒体微博账号首发；另一方面，即使是个人账号，微博用户由于受到比以往更少的限制，因而可以直接发布自己获知的新闻消息，起到的效果与媒体微博账号等同。尤其是经过认证的个人账号，公信力较网络论坛的匿名 ID 有所提升，自由而负责任的言论在微博平台得到部分实现，微博的"自媒体"属性彰显无遗。

微博作为自媒体的技术形态，其专业性无法与传统的专业新闻机构相媲美，但在突发事件中微博的速度优势和无处不在优势亦非传统媒体所能及。"人人是媒体，人人握有麦克风"的时代自微博诞生一刻开启，这在很大程度上要归功于微博独有技术形态所带来的便利性。

（二）用户特征的差异

网络论坛兴盛于世纪之交，而 10 年之后的 2010 年被称为"微博元年"，网络论坛用户与微博用户虽有重叠，但是整体的用户特征发生了改变。用户是这两

种舆论的主体，用户特征的不同深刻地影响了这两种舆论载体及舆论本身的差异。

以用户性别和年龄的差异为例，2000 年的中国互联网用户中，男性占74.68％，女性占 25.32％；2010 年，这一比例分别变为 54.8％和 45.2％；2000年 18～30 岁的用户占到全体用户的 75.95％，2010 年 19～29 岁的用户占到全体用户的 28.1％，最大的用户群体是占比 29.9％的 10～19 岁年轻群体。比较两种舆论载体兴盛初年的用户特征我们发现，用户群体性别比例更加均衡，群体特征更显年轻化。此外，对比历年数据，用户群体还存在学历偏低化、收入差异偏平化等特征变化。

根据中国互联网络信息中心的数据，截至 2021 年 6 月，我国网民男女比例为 51.2∶48.8，与整体人口中男女比例基本一致。

微博取代论坛成为新媒体舆论主阵地，是在一个社会环境日益开放，人们整体生活水平不断提升，思想观念逐渐开放的年代。在这一过程中，时代的任何一点变化都深刻地影响着人们，而人们是舆论的主体，前后 10 年舆论主体的细微差异足以让社会舆论从引发方式到扩散过程发生巨变。

（三）管理方式的变化

随着时代的进步，与社会舆论休戚相关的社会管理部门也在发生变化。而这些部门在很多时候也正是新媒体的管理者。它们逐渐以更加开放的姿态来应对新媒体舆论，数以万计的党政机关和党政干部微博的开通就是明证。这种改变的动力，一方面来自执政理念的主动变革；另一方面在公共事件频发的现今社会，权力开放也是社会舆论倒逼的结果。

在网络论坛主导新媒体舆论的时期，管理部门应对舆论的方法为数不多，最为常见的是"删帖"，以至于这一专有名词沿用至今。在单个的网络论坛上，关于同一事件的网帖数量并不多，一旦网帖的影响力超过可控范围，监管部门往往一删了之，这对暂时平息事态效果显著。此外，管理部门还培养了"网络评论员"队伍，对网络舆论进行引导，通过向论坛大量"灌入"具有引导性质的网帖，可以将原有的网帖沉底，而一旦沉底，网帖的影响力就微乎其微了。

在微博平台上，这样的管理方式依旧存在，而且有愈演愈烈之势，但是效果却大不如前。因为微博的传播层级结构较网络论坛更进一步扁平化和去中心化，通过传统的删帖行为只能删除传播结构中的一个节点。"网络评论员"也没有完全销声匿迹，但由于粉丝数量决定了影响力，而微博内容决定了粉丝数量，"网络评论员"的微博内容不再得到主动关注，因此对舆论的影响力也大幅下降。

因此，新的管理方式开始被管理者纳入考虑范围，即主动迎合舆论需求，通过同一平台正面回应舆论质疑，处在舆论主体的平等位置。无论这种改变出于主动还是被动，都增加了微博舆论的现实影响力，由此更有利于推动政府和社会的整体进步。

（四）移动互联时代的论坛与微博

如果说过去的十多年中，互联网改变了人类社会，那么今后十年，手机也会改变人们的生活及媒体产业。手机一方面拥有基于个人电脑的网络媒体所拥有的几乎所有功能，是网络媒体的延伸；另一方面又以其便携性和信息传播即时性等特性，弥补了一般网络媒体的不足。移动互联网代表了新媒体发展的趋势。在这一趋势下，网络论坛与微博表现各异。但就作为舆论载体的属性而言，微博与网络论坛相比，更能适应移动互联带来的改变。

此外，手机微博的渗透率在 2012 年 12 月底之前已经达到 48.2%，用户数量由 2012 年 6 月底的 1.70 亿增至 2.02 亿，排在手机网民全部互联网应用的第四名，而网民通过手机"在线发帖回帖和评论"的应用率已降至第十，且处于持续下滑阶段。然而，目前超过 9 成的微博用户是通过手机 App 登录微博的。

深入分析发现，网络论坛的阅读层级设定首先就限制了其在移动终端的发展，网络论坛以"首页—板块—标题—正文"的方式向用户推送信息，用户需要在仅几英寸大的手机屏幕上完成这一层级才能逐次进入网帖正文。而对比之下，微博首页即以微博内容为界面呈现在用户面前，所见即所得。在主动传播信息方面，微博的发布、转发和评论功能都极其简便，适合在移动终端操作；而网络论坛的内容发布相对烦琐，发帖需要标题和正文，且没有转发功能。与微博相比，网络论坛的参与方式在本质上就排斥便携式的参与，而微博本来就定位于"短平快"的微内容分享，手机终端的出现正适时地契合了这一定位。微博所传播的虽然是碎片化的内容，但是手机所能利用的也正是碎片化的时间，这两种碎片化"一拍即合"，共同构成手机微博作为舆论载体的速度优势和现场优势。这也是在众多公共事件，尤其是突发公共事件中，手机微博舆论屡屡发挥关键作用原因所在。

第五节　微博舆论案例研究

本节分析微博上呈现的三个典型的舆论案例。

一、河南考生"被落榜事件"

李盟盟原本是河南省开封市开封县（2014 年撤销开封县，设开封市祥符区）陈留镇的一名高中生。2010 年高考，她考了 565 分，高出河南理科一本线 13 分，虽未达到她一本第一志愿郑州大学的最低投档分，但却超过了她二本第一志愿河南财经政法大学最低投档线 28 分，因此她被河南财经政法大学录取可以说是十拿九稳的。然而，李盟盟却迟迟没有等来意料之中的录取通知书。原来，当年河南省第一次采用网上填报志愿，因为她操作不熟练，第一次志愿并没有申报上去，等到补报志愿的时候，县招生办的工作人员竟然将表格放在抽屉里忘了提交。已经复读了一年的李盟盟很有可能面临无学可上的困境，她和父亲李国新多次到开封县招生办、开封市招生办、河南省高招办反映情况，要求解决问题，但每次都是无功而返。

无奈之下，2010 年 8 月 12 日李盟盟在一位本家嫂子的帮助下在百度河南贴吧发了一个题为"开封县县招办把我的大学梦毁了"的帖子，在帖子中她叙述了自己的不幸遭遇，希望可以通过网络为自己"申冤"。但由于网上类似这样的求助帖子每天都有成千上万条，因此李盟盟的这条帖子很快便被甩出了贴吧首页。所幸的是这条帖子在 8 月 14 日被《成都商报》的记者牛亚皓无意中看到，他决定调查该事件，并于 8 月 18 日撰写了一篇名为《招生办忘记提交高考志愿 谁来赔她的大学梦》的报道，李盟盟的遭遇终于得以曝光。牛亚皓还号召自己的亲戚、朋友、同学等熟人，让他们帮忙在网上就"李盟盟事件"发帖。

随后，有网友将这一事件发布在天涯社区，引起了天涯社区商务运营总监、知名微博写手梁树新的关注。8 月 19 日他在自己的微博上转发了一个关键词为"我要上大学"的帖子："转自中学生：李盟盟，21 岁，河南开封县陈留四中学生，今年高考 565 分。因县招生办失职把她的志愿申请锁在柜子忘了提交，造成任何大学都上不成。河南省高招办回应，此事不予处理！李盟盟是农村孩子，为供其上学，妹妹辍学打工，父亲打工摔断了腿！"短短几个小时的时间里，这条微博被转发了 5 000 多次，不到一天的时间里，这条微博就以每小时近万条的转发量居微博转发排行榜之首。此同时，河南当地媒体大量跟进报道李盟盟事件，新华社、中央电视台、《中国青年报》等中央媒体也进行了报道，该事件迅速发酵成为社会热点事件。紧接着梁树新又通过微博发出了"致河南省委书记卢展工的一封微信"，以求李盟盟求学一事引起相关部门的关注。1 000 多名网友自愿充当信差在微博上传递这封微信。

在网络、微博和传统媒体的合力"轰炸"下,开封市有关部门不得不迅速做出反应,开封市市长亲自指示有关部门要做好李盟盟的补录工作。8月20日晚上,李盟盟接到河南省招生办通知,她已被河南财经政法大学会计系录取。忘记提交李盟盟档案的县招生办工作人员也受到了处分。

李盟盟"被落榜事件"又是一个通过网络和微博寻求帮助的案例,通过对事件的描述可以看出,网络和微博在事件的整个过程中发挥了关键的作用。特别是微博的介入,将该事件从一起普通的网络求助事件迅速升级为网络热点事件,从而扭转了该事件的走向。我们可以简短地对该事件做个回顾:

2010年8月3日,李盟盟得知自己"被落榜";

2010年8月12日,李盟盟家人网上发帖求助;

2010年8月14日,《成都商报》的记者得知该事件;

2010年8月18日,《成都商报》的记者撰写了关于该事件的报道;

2010年8月19日,知名微博写手梁树新微博发帖:"我要上大学";

2010年8月20日,该帖被转发近万次,居微博转发排行榜之首。与此同时,河南当地媒体大量跟进报道李盟盟事件,新华社、中央电视台、《中国青年报》等中央媒体也进行了报道,"被落榜事件"发酵成为一起社会热点事件;

2010年8月20日晚,李盟盟接到河南省招生办通知,她已被河南财经政法大学会计系录取。

该事件从发生到结束的这一链条中有两个关键环节,分别是李盟盟家人网上发帖求助和梁树新在微博上对该事件的转发。李盟盟"被落榜事件"能够成为网络热点事件并最终得以圆满解决,是从李盟盟家人网上发帖求助开始的;《成都商报》记者得知该事件后介入调查并为之撰写报道,推动了该事件的发展;随后梁树新在微博发布"我要上大学"的帖子,一夜之间引发微博舆情,继而引起河南当地媒体以及新华社、中央电视台、《中国青年报》等中央媒体对该事件的关注并跟进报道,"被落榜事件"至此达到高潮;而李盟盟接到自己被河南财经政法大学会计系录取的通知,则标志着该事件的结束。可以说网络的介入推动了该事件的第一次转折,微博的介入则是该事件的第二次转折。"李盟盟事件"在微博引发舆情的过程可以用前文建立的模型进行描述:梁树新出于对李盟盟遭遇的同情,将该事件转发到微博,希望可以为李盟盟提供帮助并揭发此不公现象;消息一经发布,便引起他微博交际圈内关注者的围观和评论,并纷纷进行了转发;

由于梁树新拥有较多的粉丝和较高的关注度，该信息的扩散速度极快，短时间内已被转发达万次；随着参与人数的不断增多，该事件升级为微博突发事件，获得了更大的关注度，吸引了十余万微博用户的参与，微博舆情就此形成。

事件发生后，李盟盟一家选择向有关部门反映情况、要求尽快解决问题的这种手段，可以说是人们在遇到问题时的常规手段和首选方案。但在具体的操作过程中，问题的解决经常由于各方面原因陷入僵局。在常规手段失效的困境之下，选择通过网络或微博寻求帮助，就成了很多人的"第二套方案"。李盟盟通过网络发帖求助虽是无奈之举，但却收到了意想不到的效果。该事件自8月12日开始在网上传播，一直到8月20日晚得以解决，仅仅用了大约一周的时间。从一周前的极度失落到一周后的皆大欢喜，这段经历用李盟盟自己的话来说"就像过山车一样"。

"被落榜"的李盟盟之所以能够得到众多网友和微博用户的同情和关注，原因之一是涉及"高考"这一话题。现代社会，高考对中国学生的意义不言而喻，尤其是对李盟盟这样家境贫寒的学生来说，考上大学可能是他们改变命运的唯一途径。很多人都亲身经历过高考，或者他们身边的人经历过，因而懂得作为复读生的李盟盟为考上大学付出了巨大的努力，承受着来自家庭和学习上的双重压力，也能够体会李盟盟在考取了高分却因工作人员的失误而无法投档时的失落和绝望。因此李盟盟的遭遇很容易得到人们的同情。该事件获得人们同情和关注的另外一个重要的原因是它关系着社会的公平正义，如果开封市招生办拒绝为工作人员的错误"买单"而使得李盟盟最终无学可上，那么社会的公平和正义将会遭到践踏，这是任何一个有正义感、有责任感的公民所无法接受的，人们不允许这样的结果出现。

"被落榜事件"的发生引发了人们对当时一些制度的质疑：在广大农村学生尚不熟悉计算机和互联网的情况下贸然采用网上填报志愿的方式是否合理？为什么没有建立一套纠错机制，对由管理部门工作人员失误所造成的错误及时进行补救？下一次出现"被落榜事件"，如果没有媒体及时介入，"被落榜者"是不是只能接受"被落榜"的命运？或者，为了维护自身的权益，"被落榜者"必须付出很大的代价，发帖子、找媒体、跑部门，才能讨回公道呢？

二、微博"打拐"事件

2011年春节期间有一起非常值得关注的公共事件，就是微博"打拐"，事件起于中国社会科学院学者于建嵘教授所发的"随手拍照解救乞讨儿童"微博。2011年1月17日，于建嵘收到一封孩子遭拐卖的母亲发来的求援信，于是把这件事发在他的微博上，这条微博迅速得到各方人士的关注。1月25日晚，于建嵘在微博上开通了"随手拍照解救乞讨儿童"官方账号，表示"希望大家见到街头乞讨儿童就拍照或录像"，并发布到微博上，希望借微博的力量，解救那些被拐卖的儿童。短短两周的时间，"随手拍照解救乞讨儿童"收获粉丝7万余人，据统计，共有近千张网友街拍乞讨儿童照片被发布在该微博上。微博"打拐"行动也得打了公安部打拐办主任陈士渠的支持，他通过微博回应："我会通过微博和大家保持沟通，欢迎提供拐卖犯罪线索。对每一条线索，公安部打拐办都会部署核查。"

2011年春节期间被拐卖了三年之久的儿童彭文乐成功获救，这将微博"打拐"推向了高潮。2008年，湖北人彭高峰3岁半的儿子彭文乐被人在深圳抱走，彭家人在撕心裂肺的折磨和苦苦寻找的煎熬中度过了三年。《凤凰周刊》记者邓飞得知此事后对该事件进行了跟踪调查。2009年，微博方兴未艾，邓飞抱着试试看的心态在新浪微博上第一次发布了彭文乐的照片，之后每次逢年过节都会再发一遍，他希望微博网友趁过年过节回家探亲之际帮助寻找彭文乐的踪迹。2010年9月，他再次在新浪微博和腾讯微博上发布了一张彭文乐的照片，该条微博截至2011年春节已被转发6 000多次。2011年春节期间，一位回乡探亲的大学生发现村里一个小男孩像极了那张在微博上被疯传的寻人启事，便通过微博上的联系方式给彭高峰打了电话，并用手机拍下小男孩的照片传给了彭高峰。彭高峰见到照片后欣喜过望，他在邓飞的陪同下去公安局报了案。随后两地警方共同出击，彭文乐成功获救。

彭文乐的获救可以说是人们利用微博创造的一个奇迹。被拐卖的三年期间，彭文乐音信全无，脸上的一颗痣在被拐卖后已被点掉，名字也改为韩龙飞，只凭借彭家人和公安机关的力量来寻找彭文乐无异于大海捞针。况且随着孩子一天天长大，其形貌特征变化很快，小时候的记忆也会逐渐模糊，那时候再想找到他，更是难上加难了。微博"打拐"这一事件反映出的是在处理公共事务过程中涌动的不可小视的民间力量，这种力量促使政府与民间形成合力，共同推动社会的进步。正是凭借着众人拾柴，微博"打拐"这把火才能烧得如此之旺。

我国幅员辽阔、人口众多，并且当前正处于经济社会全面转型期，社会状况比较复杂，各种社会问题频发。政府机关在处理错综复杂的社会问题时常常会感到无从下手，或者力量不足。在这种情况下，充分调动民间力量参与社会管理可以助政府部门一臂之力。微博的出现为调动民间力量参与社会管理提供了技术上的支持。它打破了地域的限制，让天南海北的人共聚微博空间，他们或是评论时政，或是出谋划策，或是揭发不良现象，或是提供破案线索……在微博上，人们以各种方式参与对社会事务的管理，分散的民间力量得以凝聚。微博"打拐"便是人们利用微博参与社会管理，共同推动社会进步的一个典型事例。在该事件中，微博的技术优势得到了充分的发挥：微博极低的准入门槛吸引了遍布城市和乡村的广泛使用人群；它便捷性和即时性的特点允许微博用户使用手机随时随地登录微博、更新微博，"随手拍照解救乞讨儿童"的方式正是基于该功能的发挥；微博裂变式的传播可以使微博信息快速地、大范围地传播，对于横跨多个地区的拐卖案件而言，信息的覆盖范围无疑是一个关键因素，而微博的转发功能可以轻松实现微博信息横向（跨省市）和纵向（跨城乡）的快速传播，在极短的时间内便可传播到各个地区。

微博"打拐"成为一个很好的由头，随着政府和民众的探索和实践以及相关技术的不断完善，微博将会发挥更大的作用，民众利用微博参与社会管理的形式也将会更加丰富。

三、"郭美美事件"

2011 年 6 月，新浪微博上一个名叫"郭美美 Baby"的用户颇受关注，这个自称"住大别墅，开玛莎拉蒂"的 20 岁女孩，认证身份居然是"中国红十字会商会总经理"，其真实身份也众说纷纭，有网友称她是中国红十字会副会长郭长江的女儿，由此引发很多网友对中国红十字会的非议。事件发生后，中国红十字会立即做出回应，称郭美美与中国红十字会无关，红十字商会这一机构根本不存在；中国红十字会副会长郭长江向记者表示自己根本没有女儿；新浪也对实名认证有误一事而致歉。

炫富，本是网络上一种炒作的手段，然而这起看似寻常的炒作事件，因和中国红十字会扯上关系，引发了众人对中国慈善机构的质疑。此前，网络上不时爆出一些地区的红十字会的个别工作人员擅自挪用赈灾款的丑闻，如 2009 年 1 月，网上爆出山东单县红十字会副会长挪用捐款游山玩水；温州红十字会一出纳从 2005 年开始擅自挪用赈灾款总计达 126 万余元等。此类事件极深地刺痛了民众的心，再加上红十字会的运作模式不够透明，早已使人们产生了对红十字会的不信任。因此，尽管郭美美已被澄清和中国红十字会无关，但人们却不希望此事就此了结，人们想通过这件事挖出更多的东西。

有网友在微博上再次爆出惊人发现：中国红十字会有工作人员办企业经商。譬如中国"红十字公益广告募捐箱"项目办公室负责人张赢方，既是中国红十字世博温暖基金副主任、中国红十字传播基金副秘书长，同时竟然也是一家传媒公司的总经理；中国红十字传播基金秘书长韦莹，同时也是一通明堂（北京）文化传媒有限公司老总，竟然开公司卖黄金、白银、古董。而中国商业系统红十字会的关联公司中红博爱资产管理有限公司的法人代表、首席执行官翁涛更是爆出郭美美的名车、名包均为前董事王军所赠。这一系列的爆料不由得让人心生疑虑：身为红十字会工作人员怎能开公司忙着赚钱？中红博爱资产管理有限公司之类的关联公司是否在利用红十字会的资源发财？关联公司这种模式是否适合在公益事业中采用，有没有产生灰色地带的风险和漏洞？这些疑虑所导致的最直接后果就是各地红十字会收到的捐款数额骤降。民政部发布的 2011 年第二季度全国民政事业统计数据显示：自 6 月下旬"郭美美事件"等一系列事件发生后，社会捐款数以及慈善组织捐赠数均出现锐减。

该事件的发生以及它对慈善事业造成的负面影响，引起了相关部门的重视。2011 年 7 月，中华人民共和国监察部、中国社科院社会学研究所、北京刘安元律师事务所、中国商业联合会和中国红十字会总会相关人员组成联合调查组，对中国商业系统红十字会的有关问题进行了调查，并于当年 12 月 31 日由中国红十字会总会对调查结果和相关决定做了通报。调查结果证实中国商业系统红十字会严重违反公益组织的基本原则，在项目运作中确实存在关联交易，因此决定撤销中国商业系统红十字会，并对遗留问题进行相应处理。与此同时，中国红十字会总会也认识到自身在红十字会的组织管理方面、在红十字品牌的使用和保护方面以及满足社会公众的知情权方面还存在诸多不足，需要进一步加强，并表示要推进改革，重新塑造社会公信力，确保中国红十字事业的健康发展。

微博上的一场炫富闹剧在众人的持续深挖和关注之下却收获了意想不到的结果。在该事件中，微博在舆论监督方面发挥了重要的作用。事件被曝光后，大批关注者迅速涌入，"郭美美 Baby"的微博粉丝以每分钟上百个的速度增加，短时间内吸引了几十万人加入，与该事件有关的微博数量更是达到 200 多万条。但人们的关注点却不是炫富女孩，而是其自称"中国红十字会商业总经理"的身份，在众人的质疑声中，舆情风暴呼啸而来。每一个参与"郭美美事件"的微博用户都像是一个道德监督员，他们通过评论、转发以及对事件相关信息的深度挖掘，将该事件的真相及背后不为人知的内幕一步一步地呈现出来。在微博构建的这张巨大的监督网络的压力之下，中国红十字会总会迅速组织力量开展调查工作，最终做出撤销中国商业系统红十字会的决定，并表示要加快推进内部改革，促进公益慈善事业的健康发展。

由此可见，微博作为一种新型交流工具和传播平台，凭借着先进的技术优势，可以对社会监督及文明进步产生重要的影响。

总之，微博改变了网络舆论格局，尤其是能助推突发事件舆情传播。社交型媒体"议题设置"功能全面呈现，在时效性和参与度方面赶超传统媒体，使社会舆论媒体功能结构发生变化。微博成为最具影响力的媒体之一，全面渗透到社会生活各个方面。

第七章　手机媒体及其舆论管理

自手机媒体诞生以来，智能手机时代的新闻受众不再局限于接收者这一角色，同时也是现场记者、新闻信息的发布者、编辑把关人，是新闻舆论生产的参与者。手机媒体也成了新媒体舆论最重要的技术平台。

第一节　手机媒体的概念与特征

媒体又称媒介、媒质，是承载信息的载体。按照《现代汉语词典》的解释，媒体是"指交流、传播信息的工具，如报刊、广播、电视、互联网等"。所谓手机媒体，是借助智能手机进行信息传播的工具，是一种重要的新媒体（见图7-1）。

图7-1　手机是具有通信功能的迷你型电脑，而不只是"移动电话"

手机媒体的基本技术特征是数字化，最本质的传播特征是互动性，最大的优势是携带和使用方便。同时，手机媒体作为网络媒体的延伸，具有网络媒体交互性强，信息获取快、传播快、更新快等特征。这些特征使得手机媒体能够渗透到人类社会活动的各个层面，深刻影响人类的传播活动。

一、手机媒体的优势

（一）高度的移动性与便携性

手机媒体具有高度的移动性和便携性，信息传播极其方便。手机已经成为人们日常生活的一部分。有人把手机媒体形象地称为"影子"媒体，因为手机往往24小时不离身，手机媒体凭借其移动性、便携性优势实现了边走边看。媒体经济是一种注意力经济，眼球资源成为媒体最短缺的资源，然而受众却有大量的零散时间被耗费，如等车、候机、坐地铁等，成为注意力的"盲点"，而手机媒体随时随地且无处不在提供服务，正好填补了人们的离散时空。通过吸引受众的非连续的、间歇的和零散的时间段和空间段的注意力来获得经济收入，创造出"离散眼球经济"。

保罗·莱文森在2004年出版的《手机：挡不住的呼唤》一书中，对手机发展做了最乐观的分析。莱文森认为，人类有两种基本的交流方式：说话和走路。可惜，自人类诞生之日起，这两个功能就处于分割状态，直到手机问世，才将这两种相对的功能整合起来，集于一身。手机之前的一切媒介，即使是最神奇的电脑也把说话和走路、生产和消费分割开来。唯独手机能够使人一边走路一边说话，一边走路一边发短信。于是，人得以从机器跟前和禁闭的室内解放出来，进入大自然，漫游世界。无线移动的无限双向交流潜力，使手机成为传播信息最方便的媒介。

霍华德·莱茵戈德在《聪明暴民：下一次社会革命》一书中提到了新媒体的全新沟通模式：互联网的力量从电脑转移到手机上，全新的社会现象诞生了，产生了全新的沟通模式。如果说电视的收视率、报纸的订阅率更多的是有赖于用户的传统媒体习惯，那么，具有相当可读性、必读性、互动性、新奇性，类型丰富，能以不同内容、不同形式满足用户需求的手机媒体，就会成为用户随时随地获取信息的新的习惯性媒体。

手机媒体高度的便携性还带来了高度的个性化、私隐性与贴身性，手机是同人们生活的黏性极高的"带着体温的媒体"。这就要求手机媒体传播者要按用户的需求提供个性化信息，即真正做到分众传播。

（二）信息传播的即时性

手机传播是一种数字化传播。手机传播速度快、时效性强、范围广、限制因素少，由于手机用户数量庞大，手机传播的受众群巨大。

手机媒体在即时性方面的优势已经彰显无疑，不用打开电脑或电视机，许多受众是通过手机媒体看到权威媒体发布的实时新闻、现场图片或现场视频片段。例如，不少受众通过手机领略"神六"升空的壮丽场景。新华网发出的第一条有关中石油吉林石化分公司发生爆炸的图片新闻，不是来自摄影记者，而是用手机拍摄的当地居民。特别是当遇到台风、地震、山洪等突发性自然灾害时，手机媒体即时报道，沟通信息，有利于紧急避险。手机媒体还具有即时接收和动态传播的特点，尤其是遇到突发事件时，手机媒体也可以像网站一样实现新闻的动态传播。

手机传播的更新速度快、更新成本低。手机传播的更新周期可以用分秒计算，而电视、广播的周期可以用天或小时计算，纸质报纸的出版周期以天甚至以周计算，纸质期刊与图书的更新周期更长。手机传播的即时性提高了新闻的时效性。

（三）互动性

手机传播是一种开放的互动式传播。传统媒体的传播方式在现实中通常是单向的，传播者与受众双方无法随时随地进行双向沟通。而手机传播既可以是单向传播，也可以双向传播甚至多向传播，手机传播具有很强的交互性。

手机媒体在"交互性"方面也有着传统媒体无法比拟的优势。传统大众传媒的重要特点之一就是传播的单向性很强。这一特点导致受众对媒介信息的反馈大部分是事后的、延时的，缺乏即时性和直接性。尼葛洛庞蒂把网络区分为环状网络和星状网络。电视网是一种典型的环状网络，它的作业方式是"一对多"。而移动通信网则是一种典型的星状网络，是"多对多"的作业系统。其实，我们可以把星状网络界定为"无中心化机构的网络"。基于移动通信网的手机媒体正体现了这一特点，是此传播体系中的一环，传者与受者一律平等，受者亦构成这个传播体系中的一环，传者与受者之间没有明确不变的界限。因此，手机媒体不仅给用户发送他需要的新闻，更可实现跟踪、材料收集、读者调查、读者评论等多方面的功能。向读者和报社都提供了更多、更方便的服务，实现了更广泛、更迅速的互动。

较之网络传播，手机传播的出现进一步打破了传统媒介的特殊地位，清除了一般受众进入媒体的障碍，使得每一个人都能通过手机这一媒介行使自己的信息发布权、意见表达权。在这种情况下，传播者和接收者的角色发生了变化与融合。就组织机构类传播者而言，既要在网上信息发布，又要强化受众意识，及时接收整理用户的反馈，及时做出调整，最大限度吸引用户，防止用户"用拇指投票"，不登录自己的手机网站或不使用自己提供的服务。对普通受众而言，随时随地都在传播者和受众的角色之间转换，比如浏览新闻是受众，发表跟帖评论是传播者；浏览别人的博客是受众，而创建自己的博客又成了传播者。而手机独具随写随拍、随录随发功能，使每一个用户随时随地都能往网站上发布新闻信息、图片、视频等内容，普通受众的传播者角色得到空前的强化。

　　手机传播强调个人化、人性化，强调用户参与。与传统的大众传播相比，手机媒体在传播类型上具有明显的多样性，集人际传播、群体传播、组织传播、大众传播于一体。手机本身就是人际沟通工具，借助手机媒体上的各种论坛、聊天室、移动 QQ 等，人与人之间的交流渠道更加丰富。群体传播在手机媒体上也能便捷地实现，不少手机网站在倾力打造主题 BBS、专题论坛、手机社区等，供有共同爱好或需求的用户交流。通过手机实现组织传播应用已经较为广泛，不少单位和部门开发了专门的手机信息发布平台，直接通过手机短信的方式传递组织内的各种信息；北京等地政府部门还通过手机短信的方式，将突发事件应急信息、市政建设信息等在第一时间告知市民。手机媒体的大众传播功能还在不断加强，一些传统媒体在无线互联网上安家落户，一批以新闻信息服务为特色的手机网站逐渐兴起，具有越来越大的社会影响力。这些传播类型相互交织，在一定条件下可以相互转化。比如，通过移动 QQ，既可以进行人际传播，也可以进行群体传播、组织传播，甚至可以进行大众传播。

　　手机传播具有人性化的特点。被誉为"数字时代的麦克卢汉"的美国媒介理论家保罗·莱文森提出了媒介演化的"人性化趋势"理论，认为人类技术发展是在模仿甚至复制人体的某些功能，是在模仿或复制人的感知模式和认知模式；并认为任何一种后继的媒介都是一种补救措施，都是对过去的某一种媒介或某一种先天不足的功能的补救和补偿。换言之，人类的技术越来越完美，越来越"人性化"。[①] 作为继网络媒体之后出现的又一新型传媒，手机媒体在很多方面克服了其他媒体的不足，会越来越张扬自己的独特个性。手机媒体能实现信息产品和家电产品功能的一体化，实现各种媒体功能的集约化，例如，通过手机可以看电视，可以拍照片、录视频并直接传播，摆脱了众多设备和程序的束缚，充分体现

---

① 莱文森. 手机：挡不住的呼唤. 北京：中国人民大学出版社，2004：6-7.

了"人性化"的特点。手机媒体形体小巧，易于携带，更符合个体的需要。手机媒体是人能够"掌握"和控制的媒体，不像传统媒体那样把人与媒体分离开或像网络媒体那样把人"淹没"其中，更能凸显人的主体性。手机是"作为人体组成部分"的媒体，具有有机体的性质，是对"媒介即人的延伸"的生动诠释。

（四）用户资源极其丰富

衡量一种媒体是否具有竞争力的重要指标就是现实和潜在的用户数量，而对手机媒体来说，最不用担心的就是用户资源。根据工信部发布的数据，截至2021年12月，中国手机用户达到16.43亿户。根据调查公司 App Annie 发布的数据，截至 2021 年 1 月，全球手机用户数量为 52.2 亿，互联网用户数量为 46.6 亿，而社交媒体用户数量为 42 亿。手机用户数远远超过网民与报纸读者的数量。与国内发行量最大的报纸、杂志，点击率最高的网站，以及客流量最大的车站、地铁等场所的户外媒体相比，手机媒体拥有数量更庞大、类型更丰富的受众群。

手机已经不再只是一种简单的通信工具，它的快速发展改变着人们的日常生活方式。手机日益成为传播、整合信息的设备，甚至是个人数字娱乐中心。未来移动通信产业发展的主要目标会从用户数量的扩张转向人均利润的最大化。虽然在许多成熟的市场当中，手机的拥有量已经饱和，但在利用手机进行信息传播以及赢利等方面，仍处于起步阶段。

（五）多媒体传播

手机信息处理功能日益强大。上网、拍照、录音、摄像是不少手机的基本配置，多媒体手机逐渐普及。手机的操作平台也发生了很大变化，手机电脑化趋势迅速发展，基于 Android、iOS 等几大主流开放式操作系统的智能手机，具有传统以通话为核心功能的手机所不具备的信息处理能力，且该能力还在不断提升。新推出的一些手机的信息处理和信息传播功能不断增强。

（六）手机亦是新闻采访的重要工具

2005 年 7 月，就在伦敦连环爆炸案发生后数秒钟，十几名地铁乘客和被炸巴士附近的路人，在第一时间用手机拍下现场的恐怖画面。有人用手机拍下了其中一个地铁站的爆炸现场（见图 7-2）。画面显示，由于车厢满是浓烟，乘客们不得不用手捂住嘴巴。另一个画面捕捉到，附近的另一名男子也在用手机拍照。

电视台和新闻网站上的录像和单张照片显示了绝望的地铁乘客到处寻找逃生之路的情景。还有画面显示，巴士爆炸发生后，失去知觉的乘客横卧在地。画面

图 7 - 2　手机拍摄的伦敦地铁爆炸现场

清晰地捕捉到满脸黑灰的乘客逃生的情景，还有一名妇女在人行道上痛苦地蜷缩成一团。周围的建筑物上也有斑斑血迹。

大爆炸发生后不久，幸存者发现，手机线路出现拥堵，因为成千上万人都想在第一时间联络自己的亲人。电话打不出去，一些人便用手机拍摄现场的恐怖情景。许多媒体向这些亲历者索取现场画面，希望他们通过电子邮件将拍摄到的画面发送给媒体，有许多人给予了回应。

手机媒体技术的迅速兴起，使得全世界几乎所有的普通民众都能够拍下突发新闻并迅速发到互联网上。世界见证历史的方式因此而发生改变，名人们的糗事更是无处可藏。有些西方学者把这种现象称为"草根新闻""草根记者"，只要有手机就可做记者。

以前只能靠人脑记忆的事件现在可以以几百万像素的精度几秒之内完整地传遍全球各个角落。拍照手机的问世更是将这一趋势推向了新的高潮。图片的作用也日益提升，检方在审理抢劫、恐怖活动等案件时，越来越依靠现场图片发挥证据的作用。保险公司在处理交通事故时，除了听取当事人的回忆外，手机照片也成了重要的佐证。

（七）私密性

手机媒体是一种十分个人化的媒体，不像电视那样方便家人共同观看，也不像报纸那样方便多人相互传阅，而是带有鲜明的个人色彩、贴着个性化标签的信息传播工具，具有很强的私密性。每一个手机终端对应一个具体的受众，这比互联网 IP 地址更能准确跟踪用户信息及行为。对信息服务提供商来说，信息传播可以针对不同的受众群体甚至特定用户设定，从而提供有吸引力的个性化服务，满足受众的个性化需求。对手机媒体用户来说，自主地位得到提高，自由选择和发布信息的权限扩大，私密性得到保证。

（八）整合性

手机是媒介融合的重要平台。手机媒体能整合多样的媒介形态，承载报纸、广播、电视等传统媒体的内容，并充分发挥网络媒体本身所具备的一切传播优势。手机媒体能整合多元的传播主体，将电信基础运营商和各种类型的SP、CP融合起来，将生产信息、传播信息的传者与接收信息、消费信息的受众合二为一。手机媒体能整合多样的传播方式，既可实现点对面（手机网站对用户）、面对点（多个用户向网站反馈信息）的传播，还可实现点对点（单个用户对单个用户）、一点对多点（聊天）、多点对多点（群组）等丰富的传播。

（九）同步或异步传播有机统一

手机媒体将同步传播和异步传播有机整合，即用户借助手机媒体提供的各种传播工具，既可以实时接收传播者传递的信息、与其他用户进行实时交流，也可以选择任何自己愿意的时间接触传播者传递的信息、与其他用户进行跨时间交流。这与网络媒体传播模式的特征十分相似。手机媒体的特殊性在于，由于手机是与人形影不离的传播工具，能有效缩短甚至消除异步传播的时间差，实现同步传播与异步传播的有机统一。比如，电子邮件是异步传播方式，但手机邮箱的邮件到达提醒功能，能让用户更快知晓邮件内容；即时通信工具具有留言功能，但手机即时通信的留言提醒功能使得用户不必被动等到下次上线才提取。

二、手机传播的不足

手机作为媒体最大的优势在于便于随身携带。手机媒体是一种数字化新媒体，作为网络媒体的延伸，网络媒体的许多特性（包括不足）也延续到手机媒体上。在现阶段手机媒体存在以下不足。

（一）虚假与不良信息传播

一些不法分子发布虚假信息，大肆招摇撞骗，各种淫秽信息和流言蜚语借手机流传，败坏了社会风气，误导公众，导致社会秩序的混乱。

（二）侵犯个人隐私

针对越来越多的不法之徒利用手机等电子产品的拍照功能进行偷拍，一些国家和地区的立法机构开始介入。韩国要求用照相手机拍摄时必须自动发出响亮的快门声，以有效制止手机偷拍现象。日本政府制定规范，禁止在公共浴室、更衣室等偷拍高发地点使用照相手机。英国政府禁止人们携带手机进入某些可能进行偷拍的公共场所。美国芝加哥市规定，在公共浴池和淋浴间，未征得当事人同意，禁止对其进行拍照；芝加哥市议会提议，对违反规定的人处以 5～500 美元的罚款。

不幸的是，在智能手机时代，人们毫无隐私可言。其中被侵犯得最多的三个系统权限分别是：定位、剪贴板和通讯录，其中手机定位次数占数据比重更是达到了 98％。这无疑让用户在流氓应用和大数据面前毫无隐私可言。而这对于侵犯隐私的第三方来说却可以从中牟取非法利益，通过推送或者出售信息的方式获得大量营收。

（三）信息垃圾

目前，中国网民收到的垃圾邮件数量已经与正常邮件数量相当，垃圾短信也不计其数。

（四）信息安全

一些手机黑客针对手机软件专门设计了一些病毒，对广大的手机用户进行攻击。有些病毒利用了手机芯片程序中的漏洞或缺陷，用简讯的形式将病毒代码播发，从而造成破坏。而其他曾经出现过的手机病毒，能使手机自动关机、死机等，甚至破坏芯片。部分手机病毒甚至还可使手机自动报警、将机内个人地址簿自动转发等。

（五）手机所固有的技术缺陷：屏幕小，电池续航能力不足

屏幕小是手机的固有缺陷之一，但是，近年来，手机屏幕的尺寸越来越大。2011 年以前，手机屏幕的主流尺寸还是 3.5 英寸，2009 年很多手机厂商已经开始生产 4.0 以上英寸的屏幕。2011 年 9 月三星对外发布了 5.3 英寸的 Galaxy Note，取得了巨大的成功。2012 年以后，大屏手机像雨后春笋一样冒出来；目前 6～7 英寸的大屏手机是主流。

但是，电池依然是智能手机发展的制约因素。人们对智能手机的依赖越来越大，电池技术的发展却满足不了需求。目前，解决问题的方式仅仅是增加容量。但这远远不够，全新的充电技术（如动能充电、燃料电池技术等）是未来的发展方向。

虽然手机媒体存在不足之处，但是手机作为新媒体已经实现移动电话媒介身份的突破，成为人随身携带的信息系统。手机作为新的传播终端，以高效、便捷、及时、互动的特性，为人们提供更为丰富、更加个性化和随时随地的信息服务。这将是一种不同于以往的、向传统媒体发起挑战的全新的文化生产样式和信

息传播渠道。

从手机媒体的特点来看，它完全不同于传统媒体，而是和网络的传播特性较为接近。其功能是多元合一，比如，通话时手机就是移动电话，发短信时手机就是文字媒介，上网时手机就是网络媒体。应该说，手机媒体是网络媒体的延伸。

庞大的手机用户构成了大众传播所必需的大量的分散的受众。手机的特点在于随着其功能的日益强大，它正逐渐从一种通信工具向信息平台转型。

作为具有信息载体功能的终端，手机在实现自身基本功能属性的过程中，面对海量的终端用户进行直接接触，因而有可能对特定信息进行最大限度的有效传播，进而达到一种类似甚至超过传统媒体的大众传播效果（无论是在广告还是新闻方面）。在当今这个信息爆炸的时代，现代社会正以裂变的方式不断地制造信息，传统媒体在满足人们日益增长的信息需要时也遇到了各种制约，渴望自己的信息能够更快、更好地传递给目标客户群体。对传统媒体而言，这就找到了一个极佳的突破点。这种供求关系的扩张，使得将传统媒体的优势和手机的优势结合起来成为可能。

手机的特点在于可移动性以及个性化。一方面，即时滚动新闻的推出使得用户可以随时随地看到一些重要而简短的新闻；另一方面，报纸、广播、电视等传统媒体长期发展形成的信息采集网络、媒体品牌、广告经营以及社会公信力，也是目前其他新兴媒体所无法跨过的一道门槛。传统媒体与手机媒体的结合改变了信息的传播方式和内容表现形式，但其最深层次的本质并没有发生根本性变化，从长远来看，这有利于传统媒体强化自身的品牌优势，进而吸引更多的受众使用传统媒体的服务。

第二节　手机媒体引发的问题

作为迷你型电脑的手机，本来是移动通信工具，现在已经成为大众媒体，迅速地改变着中国社会的传播格局，重塑着人们传播信息的习惯。它促进社会的传播和互动，带给人们从来没有过的传递信息的便捷和自由。作为新生事物的手机媒体，有着其他媒体所没有的优越性；但它在发展过程中难免存在不足，产生许多不容忽视的负面影响。尤其是，无限丰富多样的信息被不加控制地传播，易造成信息传播的污染，导致传播生态环境的恶化。手机媒体目前存在的缺陷主要有以下几类。

一、违法手机短信

手机短信，在中国经济贸易往来、联络感情、提供便捷服务等方面发挥着重要的作用。与此同时，短信也成了一些网络内容提供商攫取非法利益的工具，它们在短信业务中频动"手脚"，使这些服务成为手机用户防不胜防的陷阱。

手机违法短信治理的重点是民众接触多、影响大、反应强烈的违法发送手机短信息的行为，具体包括：假冒银行名义发送手机短信进行诈骗（见图7-3）；散布色情、赌博、暴力、恐怖内容；非法销售枪支、爆炸物、走私车、毒品、假钞；发布假中奖、假婚介、假招聘，或者引诱、介绍他人卖淫嫖娼等。

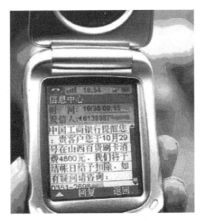

图7-3　不良短信危害凸显

一些不法分子发布虚假信息，大肆招摇撞骗，各种淫秽信息和流言蜚语借手机流传，败坏了社会风气，误导公众，导致社会秩序的混乱。凤凰卫视2003年2月14日报道了珠海市公安局通讯监察处抓获两名通过发送移动电话短信，散布大米、食盐将面临紧缺等谣言，造成市场严重混乱、紧张的违法分子。

当前，最让普通大众切齿的是"欺诈型"短信，其纯属一种空对空的诈骗犯罪。其中，手机"中奖"诈骗是最严重的，上当受骗的人最多。犯罪分子常利用假身份、假姓名、假单位开立银行账户骗取金钱入户，而且多为跨省市作案、外来人员作案。他们还常常利用广州、上海、深圳、北京等经济发达地区的便利，以假公司的名义行骗，提高受骗人的信任度。事实上，作案者往往不在这些地方，而是在异地发送短信，之后通过联网的银行提款机，异地取钱。在短短几天里，让受害人连续汇入同一银行账户多笔资金，得手后，作案者便立即关闭手机，提取现金，逃之夭夭，使受害人再也无法找到他们。

据新华网 2003 年 3 月 2 日的消息，武汉市公安局经侦处破获了一起利用国际互联网进行非法传销的案件，抓获主要犯罪嫌疑人吕某、伍某某等人。这是武汉市破获的第一起网络传销案，涉案金额高达 135 万元，涉案人员达 1 000 余人。

2006 年 12 月 19 日上午和中午，山东青年农民朱某某两次给铁道部部长办公室打电话，声称自己是一名逃犯，要把 K50 次火车轰上天。铁道部公安局获报后，锁定恐怖资讯源来自山东省临沂市，并派出 100 多名警力展开侦破工作。当天午夜 11 时左右，济南铁路公安处民警赶到临沂市平邑县一村庄内，将正趴在床头看电视的犯罪嫌疑人朱某某逮捕。2007 年 4 月中旬，济南铁路运输法院以编造虚假恐怖资讯罪，判处朱某某有期徒刑两年。

通过手机行骗的案件越来越猖獗，这类案件已蔓延至全国各地，被骗金额从几千元到数万元不等。手机诈骗集团常用"猜猜我是谁?"开头，引诱接听电话的人上钩，然后行骗。这类骗案自 2006 年下半年在广东出现以来，有越来越泛滥的趋势。警方指出，诈骗集团主要行骗对象有两类：一类是公司的董事长、总经理或政府部门的高级官员；另一类是随机拨打的号码或吉祥数的号码，如 888、666、168 等。为使诈骗成功，诈骗集团会充分准备，收集受害人资料，还会对诈骗过程进行排练。手机诈骗集团分工明确，一般以 3～5 人为一个小组，专人负责打电话，专人负责诈骗账号管理，专人负责现金提取。普遍采用异地作案、异地诈骗、异地跨行取款的方式。

目前，手机短信违法犯罪活动有以下几个特征。

发送违法手机短信的作案人多为团伙，团伙内部分工严密，有的购买手机、办理手机号，有的开设银行账号，有的群发手机短信，有的专门从 ATM 机提款，得手后立即隐藏，具有很强的隐蔽性。

发送违法手机短信的数量巨大。越来越多的作案对象使用短信群发器和群发软件等专用工具，能够在短时间内向大量的用户号段发送违法信息，一次发出成千成万条信息，总有上当的用户。

发送违法手机短信的活动多使用异地手机号码，而且发送短信、开设银行账户、取款这几个环节通常不在一地实施。

违法手机短信的内容越来越具有诱惑力，使人抗拒不了，更有甚者冒充银行和公安机关，利用群众对银行和公安机关的信任进行诈骗，具有很强的欺骗性。

另外，利用手机信息贩卖非法商品、介绍卖淫的现象也比较普遍。

手机用户应注意：不要轻信虚假信息；不要因贪小利而受违法短信的诱惑；

不要拨打短信中的陌生电话；不要泄露个人信息，特别是银行卡信息；不要将资金转入陌生的账户。以下是几个典型的手机短信陷阱。

陷阱一：发短信返话费原来是诱饵。

2005年4月，不少人收到一条自称联通和移动发的短信，信息原文这样写道："移动和中国联通合作为祝贺2004年短信费突破50亿元，您把此消息转发10户，您的户上将加上99元话费，我在家刚试过是真的，快转，后查话费。"于是，何女士抱着试试看的心态给10个朋友转发了这条消息，结果，稍后查询话费时才发现这是个骗局，非但没有返话费，短信费也照样被扣。

对于此类以免费"午餐"为诱饵的信息陷阱，消费者应提高警惕，以免陷于既上当受骗又投诉无门的尴尬境地。

陷阱二：未订短信费用被扣。

某通信公司无缘无故扣了方女士两个月共计90元的代收信息费。方女士夫妇年过五旬，儿子在外地读大学，他们从来不上网，也不发送短信息，更未订购过什么短信息。方女士打电话询问，工作人员说是从网上下载铃声的短信息收费，通信公司只是代收。她很纳闷："什么服务都没有享受过，代收信息费到底扣的是什么钱？"

一旦发现自己的手机费用无端增加，一定要向运营商查询（如中国移动拨打10086，中国联通拨打10010，中国电信拨打10000）。由运营商责成SP（网络服务提供商）退赔或双倍返还消费者被扣费用。

陷阱三：友情短信藏"黑洞"，一旦回复便订制。

2005年春节前夕，有人连续收到陌生的手机短信，信息说："春节长假到了，我们交个朋友，一起去游玩？"开始没有理会，但该短信接二连三发来，有人忍不住，就回复了一条："你是谁？"随后几天，类似短信不断骚扰他。而且随后去营业厅缴费，结果被告知回复的两条短信收费高达16元。营业厅工作人员解释说，这种短信一般是由恶意网站发出的，不管机主回复了什么内容，都默认为该手机号在其网站注册了，而收费标准谁也不清楚。

这类信息陷阱属欺诈行为。消费者发现被骗后，由于难以追查责任人以及诉讼成本过高，其利益赔付要求往往被迫搁置。谨慎回复成为避免被骗的首要条件。

陷阱四：短信服务被取消，服务费用难退订。

王先生曾订制某网站的新闻短信服务。后来单位统一配置了CDMA手机，王先生就到移动营业厅办理了停机保号业务，暂时不使用自己的 GSM 手机了，同时他向这个网站申请取消新闻短信包月服务，但王先生被告知：该项服务当月不能取消，只能等下个月再说。可到了第二个月，王先生已经停机保号的手机仍被收取了新闻短信包月费用。他与网站联系，网站称：没有收到移动关于该用户停机的通知。如办理退订业务时遭推诿，首先考虑同运营商的投诉机构沟通，在没有结果的情况下，可考虑向消费者协会投诉或提起诉讼。

二、手机传播的垃圾信息

虚假与不良信息传播，以及垃圾消息泛滥，是手机媒体发展中存在的棘手问题之一。

瑞士圣加伦大学、国际电信联盟联合进行的一项研究显示，超过 80％ 的欧洲手机用户至少收到过一条短信形式的垃圾消息。

调查结果还表明，在所有受访者中，有 83％ 的人认为，在未来 1～2 年内，垃圾消息将成为困扰他们的一个严重问题。

尽管在短信的流行性方面美国远落后于欧洲，但目前在北美地区使用的手机中，至少有 75％ 的手机支持短信技术。调查表明，至少 10％ 的美国手机用户收到过垃圾消息。

此外，手机号过于易记，容易引来更多的垃圾信息与骚扰。现在很多人都想申请吉利而且容易记忆的手机号码，其实号码过于易记也会带来不少烦扰。

2012 年 12 月 28 日，《全国人民代表大会常务委员会关于加强网络信息保护的决定》出台。该决定第七条明确规定："任何组织和个人未经电子信息接收者同意或者请求，或者电子信息接收者明确表示拒绝的，不得向其固定电话、移动电话或者个人电子邮箱发送商业性电子信息。"

中国法学会消费者权益保护法研究会的一项调查显示，一个手机号在收到的 244 条垃圾短信中，违法短信占三分之一。且不少违法者联系电话被举报后仍能接通，"继续做业务"。

美国、韩国等国家规定，消费者购买手机时必须出示身份证，由售货员将顾客的身份证号码、住址等输入电信运营商的中心数据库。当手机用户发送信息时，电信系统的存储单元中会留下发送方的手机号码，并能据此查到该发送人的姓名、地址等信息。

有些国家虽允许广告商发送手机短信广告，但有规制。如短信广告必须写明

"广告"字样，且商家在每天晚上 9 时至第二天上午 8 时之间不得发送短信广告。德国、韩国和印度则要求电信运营商每年提交关于阻止垃圾短信传播的正式书面报告。如果发现某一用户成为大量垃圾短信的集中地，便将其列入"黑名单"，取消其手机入网资格。此外，电信运营商还可采用关键词屏蔽过滤、禁止大规模群发服务等手段，堵塞垃圾短信的传播渠道。

英国在 2003 年立法中将兜售产品的垃圾信息视为一种犯罪行为。商业公司在使用个人信息如电子邮箱和手机号码之前，必须得到许可。一旦违规，散播者在地方法庭最高可能被罚款 5 000 英镑，在有陪审团出席的法庭，罚款数额则没有限制。

对待垃圾信息的性质问题，大部分国家和地区将其定性为严重影响社会秩序和侵害公民权益的违法行为。德国政府甚至成立了专门处理此类事件的机构，通过执行《联邦反垃圾邮件法案》受理公民的投诉和随时进行调查。德国法律规定，专门向用户发送网络信息和短信必须事先得到用户授权，否则发送方将承担包括刑事责任在内的法律责任。

中国法学会消费者权益保护法研究会专家河山认为，应该运用惩罚性赔偿原则治理。可借鉴新加坡发一条垃圾短信罚款 1 000 新元的办法，赋予相关行政机关重罚权。在民事责任上，可以规定发 1 条罚 100 元，动员消费者来共同治理。

三、手机带来的国家安全问题与个人隐私保护问题

手机通信的安全问题一向为人们所关注。

由于移动通信网使用的终端设备是手机，它由硬件和软件组成，有些境外公司通过改变手机中的软件或硬件，使其成为具有窃听、偷拍功能的设备，外观和普通手机一样，不影响正常通信功能。有些经改造过的手机，即使用户按了关机键，在屏幕上显示的字符消失的情况下也能被对方激活，在不响铃的情况下接通电话，窃听该手机四周的声音。手机操作系统也存在一些"后门"，一些具有上网功能的手机，通过网络也会感染手机病毒和被植入窃听程序，出现非法窃听和远程控制功能。

《中华人民共和国保守国家秘密法》第二十六条规定：禁止在互联网及其他公共信息网络或者未采取保密措施的有线和无线通信中传递国家秘密。为了防止手机泄密，中共中央保密委员会专门做出规定，严禁在使用手机时谈论国家秘密，不得将手机带入谈论涉及国家秘密事项的场所，因特殊原因带入的手机应取

出电池或采取屏蔽措施，还明确提出了涉密单位的领导和重要涉密岗位的工作人员不得使用他人赠予的手机。

手机传播还带来国家安全问题。

在俄罗斯的车臣战争期间，俄空军利用电子侦察手段发现了当时车臣分裂主义头目杜达耶夫的踪迹，并轻而易举地将其消灭。

2002年3月，本·拉登的得力助手、"基地"组织的二号人物阿布·祖巴耶达赫也是因为使用手机暴露了藏身之地而落网。

因此，手机通信是一个开放的电子通信系统，只要有相应的接收设备，就能够截获任何时间、任何地点、任何人的通话信息。

有一种手机监听器，只需在一般的手机里植入具有监听功能的晶片，一拨电话就可以启动监听功能。

即使处于待机状态，手机也与通信网络保持不间断的信号交换，利用侦查监视技术可通过产生的电磁波谱发现、识别、侦察和跟踪目标，并对目标进行定位，从中获得有价值的情报。

即使关闭手机，持有特殊仪器的专家仍可遥控打开手机的话筒，实施监听。因此，使用者只要将手机放在身边，就毫无秘密可言。在手机制造过程中往芯片植入接收和发送功能，这种手机即使关机，只要有电池，机内的接收装置就能接收话音信息，并可随时发送出去。通过地球同步卫星上的中继站，将信息传递到某处地面处理系统。用户在必要时应将手机放在无法监听谈话内容的地方，以避免被窃听。

一些发达国家的情报部门，军方和重要政府部门，都禁止在办公场所使用移动电话，即使是关闭的手机也不允许带入。

此外，恐怖分子制造手机炸弹的例子也时有发生。

2004年3月11日，马德里发生连环恐怖爆炸案，造成200多人死亡、1 000多人受伤，成为西班牙有史以来伤亡最惨重的爆炸案。经查实，恐怖分子使用的就是手机炸弹。

我国是手机用户最多的国家，如果对手机的双刃剑效应没有充分的认识，那么国防信息、经济信息和科技信息的安全性将存在严重隐患。

智能手机在给人们带来方便的同时，也存在潜在的安全隐患，用户隐私泄露是其中一个严重问题。有以下四种常见的隐私泄露方式：（1）应用中的隐私泄露。（2）应用间的隐私泄露。（3）传感器数据造成的隐私泄露。（4）网络传输中的隐私泄露。目前，智能手机第三方应用程序过度收集用户个人信息的现象较为普遍，为有效保障智能手机用户隐私安全，应当完善第三方应用程序的审核流程，建立统一的隐私保护标准，同时充分发挥行业自律的引导作用，构建体系化的隐私条款管控机制。

目前，手机 App 的隐私泄露问题十分严重。如：违规收集个人信息，违规使用个人信息，欺骗误导用户下载 App，App 强制、频繁、过度索取权限，超范围收集个人信息，等等。

2018 年 8 月，中国消费者协会发布《App 个人信息泄露情况调查报告》称，遇到过个人信息泄露情况的人数占比为 85.2％，没有遇到过个人信息泄露情况的人数占比为 14.8％。2019 年仅 11 月、12 月 12321 网络不良与垃圾信息举报受理中心就收到用户 App 投诉 4 900 余条，投诉内容涉及个人信息收集使用规则、权限申请、个人信息收集、个人信息使用、个性化服务、账号注销等多个方面。

国家互联网应急中心 2021 年 5 月发布的《2020 年我国互联网网络安全态势综述》报告称，近年来，微信小程序发展迅速，但其用户个人信息泄露风险较为严峻。国家互联网应急中心对国内 50 家银行发布的微信小程序进行了安全性检测。结果显示，平均一个小程序存在 8 项安全风险，未提供个人信息收集协议的超过 80％，个人信息在本地储存和网络传输过程中未进行加密处理的超过 60％。

2021 年 11 月，国家计算机病毒应急处理中心通过互联网监测发现 17 款移动应用存在隐私不合规行为，违反《中华人民共和国网络安全法》《中华人民共和国个人信息保护法》相关规定，涉嫌超范围采集个人隐私信息。

针对信息安全问题，国家相继出台《信息安全技术个人信息安全规范》和《网络安全实践指南——移动互联网应用基本业务功能必要信息规范》，对 App 超范围收集、强制授权、过度索权等个人信息安全问题进行了明确规定。但是，离有效保护用户隐私权还有很长的道路要走。

四、手机照相功能带来的公民隐私权保护问题

手机的拍照功能日益增强，一些手机有其独特功能的设计，把摄像镜头安装在手机的背部，并且还可以被隐藏起来，因此伴装打电话也能轻而易举地拍下一些机密东西或侵犯个人隐私。

（一）手机功能多样化，拍摄、录音等功能让人担忧

当前影响和争议最大的是可拍照手机的偷拍问题。手机用户几乎能够随时随

地隐蔽地拍摄，而且可以马上将所拍摄的内容随意发布到互联网上。不少用户有意无意地侵犯隐私权、肖像权、名誉权，或偷拍国家、企业的机密等，负面事件屡屡出现。如今许多网站贴图区里充斥着用手机偷拍的照片，成为网站吸引眼球、增加浏览量的一大法宝。有报道称，某高校一女孩有一阵总感觉怪怪的，走在路上被人盯着看，且在背后窃窃私语。有一次她去学校附近网吧上网，网吧老板诧异地说她真像网站贴图区里一个女孩。她赶忙登录上去点击图像查看，结果几乎当场昏倒，图上显示的分明是她在宿舍只穿着内裤走动的情景。此类问题如果不加以规范的话，将会引起更为严重的影响。

手机拍摄功能让人担忧，其录音功能更是恐怖，以前偷录他人谈话还得用录音机，再小巧也会让人觉察，用手机则不容易引起对方的怀疑。还有许多人忽略了它的录音功能，双方通话，只要简单操作就能录下谈话。日常闲聊，也能用手机神不知鬼不觉地录下他人的言论。

目前，不仅公众人物的隐私权受到拍照手机侵犯，普通人也感受到了它的威胁。一些国家已意识到这一问题的严重性，正在限制这种"隐蔽照相机"的使用范围。对可拍照手机侵犯隐私权或窃取机密的控制，实际上针对的是有关传播者自律和他律。侵犯隐私权并不是拍照手机的错，而是使用者的错。因此，应该对使用者在他律上进行有效限制和约束。

（二）各国纷纷立法严禁手机偷拍

偷拍而使他人隐私权受到侵犯的事件在各国时有发生。特别是拍照手机的普及使偷拍变成了一件更加容易的事情，偷拍地点也从之前的浴室、卧室延伸到健身中心、饭馆之类的公共场所。

拍照手机还有可能成为窃取商业秘密的工具。由于拍照手机具有很强的隐蔽性，公司的重要图纸、样品，很可能在几秒钟之内就被偷拍并传输出去。商场内禁止拍照几乎已成为零售业不成文的行规，但面对照相手机，这一行规则显得无能为力。

手机厂家为增加卖点，在手机拍照技术上互相攀比，一方面手机拍照技术日渐完善，另一方面也为偷拍提供了更大的便利：首先是摄像头的隐蔽性越来越强。其次，市场调查显示，消费者对高清晰的拍照手机兴趣颇浓，生产者便在高清拍照手机上大做文章。

2020 年 2 月，小米在国内正式发布小米 10，将智能手机的照相功能带入了亿级像素的时代。随后，三星 Galaxy S20、小米 11、荣耀 50 Pro 等亿级像素智能手机相继进入市场。

对于可拍照手机等高科技产品，我国目前还没有具体的管理规定。有人认为，科技本身就是一把双刃剑。个人在享受科技成果的同时，不能对社会和他人利益造成损害。在有些人利用科技损害社会和他人利益的情况下，国家的法律法规要及时调整。

对偷拍者侵权或者违法犯罪行为的查获和取证很困难，建议对拍照手机的使用范围加以必要的限制。在有些场所，拍照手机应当视同照相机、摄像机，因此禁止拍照的地方都应该禁止使用拍照手机。

有人认为，在一些场所禁用拍照手机对公民权利限制太严厉。拍照手机的一项关键功能就是通信。如果在未禁止通信的场所禁止使用拍照手机，有侵犯自由通信权的嫌疑。也有专家认为，拍照手机的出现是科技和社会文明的一大进步。我们的社会允许并鼓励科技进步，但它并不应当表现为法律监督和制约作用的减弱。

针对越来越多的不法之徒利用手机等电子产品的拍照功能进行偷拍，一些国家和地区的立法机构开始介入，例如：

韩国的法律规定，可照相手机在拍照时必须发出声音提示。

日本政府制定规范，禁止在公共浴室、更衣室、健身房、全国性政府机关等偷拍高发地点使用照相手机。

在英国，顾客不能携带可拍照手机进入健身房等场所。

澳大利亚政治家们正在游说通过一项禁止把可拍照手机带入校园的新法案。

美国芝加哥市规定，在公共浴池和淋浴间，未征得当事人许可，禁止对其进行拍照。芝加哥市议会提议，对违反规定的人处以 5~500 美元的罚款。

2004 年 9 月 21 日和 12 月 7 日，美国参众两院分别通过的一项法案宣布，任何使用拍摄、录像设备在公共场所偷拍他人"暴露"照片的行为是违法行为，当事人不但可能被处以高额罚款，情节严重者还有可能被判入狱。根据法案规定，任何未经许可在公共场合对"裸体"或者"仅以内衣示人"的人进行摄像和拍照的行为均属违法行为。当事人依据情节的严重程度可能被处以超过 10 万美元的罚金、1 年的监禁，或者同时处以上述两项处罚。但这项法案并不适用于那些从事情报和监狱管理等工作的美国政府执法人员。

2007 年 3 月，法国立法规定，除新闻从业员外，任何人利用摄像工具拍下暴力实况，然后将影像上传到互联网上广为流传，将可被判处最高 5 年监禁及罚款

7.5万欧元。

法国是欧洲首个颁布这类法令的国家。这种利用摄像工具将暴力行为录下，然后通过互联网或手机传播的行为称为"巴巴乐"（happy slapping）。摄像者一般就是施行暴力的人，以青少年为主，受害者大部分是路过的陌生人。但也有评论认为，有关当局为取缔"巴巴乐"风而采取的立法行动是笨拙和近乎极权的。

（三）偷拍动机分析

1. 寻求刺激

2007年8月，宋某在西单图书大厦用手机偷拍买书女孩们的裙底风光被抓获，宋某声称自己"工作压力比较大，心里空虚，一直想找点刺激"。寻求刺激成为偷拍者的一大动机，越来越多冠以"偷拍"字样、涉及个人隐私的图片传到网上后，吸引了同样寻求刺激的网民点击，甚至成为搜索热门。恶性循环使有偷拍行为的惯犯或登徒子越来越多。"手机可以使我们在毫不知情时被偷拍，无奈地成为网络走光事件的主角。"一位女网友如是说。

2. 敲诈勒索

以敲诈勒索、从中牟利为目的的偷拍会给当事人造成极大的伤害。在日本娱乐圈2001年轰动一时的偷拍事件中，深田恭子、米仓凉子等众多一线女星泡温泉被偷拍，事后这些录影带先是用于敲诈勒索，敲诈不成又被公然贩卖。手机拍照功能越来越强，用照相机、摄像机偷拍进行敲诈勒索、从中牟利的情况也普遍发生。

3. 心理问题

北京某医院的一位心理医生认为，偷拍者的动机可以分为三类：勒索、心理变态或者无目的只是好奇。如果以勒索为目的，那么偷拍和绑架在本质上是一样的，只是手段不同。偷拍从动机到行为能够找到解释的根据，但是违反了公认的道德标准。如果是心理变态，要看他的动机是否偏向于性，即借助某种非正当手段获得性满足，譬如用手机偷拍隐私部位。对第三种进行界定比较难。

至于被偷拍者知情后的反应，大致分两种：要么是息事宁人，不愿意公开；要么是勇敢地报警将坏人绳之以法。从心理学角度分析，息事宁人者具有外部控制型个性，他们感觉事件的结果主要由外部因素决定，并非自身力量能够左右的；而勇敢报警者具有内部控制型个性，他们自我控制感强，认为凭借自己的努力可以解决问题，因此他们的态度比较乐观、积极。

在中国，偷拍他人隐私将被治安拘留。现行《中华人民共和国治安管理处罚法》明确规定：偷窥、偷拍、窃听、散布他人隐私的，处 5 日以下拘留或者 500 元以下罚款；情节较重的，处 5 日以上 10 日以下拘留，可以并处 500 元以下罚款。当事人如果在公共场所被别人用手机偷拍，可以责令偷拍者删除照片，若遭拒绝可拨打 110 报警。

五、交通安全

驾驶时使用手机影响交通安全已经是一个路人皆知的问题。

2005 年 5 月 16 日，悉尼两名女学生拍下了校车司机一边驾车一边发短信的照片。从《星期天电讯报》刊登的照片上，可以看见司机一只手拿着手机，另一只手握着方向盘。这两名女生是用自己的手机拍照的。她们告诉记者，该司机用了 15 分钟发短信和打电话，在这期间他的眼睛根本没有看路，而他的车上共载了 60 多名学生。新南威尔士州交通部部长沃特金斯说，这名司机已经被停职，事件交由警方处理。

2004 年 1 月 6 日，美国首都华盛顿市议会通过一项法案，禁止司机在驾车途中用手接打手机，违者将被处以 100 美元的罚款。这项于 2004 年 7 月开始实施的法案规定，除非遇到紧急情况，司机不能在驾车途中用手接打电话，否则他们将会收到交通违规传票，并被处以 100 美元罚款。但他们可以使用免提设备接听电话。早在 2001 年 6 月，美国纽约州就通过了同样的立法，该州也成为美国第一个禁止司机在驾车途中用手接打手机的州。

2004 年 12 月，英国驾车禁用手机的法律生效。违反者当场会被罚款 30 英镑，如果被指控上法庭，最高的罚款金额是 1 000 英镑。

六、手机病毒

计算机病毒对我们来说再熟悉不过了，而手机病毒的出现则比较晚。现在，手机功能已不再只是简单的通话，更多的是上网、查看邮件、玩网络游戏、使用金融服务及其他的数据服务，这极大地丰富了手机的使用场景，手机已经逐步成为袖珍电脑。与此同时，手机功能的增加也让各种病毒有了可乘之机。随着手机功能的增强以及数据业务、网络服务的增加，手机病毒与电脑病毒一样，非常普遍。

我们可以将手机病毒定义为：原理和计算机病毒一样，以手机为感染对象，以移动通信网络和计算机网络为平台，通过病毒短信等形式，对手机进行攻击，从而造成手机异常的一种新型病毒。实际上，手机病毒比传统的计算机病毒危害更大。手机是一种即时通信工具，综合了电子邮件、个人多功能信息管理工具、即时聊天软件等各种功能。手机用户间的信任度高于网友之间的信任度，因此互联网上的病毒一旦出现手机版本，其破坏性将远远超过网络病毒。

手机病毒实质上也是一种计算机病毒，与普通的计算机病毒有很多相似之处，主要特点包括：（1）手机病毒也是由计算机程序编写而成。（2）同样具有传播功能，可利用发送普通短信、上网浏览、下载软件和铃声等方式，实现网络到手机的传播，甚至实现手机到手机的传播。（3）具有类似计算机病毒的危害后果，包括"软"危害（如死机、关机、删除存储的资料、向外发送垃圾邮件、拨打电话等）和"硬"危害（损毁 SIM 卡、芯片等硬件损坏）。

目前，手机病毒传播和发作必须具备两个基本条件：一是移动服务商要提供数据传输功能；二是手机使用的是动态操作系统，也就是支持 Java 等高级程序的写入功能。现在凡是具有上网及下载等功能的手机都满足上面这两个条件，这些智能型手机其实就是一部超微型电脑，因此，受到病毒攻击的可能性比较大。而低端的非上网手机被病毒感染的机会比较小。

手机病毒造成的危害主要表现在以下几个方面。

第一，侵占手机内存或修改手机系统设置，导致手机无法正常工作。手机的工作原理与电脑类似，有专家认为手机就是经过简化的电脑，手机的正常运转必须依赖一定的软件和硬件环境。根据国内外手机病毒报告，病毒通过干扰软件运行环境或修改硬件配置信息导致手机系统无法正常运转的情况成为手机病毒最常见的危害之一。臭名昭著的"卡比尔"手机病毒就属于这种类型。它通过手机的蓝牙设备传播，病毒发作时，手机屏幕上会显示"Caribe……"字样，中毒手机的电池将很快耗尽。"卡比尔"手机病毒已经进入包括中国在内的 20 多个国家和地区，并且正以惊人的速度进行传播。

第二，盗取手机上保存的个人通讯录、日程安排、个人身份等信息，对机主的信息安全构成重大威胁。近两年来，与手机相关的科技迅猛发展，智能手机逐步从高端走进普通消费者的视野，集成了商务通、PDA 等性能的多功能手机价格已经降到了普通消费者可以接受的水平，这就意味着越来越多的人将把手机作为存储个人信息的重要载体，因而它不可避免地成为那些别有用心的黑客、病毒编写者的攻击对象。

第三，传播各种不良信息，对社会传统和青少年身心健康造成危害。智能手机在方便大众、造福社会的同时，也为不良、有害信息的传播和展示提供了便利通道和场所。手机之间黄色短信"满天飞"的现象已经证明了这一点。各种不良图片、色情电话录音、色情暴力小电影也开始在手机中传播。

第四，通过代码控制手机进行强迫消费，导致机主通信费用及信息费用剧增。有的病毒能控制手机用户在本人不知情的情况下自动拨打色情等不健康服务电话，不仅导致手机用户付出巨额通信费，而且可能带来严重的社会后果。

第五，攻击和控制通信"网关"，向手机发送垃圾信息，致使手机通信网络运行瘫痪。专家指出，手机通信网中的"网关"是网络与网络间的联系纽带，就像互联网中的网关、路由器等设备的作用一样。如果手机病毒针对手机网络中的网关漏洞进行攻击，将可能对手机通信网络造成影响。

随着手机的普及，特别是智能手机和 5G 网络的发展，手机病毒的传播速度和危害程度也将与日俱增。新的手机病毒不断涌现，传播方式千变万化，使每一个身处手机时代的人防不胜防。

七、手机引发的其他问题

（一）手机铃声或手机通话在公共场合造成噪声污染

手机铃声正成为城市生活中的新生噪声污染源。在图书馆、剧院、音乐厅、教室等公共场所，手机铃声常常乍然响起，某些人不顾他人在意与否，拿起手机就大声吆喝，实在让人难以容忍。在一些会议或课堂上，尽管主持人或老师事先要求大家使手机处于静音状态，但手机铃声仍然此起彼伏。不仅如此，一些坐在主席台上讲话的人也会被自己的手机铃声打断，从腰间摸出手机，不慌不忙接听，把台下听众都晾在一边。在一些高雅音乐会上，当全场观众屏息聆听优美的音乐时，时而也会有刺耳的手机铃声响起，大煞风景。

（二）手机上瘾症

庞大的手机用户群，手机 24 小时随身携带、开放式、即时传播的特点，使手机媒体成为现代人们参与各种社会活动的快捷、实用平台。

新加坡《星期日时报》曾对 150 名年龄从 14 岁到 40 岁不等的手机使用者做了抽样调查。有 1/4 受调查的人表示，如果一天没有手机，他们就会无所适从。调查也显示，有 93％的人会在饭桌上使用手机。而有六成的受调查者坦言，即使是在上厕所的时候，他们也会接听电话或发信息。

手机也是年轻人谈情说爱不可缺少的一部分。有56%的年轻人表示，他们经常会用手机发信息，相互联络。

（三）手机带来的环境保护问题

随着人们生活水平的日益提高，手机已成为人们日常生活中不可或缺的通信工具。然而，电子技术不断升级，社会对手机功能需求的不断更新和膨胀，使得手机被废弃和淘汰的速度越来越快。这些废旧手机若得不到妥善的处置，将对人类健康和环境安全构成极大的危害。一块旧手机电池里的镉就能严重污染6万升水，这些水可以装满3个奥运会的标准游泳池。

据工信部统计，我国平均每年淘汰近7 000万部手机。赛迪网的调查显示，中国近六成的用户有换机需求。高收入或对手机时尚比较敏感的用户半年左右换一次手机；半年至一年换手机的用户比例为12.8%；一年至两年换手机的用户比例为24.4%。彩屏、和弦、无线上网、数码拍照到MP3，每一个新功能，都会带来一个新换机时代。

若按平均每个用户每3年换一次手机的保守频率估计，每部手机一般配有两块电池和一个充电器来算，中国每年就有2亿块手机电池和1亿个手机充电器变为垃圾，由此带来的资源浪费和环境问题令人担忧。

全国淘汰的旧手机，加上手机附件，产生重量达万吨的电子废物。虽然占生活垃圾的比例不足1%，但却是重金属等有毒有害废物的主要来源之一。作为数字时代的高科技垃圾，废旧手机引发了极大的处理危机。

受经济水平限制，有30%的消费者为获取一定经济利益也会选择将手机卖给二手商贩，手机商贩倒卖的手机主要流向广州等地，一部分经翻新后销售到购买力相对较弱的地区，而那些失去价值的零部件和外壳则被随意丢弃，一部分由小作坊露天提取贵重金属，残液则直接倾倒，以牺牲环境为代价赚取私人利益。20%的直接丢弃的手机则混入生活垃圾中，直接造成环境危害。

第三节　微信

微信是腾讯公司于2011年年初推出的一款即时通信应用程序，截至2021年8月15日，微信的注册用户数量达12亿。它的出现对人们的生产、生活、交往方式都产生了巨大的影响。

一、微信的发展

微信由腾讯公司于 2011 年 1 月推出，其用户可以通过智能手机、平板电脑、网页快速发送文字、图片、音频、视频等信息。微信亦提供公众号、朋友圈、消息推送等功能，用户可以通过摇一摇、搜索号码、附近的人、扫二维码等方式添加好友和关注公众号，可将内容分享到朋友圈。

微信不是国内第一款移动互联网即时聊天工具，设计理念也非原创，学习的榜样是加拿大 Kik Interactive 公司推出的即时通信软件 Kik。国内第一款类 Kik 产品是小米科技推出的米聊。该产品主张"熟人关系"，在米聊联系人中，100％是互联网圈内好友，米聊在普通用户中接受度并不高，主要用户是互联网 IT 界人士，也许是因为米聊基本上在业界是口口相传，欠缺一些推广。微信的市场对手不仅有国内的易信，海外的同类产品也不少。

微信在 2011 年 1 月推出后，发展速度远超微信团队自身的预期，也超出外人的想象。2011 年 11 月初，微信用户数超过 3 000 万；一个月后，这个数字已达 5 000 万，数倍于其先行者、竞争对手。面对诸多类似的通信、社交类产品的激烈竞争，微信的快速发展源于其强大的优势：一是对比移动的手机短信，它除具有短信实时推送的功能外，所推送内容的类型呈现多媒体的特征，且在费用上较手机短信有比较优势；二是其背后腾讯强大的技术和资金支持；三是庞大的 QQ 用户群基础和开发的手机号码注册交友，明确了微信是强关系属性；四是微信适用于多手机机型平台；五是微信自身的不断完善。

微信用户可以通过微信与好友进行形式上更加丰富的类似短信、彩信等的联系。微信软件本身完全免费下载安装，使用任何功能都不会收取费用，使用微信时产生的上网流量费由网络运营商收取。

二、微信的传播优势

微信是移动互联网代表性产品。移动互联网（mobile internet，MI），是一种通过智能移动终端，采用移动无线通信方式获取业务和服务的新兴业态，它将移动通信和互联网络两者结合为一体。

微信改变了人际沟通方式，其优势是其他媒体无法比拟的；微信本身是免费的；相较于短信，微信的语音和视频传播功能使信息传播者与接收者双方更直接、更真实；相较于 QQ 与电子邮件，又具有更高的到达性；相较于微博平台，沟通更为私密。具体地说，微信的传播优势如下。

（一）人性化设计，操作便捷

微信官网曾有这么一条广告："极速、新奇、方便，带给你拇指沟通新体验。"这条广告点出了微信第一个便捷之处："会说话的短信"。而"说"的操作并不复杂，只需用户在对讲时按住手机屏幕相关键，将自己想说的话说出去即可，简单的操作深得用户的心，也极大地扩大了微信的用户基础。

微信打破了传统网络交流的固定范围。通过微信，用户可以与 QQ 好友、手机通讯录联系人甚至微博用户进行交流。这样跨平台的交流更加便捷，用户使用一种工具就可以与存在于不同平台和圈子的用户进行沟通，节省了用户熟悉不同产品的时间，提高了沟通效率，也拉近了用户之间的距离，连接了用户的网络与现实生活。

微信推出 Web 版本后，用户可以不再使用传统的用户名密码登录方式，使用手机扫描二维码登录即可，开创了国内 Web 端扫描登录的先河。

（二）多媒体传播

微信可以实时传播文字、图片、音频、视频，全方位、立体地展示传播内容，使信息形式和结构发生本质的变化，具有不同阅读或收视习惯的受众都能得到满足。

随着新一代通信技术的发展，智能手机迅速得到普及，以智能手机终端为主要载体的手机媒体具有巨大的发展空间。微信具有语音、文字、图片、视频等多样的传播方式，为媒体传播提供了技术支持和传播平台。

微信的语音和视频传播方式，使得人际传播的双方能够充分地表达自己的情感，即自我表达。微信综合运用语音、文字、图片、视频等多种方式，使得传受双方能够进行充分有效的自我表达，多元化的传播方式满足了用户的各种需求。而"摇一摇"、"漂流瓶"、实时对讲功能更是对社交平台的创新，丰富了用户的社交体验，使传播效果准确且生动。

（三）系统开放，免费使用

微信支持腾讯微博、QQ 邮箱、QQ 同步助手等插件功能，支持 Android、iOS、Windows Phone 等系统的手机之间相互收发消息，几乎所有即时通信用户都能使用。

微信使用费用约等于零资费，性价比非常高。微信可以跨运营商和跨手机操作系统互发"免费"短信，短信通过使用流量发出。30M 流量可以发送上千条语音信息，而目前运营商的短信标准收费为 0.1 元/条，相较之下，微信的资费可以忽略不计了。因此，微信对传统短信产生了非常大的冲击。

（四）用户黏性高

为了推广微信，腾讯旗下产品全线联合，从 QQ 聊天面板到 QQ 邮箱，不遗余力。从传播模式看，这是基于微信传播主体非常明确，就是手机 QQ 用户。在不同的即时通信工具中，手机 QQ 占据着几乎 99% 的份额。与米聊等需要注册信息的即时通信相比，微信通过 QQ、QQ 邮箱、QQ 音乐等相关联，可以直接登录并且从 QQ 好友里添加好友，可以接收离线信息，这些优势更增强了用户黏性，使微信得到了更大范围的普及。

（五）传播主体具有双向性、互动性

从传播学角度来看，微信传播是以点对点的人际传播为主，具有双向性和互动性。

微信的传播主体即用户群体非常精确。微信主要依托智能手机移动平台，基于腾讯的平台，手机 QQ 用户是其主力军，除通过从 QQ 好友中选取传播对象外，用户还可从手机通讯录联系人中选取传播对象，传受双方容易双向关注。

基于微信传受双方来自 QQ 好友和通讯录，信息传受双方关系亲密。微信的主要功能是类似于电话联系的语音对话，从用户的心理和习惯来说，使用语言进行聊天的传受双方关系会更亲密，在精确化的交际圈里，微信的传受双方以亲人、朋友、同事为主，这也就决定了双方通过媒介传递与反馈信息的互动性更强。

（六）传播内容具有私密性、即时性

由于传受双方的强人际关系，微信交流内容也更为私密。在微博上，粉丝可以看到所关注用户发布的相关信息，传播者传播的内容是给所有认识或者不认识的人看的，内容是公开的。在微信上添加好友、建立朋友圈时，只有通过验证，才能与对方互动聊天或者在朋友圈状态中留言。尤其是在朋友圈中，用户的好友可以看到其发布的状态信息，且信息互动只停留在传受双方的移动终端上，只有传受双方能够看到，其他用户无法在自己的界面获知。用户在使用这一款软件时的隐私得到了保护，利于私密内容的交流，恶意骚扰和垃圾广告无法介入。

另外，微信整合了 QQ 和微博的功能，内容发布具有即时性。只要用户在线，就能够快速接收和反馈信息，且微信还支持 QQ 离线消息接收，在信息传达上比较迅速。

（七）传播渠道具有多媒体平台集成共享的特点

除对手机基本功能的最大化利用外，微信同时实现了传播渠道的拓展和优势平台的集中。微信相继推出了二维码、LBS 定位等功能，其中二维码是身份认同，扫一扫即可辨认用户身份信息，LBS 定位功能则可以用来找朋友。另外，微信已经打通了手机通讯录、腾讯通讯录、QQ 邮箱、腾讯微博等产品，实现了平台的跨越，表现出了移动互联网时代成为平台型产品的潜质。优势平台的集聚共享，基本上将人们日常使用的所有通信工具囊括在内。微信可以说已经成为全媒体时代的新生力量。

（八）微信构成用户全方位、立体化的社交网络

微信以强人际关系为主要社交关系。作为一款主要基于手机端的通信软件，微信是以个人人际关系为核心，通过强关系和弱关系两种方式进行信息的生产和传递。从微信强关系来看，微信最基本的关系网络是基于现实生活关系，这种关系都带有相互关注的特性，双方主要以点对点的方式沟通信息。从微信弱关系来看，微信提供了许多功能，可以扩大社交范围。弱关系所传递的信息一种是用户信息，可以通过查找附近的人、"摇一摇"等功能，接触陌生用户；另一种是通过 App 和公众号等方式接收陌生用户发布的信息。

微信用户社交范围可以分成熟人交际圈、千米交际圈和陌生人交际圈三类。熟人交际圈代表的是近距离交际圈、强人际关系圈，千米交际圈和陌生人交际圈分别代表中距离和远距离交际圈、弱人际关系圈。这三类社交圈表示微信的社交圈从熟人推向陌生人。微信通过实现三个断面的全面覆盖，形成了全方位、立体化的社交网络，人们可以根据需要更加精准地分配社交精力。

但同时，微信用户范围较窄。由于微信最基本的关系网络是基于现实生活中的"朋友""亲戚"和"同事"关系，因此线上的交往频度与线下真实社会的交往频度会趋同，整体来看，熟人之间的交往频度会高于陌生人之间的交往频度。但是双向关注的人际关联模式，必然导致作为网络舆论的用户范围狭窄，普通大众的交往范围基本维持在几百人的规模。并且微信还限制了公众号的功能，无法实现大规模传播，使得用户范围更加窄。

（九）传播效果呈扩散性、准确性

一是一对多的简单扩散能力。首先，微信公众号具备简单的广播能力。用户可关注公众号，有些"大号"的粉丝达千万级，可以实现简单的广播功能。其次，微信朋友圈也渐渐成为新的分享平台。与微博的公开信息分享不同，微信朋友圈是一个熟人圈的信息分享，是一条十分稳固的关系链，用户发送至朋友圈的信息可由圈内所有好友共享，实现了一对多的信息扩散。

二是点对点的准确传播能力。微信以点对点的人际传播为主，点对点传播可以使信息到达率几乎达 100％。而微信主打的语音聊天，点对点的传播类似于现场直播，通过声音来传达情感，能够更好地把握传受双方的心理，传受双方的关系会更加亲密。在精准的微信交际圈内，传受双方以强人际关系为主，传递与反馈的信息内容真实而准确。

（十）微信支付使得微信成为中国人必备 App

随着移动支付的普及，微信支付和支付宝成为消费者的首选。移动支付的出现不仅免去了出门忘带钱包的尴尬，而且不需要找零，十分便捷，只需要一部手机，就可以买菜、购票和乘车等，给用户带来了极大的便利。

微信作为国内用户量最大的社交支付应用，在国内移动支付行业发挥重要的作用，成为国内用户手机上必备的一款软件，在国内社交支付领域取得了无可替代的地位。

2021 年 1 月，中国支付清算协会发布了《2020 年移动支付用户问卷调查报告》，报告显示，2020 年，用户最常使用的移动支付产品是微信支付、支付宝和银联云闪付。其中，用户使用微信支付的比例从 2019 年的 87.3％增至 92.7％，支付宝比例从 2019 年的 90.7％增至 91％，使用云闪付的比例小幅下降，从 2019 年的 78.9％降至 74.9％。

总之，微信给人们的生活方式带来了变化。

正如微信官网上的广告语"微信，是一个生活方式"，以微信为代表的新信息传播媒介的产生改变了人类的生活方式和生存方式，它帮助用户建立了从熟人到陌生人的全方位、立体化的社交网络，同时满足了人们的情感需求。

三、微信存在的问题

（一）信息过载

微信信息过载主要是指微信推送可能会造成的垃圾信息问题。微信的信息传达是通过实时推送来完成的，推送使得用户不会遗漏任何信息。然而，正如垃圾邮件，如果微信信息推送被滥用，就会降低用户体验，不可避免地给用户带来困扰。同时，许多传统媒体纷纷希望通过微信扩大自己的影响力而试水公众号。但如果用户关注的公众号较多，而这些公众号每天推送的内容高度相似，则容易使用户产生不耐烦甚至厌恶的情绪，对用户来说，过载的信息就变成了垃圾。

（二）隐私保护

虽然在微信上在添加好友需要通过验证、对朋友圈设置可视范围等功能对用户隐私起到一定的保护作用，但社会上利用微信进行不法活动的案例屡见不鲜。微信涉及用户个人数据、信息隐私，如果保存和管理不当，则存在泄露的可能性。例如对通讯录和手机备份资料没有进行安全设置或妥善保管。另外，用户利用LBS功能拓展人际关系的同时，也存在个人信息泄露的问题。

四、微信使意见领袖更加多样化

在我们的日常生活中，存在着可以通过传播信息对别人的行为产生一定影响的人物，即意见领袖。研究发现，无论是报纸、杂志还是电视、广播，意见领袖的接触频度和接触量都远远超过一般人。因此，大众传播中信息并不是直接"流"向一般受众，而是要经过意见领袖这个中间环节，即"大众传播→意见领袖→一般受众"。这就是两级传播。

新媒体的出现使得意见领袖无须借助大众传播这个环节。新媒体为意见领袖提供了更为方便的传播手段，可以说新媒体催生了自媒体。只要你拥有话语权、拥有信息，你自己就是一个媒体，能吸引到关注你信息的人来关注你，随之产生影响力。微信作为很好的自媒体平台，吸引了非常多的自媒体人入驻。平等的话语权和操作简单、开放的公共平台使得越来越多的意见领袖纷纷涌现，不同职业、不同阶层，变得更加多样化。

五、微信将人际传播、群体传播和大众传播融为一体

原始的信息传播方式应该是一对一的，是一种典型的人际传播。人际传播作为人类传播活动的初始形态和典型形式，它的突出特点在于：传播过程中的传者和受者均是个体，没有面向大众，也不涉及任何组织和团体。人际传播从本质上来说是个体之间互相交换精神内容的活动。精神内容交换的质量如何，在很大程度上取决于它的媒体。在书籍传播时代，出现了一对多的传播，这是大众传播的

端倪。大众传播是专业化的媒介组织运用先进的传播技术和产业化手段，以社会上一般大众为对象进行的大规模信息生产和传播活动。

微信传播将即时的人际传播、群体传播和大众传播相融合。微信的传播范围多为手机通讯录中的好友，属于群体传播。个性化的传播操作使得微信既具备了大众传播与人际传播各自的优势，又突破了两者相结合的局限。移动终端上的微信不但可以令交流更加即时，其丰富多样的沟通方式也使得信息传播更具有精度、深度和广度。联系人间的信息传受由静态向动态转变，具有一级扩散能力，而且传播形式更加个性自主。微信越来越像一个移动的平台，通过"二维码＋账号体系＋LBS＋支付＋强关系链"的O2O方式融合了线上、线下，既可以与熟人进行多种方式的聊天，又可以通过"摇一摇"和陌生人交友，开启了人际传播、群体传播和大众传播融合的新时代。

六、微信与微博的比较

虽然微博和微信都是自媒体的代表，但它们之间存在一定的区别（见表7-1）。

（一）传播方式比较：微信侧重于人际传播与群体传播，微博侧重于大众传播

微信侧重于人际传播与群体传播，即微信是"一对一"、点对点的传播，目标群体更具有针对性。微信的传播方式大致可以分为三种：好友之间传播、朋友圈传播以及信息接收。好友之间传播是指通过通讯录和QQ好友互相添加为好友的用户之间的点对点双向传播。该类传播传受双方的关系比较稳定，传播方式与手机短信类似。朋友圈传播是指微信用户可通过手机接收自己的朋友圈好友动态，也可通过手机拍照发送到朋友圈，并在朋友圈进行简单讨论。传播范围跟自己的好友数量相关。微信"朋友圈"被定义为一种私密性的图片分享，限定于相互关注的"朋友"范围内。基于私密性，微信朋友圈的传播功能有"赞"和"评论"，但不支持转发，难以形成大规模传播。信息接收是指微信用户接收腾讯网站推送的新闻广播和公众号推送的信息等，并可以转发给自己好友或分享到朋友圈。但是系统每天只发送两篇新闻，大大限制了传播能力。个人账号接收信息后，分享给好友是一种点对点的传播模式，分享到朋友圈可以进行简单的讨论和点赞的交流，但是由于没有转发功能，无法形成微博那样的多级链条传播。

微博侧重于大众传播，传播对象通常是不确定的陌生的多数人。微博是一个

完全开放的信息平台，可以实现一对一、一对多、多对一、多对多的交互传播，信息的发布者无法预知信息的发送和接收。微博既不同于传统的线性传播，又不同于即时通信和手机的点对点传播，也不同于 BBS 等网络媒体的网状传播，它是一种裂变式传播，微博支持将信息转发给更多的用户，也增强了互动性。同时微博发送信息的频率不受限制，支持二次转发，可以实现大规模传播，传播范围广泛，具有大众媒体的特性。

应该说，微博是通知系统，而微信是通信系统，前者无须双方连接或者互动，比如，如果被关注者设置了更为开放的私信权限，那么其粉丝无须与之互粉即可发送私信，系统即可通知对方。而微信，双方彼此添加才可以实现交流，同一订阅号的不同读者也没有频繁互动，不同订阅号之间的交流也不是主流。这意味，微博承载的依然是传统的广播中心功能。微信更像是一个 I/O 系统，承载输入与输出的功能。

（二）用户网络社交比较：微信强人际关系，微博弱人际关系

从用户的网络社交方面来看，微信是以强人际关系为主要社交关系。微信作为一款主要基于手机端的通信软件，以人际关系为核心，通过强关系和弱关系两种方式进行信息的生产和传递。从微信强关系来看，微信最基本的关系网络是基于现实生活中的"亲戚""朋友"和"同事"等关系，这种关系都带有相互关注的特性，双方主要以点对点的方式沟通信息。从微信弱关系来看，微信提供了许多功能，可以扩大社交范围。弱关系所传递的信息大致有两种，一种是用户信息，另一种是通过 App 和公众号等方式接收陌生用户发布的信息。微信用户社交范围可以分成三个层次：熟人交际圈、千米交际圈和陌生人交际圈。三个交际圈使微信用户社交圈从熟人向陌生人展开。

相对于微信，微博以单向关注的弱关系人际关系为主，易于集结人群。在微博上实现社交的过程极其简单：通过点击"关注"即可成为对方的粉丝，转发、私信等功能也促进了彼此之间的交流。由"关注"行为所形成的是一种不对称的人际关系。微博以单向的跟随关系简化了社交关系，用户可以随意关注他人以接收信息，而不需要形成双向的好友确认关系，这个过程易于实现人群的集结。

（三）传播效果比较：微信的信息可信度高于微博

由于微信的传播对象多为手机通讯录中的熟人、朋友、亲属，微博侧重于大众传播，传播对象通常是不确定的陌生的多数人，所以微信的信息可信度高于

微博。

微信与微博完全是具有不同属性的产品。微博有更强烈的传播和媒体属性，而微信有更强的黏性，更好的交流体验，是一条具有私密性的沟通纽带。

微信传播以点对点的人际传播为主，传播基于个人社交关系，好友基本来自现实生活中的交往人群，微信账号绑定 QQ 号和手机号，用户以实名交友为主，导致微信传播内容具有个人私密性和准实名制的特征。从产品基础功能来看，作为一款应用于个人社交通信场景的产品，微信天然属于强关系产品，主要是熟人间聊天交流的工具，因此用户隐私得到严密的保护。微信着眼于点对点的精准定位，这一点决定了微信在产品功能上限制了信息分享，这些因素都导致微信的大众传播能力较弱。

微信可以接收腾讯新闻、公众号信息广播、腾讯微博和朋友圈推送的信息。微信虽然有三种传播方式，用户获取信息的途径多元化，但是各种传播方式在传播频率、传播渠道、传播范围上存在一定限制，导致微信在大规模群体交互上有先天局限性。微信公众号具备简单的广播能力，有些"大号"的粉丝较多，于是可以实现简单的广播功能。但是，这些"大号"的传播量受到限制。因此，微信公众号难以实现像微博一样高度互动的大众传播。

微博较之微信，即时化的个人媒体与大众传播机制的特点更为明显。在微博上通过"关注"行为所形成的是一种不对称的人际关系，这种过程很容易将人际关系从熟人的圈子扩展到陌生人，因而使得个人社交范围大大拓宽，粉丝量可高达数十万乃至上千万。松散的社交关系使微博具备了一对多的大规模群体交流的能力，从而使微博大众化传播成为一种现实。微博一对多的发布模式，借助转发使影响力呈几何级数增长，赢得规模性话语权，并且进一步反作用于传统媒体。

表 7 - 1　微博与微信的对比

	微博	微信
传播类型	**大众传播** 微博更像个人门户网站，具有大众传播特征。	**人际传播、群体传播** 微信更多的是熟人间的点对点沟通与信息传播，微信群的信息传播属于群体传播。
传播对象	以不确定的"陌生受众"为主。	传播对象为"熟人圈子"，即：熟知的少数受众，具有个人通信、人际传播、群体传播的特征。

续表

	微博	微信
传播速度	**即时性与延时性并存** 博主发布消息后，其粉丝可以实时刷微博查看消息，也可能是延迟阅读信息。 接收者通过主动刷微博接收信息，接收信息的时效性更多的是由接收者决定。	**即时性更高** 微信是一种即时传播，两人或群体之间发送消息后，对方可以即时收到信息。 接收者通过系统推送接收信息，在线传播者的信息同步到达在线接收端。
传播内容	**公共性** 微博上的传播内容以公共性话题为主，多涉及政治经济、国计民生。微博是开放的扩散传播。传播信息有公开性的特点。	**私密性** 微信上的传播内容以私密性个人生活为主。微信是私密空间内的闭环交流，传播信息有私密性的特点。 微信近似于一个私人网络，人们是在亲朋好友以及认识的人之间分享信息。 在微信上，对于有价值的信息，传播者会按强关系到弱关系的顺序传播，越有价值的信息被传播者传播的范围会越小。
信息类型	140个字以内，图片、文字、链接。	不限字数，可以是多媒体传播。图片、文字、链接、语音、视频。
传播效果	**社会效果强，个人效果弱** 微博具有大众媒体的性质，传播的内容经过大范围转发易在社会上形成舆论压力，具有强效果；但微博内容对个人用户的传播效果相对较弱。 由于有转发、评论等功能设置，能看到信息的大量回复，其中不乏谣言传播和灌水现象，容易稀释或混淆真正的信息传播内容。 ID具有买卖价值，存在大量的"僵尸粉"。 意见领袖营销影响力较弱。	**社会效果弱，个人效果强** 微信具有私密空间性质，且传播对象是"认识的人"，提升了参与度和互动性。 微信属于熟人间的信息分享，信息传播信度高，个人传播效果强。 在信息的传播及评论等过程中，由于发布信息者是熟人关系，参与人数相对较少，大大提升了信息的可信度。灌水率低，不良信息传播量大幅减少。 ID不可以买卖。 意见领袖营销影响力更强。好友间的强关系，使得微信上的意见领袖可能就是现实中的意见领袖。其观点更有可能影响群体成员，接受度更高。
传播结构	**放射状** 微博的传播结构图是以用户为原点的放射状图。	**圆圈加点线状** 微信的传播结构图是一个一个的圆圈加上点线的综合图，呈现出不规则性。
用户关系	微博用户的粉丝多为素未谋面的陌生人，相互之间无交集。	微信用户的好友多为亲戚、同学、同事等关系。

续表

	微博	微信
开放度	**高** 能通过转发让很多的人看到。微博用户的关系网是公开的，用户的粉丝有多少、有哪些，用户关注了哪些人，都是公开的。	**低** 微信用户的社交关系网是秘密的，好友之间不可查看对方的好友有哪些。
定位功能（LBS）	不支持查看所在位置。	支持查看所在位置。
产品载体	电脑、智能手机等所有智能终端都使用。	智能手机是微信的主要平台。

第四节　手机媒体的管理

伴随着手机媒体的发展，许多国家认识到对于手机媒体应该促进发展与进行管理并重。手机媒体的优势是信息传播速度快、便携性高、交互性强，这些都是纸质媒体、广播、电视等无法比拟的。与互联网一样，手机媒体作为一种新媒体，已经产生了社会影响。

然而，对手机媒体进行监管存在不少难点。

一、手机媒体监管的难点

（一）手机用户的海量性

手机用户，以及手机传播的信息量数以亿计，要想对手机媒体全面及时进行控制，甚至想要限制或禁止某些信息的传播，都不可能完全做到。社会控制对于手机媒体来说显得苍白无力。有关 SARS 的短信传播就是一个非常典型的例子。

（二）跨地域传播带来的挑战

手机传播是跨地域甚至超国界的。手机用户可以通过互联网轻而易举地登录世界上任何一个国家和地区的网站、BBS、博客等，使得网络用户出现了地域上的极端分散性。网络违法犯罪活动经常影响到多个国家与地区。在整治这些违法犯罪活动时，往往涉及管辖权方面的棘手问题。

(三)政策法规滞后

法律的进步往往落后于科技的发展，手机传播的飞速发展与相关政策、法律法规、管理的落后形成鲜明对比。同时，管理机构对手机这种全新的媒体暂时还缺乏管理经验，管理手段和方法的更新速度往往慢于新问题产生的速度。一些新出台的法律法规又缺乏现实可操作性，执行起来存在各种冲突或难以实现效果。

手机传播无疑带来了信息传播的新"自由"，不仅对传统的传播学理论提出了严峻的挑战，也给社会既定的法律法规和道德观念带来了极大的冲击。手机信息的真实性与准确性、传播作品的版权等，都是棘手的问题。

二、手机媒体在新闻传播过程中存在的问题

较之传统媒体和网络媒体，手机媒体在新闻传播方面具有天然的优势，为广大用户提供了更加快捷、便利和丰富的移动信息服务。由于手机媒体具有互动、开放、私密等特性，加之把关机制不健全，相应的管理政策和制度措施不配套，手机媒体在新闻传播过程中出现了不少问题。

手机媒体在新闻传播中存在的问题，主要表现在传播虚假新闻、散布不良信息等方面。这些问题对手机媒体的发展产生了不容忽视的负面影响，甚至可能危害到社会稳定和国家安全。

手机媒体存在传播虚假新闻的问题。这类新闻一般通过两种途径传播：一种是手机网站编译、转载了传统媒体或网络媒体的虚假新闻并进行传播；另一种是传统网站通过手机短信等方式，向那些定制本网站新闻资讯的手机用户发送虚假信息，用户再将虚假信息转发、传播，从而一圈一圈地扩散开来。不少虚假新闻具有一定的轰动效应，借助人际传播的巨大威力，通常会产生较大的社会影响。2003年3月底流传开来的"比尔·盖茨遇害"假新闻，就是最典型的例子。这条新闻源于美国一家貌似CNN的网站刊发的一则报道，在《中国日报》网站对该消息进行翻译报道后，国内网站纷纷转载，两家知名网站很快发布了手机短信报道，该新闻被评为当年国内"最有影响力"的假新闻之一。

色情、迷信、暴力和赌博等不良信息内容通过手机广泛传播，败坏了社会风气，严重危害青少年的身心健康。某些商业网站为获取经济利益，开展了专门的情爱手机短信息定制业务，不少色情淫秽信息包含其中；某些手机网站上充斥着色情文字、图片、视频等不良内容，用户可以通过"包月"的方式"随意定制""无限量欣赏"。

目前，互联网的高覆盖，智能手机的高普及，微博、微信的广泛使用，使随时拍随时发、实时分享实时互动成为潮流。在"人人都是摄影师、个个都是传播者"的大网络时代，随手拍、随时发成为时尚，每天人们身边发生的大大小小的事件和一些有特色的东西都会以一张张照片、一个个视频、一段段文字等形式，通过智能手机迅速上传至网络与朋友、网友分享。一些敏感话题容易受到关注，引起共鸣，形成热点，引发舆情。

三、我国手机媒体管理的现状及问题

我国对手机媒体的管理还处在摸索阶段。由于特殊的电信收费体制及含蓄的中国文化，中国短信文化十分发达，因此，现阶段我国对包括手机在内的手机媒体的管理主要体现在对负面短信的控制上。

我国一些地方法规已经在对手机媒体进行管理，如《贵州省手机报管理暂行办法》。该暂行办法借鉴了我国网络出版、网络传播管理法规一些成熟的做法，例如第六条。但是该暂行办法对手机媒体的概念、特征、规律还缺乏深刻的认识，尤其是将手机媒体局限于依托传统媒体的手机媒体，不符合产业发展方向，还需要进一步的完善。

手机媒体可以依据不同的标准分类。按照与传统媒体的关系，手机媒体可以分为：不依托传统媒体的手机出版，依托传统媒体的手机出版。前者管理难度大，但是代表了产业主流与方向。后者可以比照传统出版的管理模式，管理难度小，但是从互联网发展历程来看，却受制于已有的管理模式、人员结构、思想观念、资金运作等因素，很难成为新兴产业的主体。

手机媒体作为高新技术的产物，是在媒体、通信等不同行业的交叉地带发展起来的，横跨多个行业，产业链条复杂，其发展速度之快，带来的问题之复杂，超越了目前的认知水平和管理水平，出现了管理责任不明、管理依据不足、管理力量薄弱等问题，也出现了行业发展受利益驱动明显、知识产权保护不力、产业生态环境恶化等问题。

管理责任不明，存在监管空白。手机媒体管理涉及不同行业和产业部门，在管理上存在很多不明确的地方。比如，是按媒体属性由意识形态主管部门来实施管理，还是按电信增值业务由工信部来实施管理？又如，是否与传统的管理分工类似，手机报、手机电视、手机广告等手机媒体业务分门别类由相关部门实施审批、监管？这些问题都还没有准确的答案，不少业务没有明确的管理主体，没有

纳入管理视野。

管理依据不足，缺乏法规政策。以手机报为例，具有什么样的资格才可以开办手机报？是否现有平面媒体都可以自动获得这种资格？能否允许新的主体运营手机报？如何对手机媒体的内容进行把握和引导？手机媒体的版权如何保证？手机新闻网站、手机电视、手机小说等也遇到了类似的管理问题。对于这些问题，目前的法规政策尚不明确，制度措施尚不健全，引导手机媒体健康发展，是一个紧迫的问题。

管理力量薄弱，不良信息泛滥。目前，各相关部门对新媒体的管理重点放在了互联网上，对手机媒体的管理关注度不高，投入力量不大。一些手机媒体业务已发展到较大规模，但还没有纳入管理视野，形成管理真空地带。手机媒体基础运营商、服务提供商、内容提供商对产业发展的关注度很高，但对行业管理的关注度明显不够，在管理上投入的力量明显不足。

利益驱动明显，消费陷阱较多。由于无线互联网行业处于初创期，许多规则尚未建立或未被遵守，利益驱动机制发挥的作用很大，不少服务提供商为追求一己之私，费尽心力设置陷阱，诱导欺骗消费者。

四、加强对手机媒体管理的对策

近年来，手机 App 的监管变得日益重要。随着网络科技的发展，获取个人信息的途径越来越多。尤其是手机 App 等应用软件在消费者安装前，未告知其所获取的各种权限及目的，或者通过强制性手段获取个人信息，严重侵害消费者的个人信息安全。面对愈演愈烈的侵犯消费者个人信息权的现象，加强消费者个人信息权的行政监管及法律保护势在必行。

中国最高人民检察院 2022 年 2 月通报，检方 2021 年办理个人信息保护领域公益诉讼案件同比上升近 3 倍。进一步分析 2021 年办理的 2 000 余件个人信息保护领域公益诉讼案件，检方发现个人信息保护面临多方面突出问题，尤其是利用手机 App 等违规收集个人信息问题突出，一些手机 App 存在强制授权、过度索权、超范围收集个人信息等情况。

哪些群体更容易成为个人信息侵害的对象？答案是未成年人和老年人。检方发现，有的公司 App 没有以显著、清晰的方式告知并征得儿童监护人的有效明示同意，便允许注册儿童账号，并擅自收集、存储儿童网络账号、位置、联系方式，以及儿童面部识别特征、声音识别特征等个人敏感信息。同时，运用后台算法向具有浏览儿童内容视频喜好的用户直接推送含有儿童个人信息的短视频。

个人信息泄露后果不容忽视，有的引发骚扰电话、垃圾短信，有的被用于实施电信网络诈骗等犯罪。不法分子张某购买客户信息后实施诈骗，诈骗金额超过500万元人民币。

检方同时发现，个人信息保护涉及对象多、领域广，多个部门职责交叉或者职权定位不够明晰。最高人民检察院对此强调，下一步将继续加大公益诉讼办案力度，推动个人信息保护法落地落实。比如，将特别保护儿童、妇女、残疾人、老年人、军人等特定群体的个人信息，还将重点保护教育、医疗、就业、养老、消费等领域处理的个人信息，以及涉及100万人以上的大规模个人信息。

手机既是个人通信载体，又具有大众传媒性质，涉及不同行业和产业部门；手机传播信息数量庞大、内容繁杂，技术条件和标准要求高；手机信息的发布、传播、处理等具有随意性、传播时间短、影响面广等特点，信息的发布者、传播者、接收者不容易掌握；参与手机新闻传播业务的既有各类企业，又有新闻媒体，主体复杂。所有这些，都使手机传播的信息内容管理更加复杂。对于这一新兴媒体，目前国内尚无相关的管理制度和法律法规。如何对手机媒体业务特别是其中的信息内容加强监督、管理，尊重和保护知识产权，防止不良和违法信息通过无线互联网传播，是需要抓紧研究解决的重大课题。

目前，全世界只有对移动通信行业、手机用户行为进行规制的法规，却没有对手机媒体进行管理的法规。对手机媒体进行立法管理，在全世界都属于摸索阶段。

（一）对手机媒体的管理途径

在手机媒体的发展中，政府的重要性是不容忽视的，它不仅是手机媒体的管理者，还应当是新媒体发展的促进者。政府有责任净化手机媒体内容，保障手机网络安全，使这一新兴媒体蓬勃发展。

控制和自由就像硬币的正反面，是不可分割的。但在制定对手机媒体的控制策略时，必须结合手机媒体的实际情况，不能沿用对传统媒体的控制办法。

手机媒体的便携性、开放性、自由性、互动性和低成本化为"噪声"传播提供了技术上的可能，手机媒体突破地域、时间界限等特点也为手机媒体的控制增大了难度。对于传统的大众媒体，国家可以通过制定法律法规和政策控制媒体的立场，保证其为国家的主流意识形态和广大人民的利益服务。但对于手机媒体来说，一些有形的控制手段很难奏效，国家难以全面及时地监控海量的信息与用户。

对于手机媒体，主要有以下三个层面的控制途径。

1. 加强针对手机媒体的法律法规建设

这是一种硬性控制手段。目前，世界各国的手机媒体立法才刚刚起步。但立法毕竟只是形式上的问题，更大的难处在于执法的障碍重重。对手机媒体信息传播的监控，对违法事实的调查、取证，部门之间的协调等都是执法部门面临的新课题。

从 21 世纪初开始，手机媒体在全球范围内迅速发展，具有传播速度快、便携性高、传播范围广、信息量大、交互性强等巨大优越性，成为引人注目的"第五媒体"。但是手机媒体中的信息在权威性、可信度、知识产权保护、信息安全性方面等不如传统的传播方式，同时在手机媒体中还存有一定数量的黄色的、反动的、虚假的信息垃圾。因此，世界上一些国家先后颁布了相关的法律法规对手机媒体进行管理和控制。

2. 加强手机媒体伦理道德规范

虽然这只是一种软性的控制手段，但也相当有效。毕竟控制的最高境界是防患于未然。道德与法律一起成为现代社会调节人与人之间关系、规范人的行为、维护社会安定的两大支柱。道德通过舆论、习俗、信念发挥作用，法律通过威慑和惩罚发挥作用。手机媒体作为现代人生存的第二空间理应有自己的一套道德伦理体系。

法律是最昂贵的社会组织工具，它的作用常常产生在事后，这就使得法律失去了人们可以信赖的共同期望，人们不能指望有法律能杜绝违法行为的产生，这就使得社会经济系统在运行过程中耗费了大量的成本用于实施法律之外的民间保障行为。如亚当·斯密所说，道德是"出自一种对光荣而又崇高的东西的爱，一种对伟大和尊严的爱，一种对自己品质中优点的爱"。道德的实质就是同情心，就是对同胞的爱和对追求自我利益的克制，这是受个人利益支配的命令，它是主动的，而不是被迫的。因此，从这种意义上说，我们认为道德自律对手机媒体或对手机媒体传播者的作用要大于法律的作用。因为有了道德，人类社会才变得丰富多彩，才会运转有序，才会始终保持积极向上的时代主旋律。

日本对手机媒体基本上采取的是伦理道德约束，取得了很好的效果；但是，这种根植于日本文化的管理模式能否移植到中国，显然是值得深思的。

3. 技术管理

有效地克服手机媒体带来的负效应，除了加强政府对手机媒体的监管、对手机媒体进行法制管理、倡导文明的网络道德外，还有技术措施，即以技术对抗技术，进一步加强技术控制。

例如，对于垃圾信息问题，可以通过开发技术控制信息污染产品，采用反垃圾过滤器来解决；对于手机病毒问题，可以培养专门的手机媒体安全专家，研制手机病毒防范措施，增强对反病毒技术的研发，在病毒检测、病毒消除、病毒免疫和病毒预防等方面努力研制新产品；对于防范反动、色情信息，可以通过过滤软件来实现。高新技术的使用在一定程度上可以把手机媒体中的不良信息屏蔽在用户所能获取的范围之外。

（二）加强手机媒体管理的具体策略

对手机这一新兴媒体，应当坚持发展与管理并重，通过科学规范的管理促进其健康有序地发展；应当坚持趋利避害、为我所用，充分发挥这一新兴传播载体的独特优势推动各项工作取得进展；应当既借鉴网络媒体管理过程中积累的有益成果和丰富经验，又要吸取"先发展后治理"带来的惨痛教训，避免管理工作过度滞后于产业发展。

1. 明确手机媒体定位

目前，手机还定位于通信行业，缺乏作为一种真正意义上的媒体应该具备的丰富的原创内容、健全的采编体系、完善的运作机制、专业的从业队伍，也缺乏作为一种真正意义上的媒体应该具备的公信力和社会地位。应该看到手机作为一种新型大众传媒所具有的重大意义，看到手机与传统媒体、网络媒体开展跨界技术整合和内容整合是大势所趋，看到新一代通信技术应用将创造出一个巨大的媒体市场，从而将手机媒体作为一种独立的媒介加以对待。要从政策上加以明确，从发展上加以引导，从管理上加以规范，打破不同行业和产业的壁垒，在通信业务与传播媒体的互动、互补中找到新的合作和发展模式。

2. 推动电信与传媒行业融合

融合是大势所趋。按照《中共中央关于制定国民经济和社会发展第十一个五年规划的建议》提出的要求，宽带通信网、数字电视网、下一代互联网实现"三网融合"，将会使资源得到充分整合，节省上千亿的重复建设费用；手机与传统媒体这两大不同行业、不同产业之间的融合，也将创造出几千亿的经济价值。移动通信和传媒产业有很强的互补性，两者结合可以为消费者提供量身定做的媒体内容和传播方式。

3. 推动新闻媒体拓展新的发展空间

无线互联网是一个崭新的业务领域，手机媒体是一种全新的传媒形态，新闻媒体正面临着发展壮大新闻事业的良好机遇和广阔天地。应该看到，当前整个互联网正从门户时代向服务时代过渡，从桌面互联网向掌上互联网转型，在移动互联网实现终端融合、业务融合和网络融合，预示着互联网产业的重新洗牌，主流媒体完全可以有新的更大作为。主流媒体要努力适应形势的发展变化，熟悉和掌握科技发展的最新成果，积极运用先进的通信手段，充分发挥自己权威的传播地位、丰富的信息资源、良好的管理经验、过硬的人才队伍以及稳定的受众群体等优势，转变观念，创新思路，实现传统媒体业务与新型传播手段的有效结合，拓展新的发展空间。

(三) 学会运用手机媒体

新闻和信息的合理运用是成功的关键。合理运用新闻和信息，就必须遵循新闻传播原理，加强对各种媒体的科学掌控和运用。特别是面对现今多元化、即时性、多样性的舆论生态环境，必须积极运用手机媒体这一最新的传播载体，顺应新闻规律，提高传播技巧，主动设置议程，及时发布信息，努力占领舆论引导先机，把握正确舆论导向。

1. 创新新闻宣传理念

手机媒体对传统新闻传播理念甚至网络新闻传播理念造成的冲击开始显现。手机媒体受终端显示屏、用户使用习惯等制约，体现出自身独有的传播特点和规律。变革传播观念，探索传播技巧，关系到手机新闻宣传成效，关系到手机媒体竞争力强弱。手机媒体与网络媒体、传统媒体在新闻宣传中要"求同"，也要"求异"，即在新闻宣传内容的政治方向、价值取向上必须一致，在新闻选择、话语结构、信息形态、传播方式方面则要体现出差异性。

2. 创新手机媒体内容

新媒体从本质上说无非新的内容发行平台和分销渠道，而这必然带来所需内容的重大变化。手机媒体要发展壮大、走向成熟，一定要有量体裁衣、适合自身传播的信息内容。现在出现了试验性的、专门供手机媒体刊播的新闻、评论，以及小说、电影、电视剧等内容。要研究用户需求，丰富服务功能，针对用户群体的差异、接受心态和阅读习惯变化，运用体现手机媒体特征的语言、内容和表达方式进行传播，不能照搬照抄传统媒体、网络媒体的内容。

3. 打造新兴舆论阵地

手机媒体相关业务发展很快，要密切关注发展态势，适时制定发展规划，着手打造主流手机媒体网站，建设无线互联网上权威的综合信息发布和服务平台，不失时机地占领新闻传播制高点。国家主流媒体，特别是重点新闻网站要充分发挥信息、资源、人才等各方面优势以及网络媒体建设经验，主动掌握最新的科技手段、驾驭最新的传播渠道，开展手机媒体业务，使新技术为我所用。要积极应对传播手段更新带来的挑战，准确把握新形势下新闻宣传管理工作的要求，在方法、手段和机制等方面积极探索创新，确保手机这一新兴舆论阵地得到巩固和发展。要高度重视手机媒体在突发事件报道中的作用，第一时间发布权威信息，发挥舆论主导作用。

（四）加强手机媒体的管理

手机媒体是一种新媒体，有自身的特点和运行规律，既有的管理办法并不完全适用。手机媒体是一种"自媒体"，它让每个人都变成了移动的信息发布者、传播者、接收者，对既有的新闻传播秩序构成了挑战。手机媒体将一切内容和行为都高度技术化、介质化，传统的管理手段往往难以奏效。如何科学有效地对手机媒体实施管理，推动整个无线互联网产业的持续健康发展，是一个现实而紧迫的课题。

1. 明确责任主体，理顺管理体制

现在一些手机媒体业务影响很大，但没有明确的政府部门负责管理，或者没有将其作为管理重点，行业发展环境不容乐观。要将这一新兴媒体尽早纳入关注视野，明确责任主体，积极实施管理。手机媒体管理涉及不同行业和产业部门，要明确相关管理部门的职责，加强协调配合，建立和完善管理体制机制。

2. 健全法规制度，严格依法管理

要适应手机媒体发展状况，体现手机媒体特点，抓紧制定相关管理法律法规或规章制度，可以借鉴互联网相关管理规定的要尽快做出解释，避免管理工作相对于产业发展过度滞后，出现"先发展后规范"的情况。要尽快对提供新闻信息服务的手机网站、手机报等的资质审批、内容监管做出具体规定，引导手机媒体健康有序发展。

3. 完善技术手段，强化技术管理

手机媒体是通信技术发展的产物，在管理上的技术要求很高，要不断完善技术手段，提高管理的技术含量。要建立对不良短信息、不良 WAP 网站的监控系统，及时发现并及时处理。电信运营商要继续加大技术投入力度，建立相应的工作流程，积极配合相关管理部门的工作，加强对 SP 的技术监管。

4. 推动行业自律，强化自我约束

要坚决禁止不良和违法信息通过手机媒体传播，尊重和保护知识产权，维护公平竞争的环境。要制定自律规范，强化自我约束，在适当的时期组织成立中国无线互联网行业协会。电信运营商要主动承担相应的职责和任务，协助健全信息服务类业务的管理和控制机制，促进无线互联网行业的协调健康可持续发展。

5. 加强理论与实务研究，为行业发展提供指导帮助

今天，公众认识世界、辨别真伪以及形成观念，对信息媒介的依赖程度越来越高。手机媒体正成为人们的信息伴侣、娱乐伙伴，成为个体与社会联系的枢纽。对手机媒体这一新兴事物，从理论到实践、从内容到技术都还处于探索之中，迫切需要加强相关领域研究，为行业发展提供指导帮助。当前，要深入研究手机媒体对现有媒体理论和传播学理论提出的新挑战、对传统产业政策的突破以及相关的法律法规问题。要研究手机媒体对新闻事业发展的影响和新形势下的媒体发展战略，推动传统媒体、新闻网站与移动通信的相互渗透与融合，建设主流新闻媒体的立体化传播平台，发挥主流新闻媒体的主渠道作用。要研究如何适应信息产业发展规律，进一步引入市场化运行机制，深化新闻媒体内部体制机制改革，建设灵活高效、适应新技术发展的新闻媒体。要深入研究媒体的跨界整合趋势和手机媒体的内容创新问题，为占领无线互联网舆论阵地提供有力支撑。要深入研究手机媒体管理面临的突出困难和问题，切实通过科学规范的管理营造出健康有序的行业环境，迎来手机媒体蓬勃发展的时代。

（五）尊重手机媒体发展的特殊规律，创新手机媒体管理的原则

1. 尊重手机媒体的特殊规律，确立正确的立法原则

手机媒体有其特殊的产业发展规律与技术特点，在制定有关手机媒体的政策与法规时，要避免鸵鸟政策。

作为网络媒体的延伸，在对手机媒体进行立法管理时，要借鉴我国对网络媒体管理的经验教训。手机媒体是跨地域和跨国界的，因此在立法时要考虑与国际接轨，并借鉴其经验教训。

政策制定与立法的原则应该是顺应和促进手机媒体产业发展，规范与发展并重。手机媒体可以依据不同的标准分类，按照与传统媒体的关系，手机媒体可以分为不依托传统媒体的手机媒体和依托传统媒体的手机媒体两种。前者管理难度

大，但是代表了产业主流与方向。后者可以比照传统媒体的管理模式，管理难度小；但是从数字新媒体发展历程来看，后者受制于已有的管理模式、人员结构、思想观念、资金运作等因素，很难成为新兴产业的主体。政策法规应设法引导和帮助前者的发展。

我们目前对新媒体的监管存在一个问题，就是重"规范"、轻发展。政策法规应该是促进媒体产业的发展。

2. 注重知识产权保护

在我国目前网络传播的立法和执法中，有不尽如人意的地方，例如网络版权保护。在网络（包括移动通信网）上，知识产权被侵犯屡见不鲜。作者要在互联网上维护自己的合法权益往往要付出很高的时间、经济成本，并且要承担较高的败诉风险，因为在网络上对知识产权的侵犯存有零成本、隐蔽性、迅速性、全球性以及罪证难以收集等特点。简言之，在网络上侵权非常容易，而维权却十分困难。而在手机媒体中，如果版权问题得不到很好的解决，结果或许是彻底毁灭手机媒体产业。

3. 增强政策法规的可操作性

手机媒体是没有国界的，是世界性的，因此可以借鉴目前成熟的、成功的国际手机媒体政策与立法。手机媒体的管理者和从业者一样需要富有创新精神。手机媒体需要监管，但不是传统意义上的政府管理。如果监管者用传统的管理方法监管新媒体，结果无非两个：要么是该产业一管就死，要么是管理规则因为操作性不强而形同虚设。

手机媒体管理是一项极其复杂、艰巨而又长期的任务。任何一种管理手段都只能起到一定的作用，而不能全部解决手机媒体有害信息传播的问题。不管是通过法律手段、技术产品还是通过道德教化和自我约束，不管是他律还是自律，都有一定的局限，都不能百分之百地奏效。所以，手机媒体信息内容的监管应该是一种综合管理，在管理模式的选择上应该确立一个综合管理框架，综合法律、政策、技术、伦理等多种管理手段，使它们互相配合、互相协调。只有这样，才能最终实现对手机媒体的有效管理，才能给人类社会带来一个健康、有序的手机媒体信息交流环境。

事物往往具有两面性，对手机媒体进行管理是要付出代价的，而且管理越严格，成本就越高昂。这里的成本是指广义的社会成本。因此需要在手机媒体管理的成本与效益之间取得平衡。

作为一种现代科学技术成果，手机媒体自身是中性的，无论是积极作用，还是负面效应，都是参与其中的人"制造"的。手机媒体可以改变人，人类也可以改变手机媒体。我们不能因为手机媒体存在种种弊端而因噎废食，视之为洪水猛兽。

第五节　手机媒体舆论案例——智能手机助推伦敦骚乱？

2011 年 8 月 4 日，一位黑人青年在伦敦被警察开枪射杀，民众前往警察局抗议，要求真相和正义，随即变成暴动和骚乱。一场 30 年来从未有过的骚乱突然迅速蔓延全英。虽然高失业率、财政削减、经济不景气、种族和文化冲突，以及年轻人和警察之间的矛盾，是造成这次骚乱的深层次原因[1]，但在此事件中智能手机强大的网络联结功能推动事件向高潮发展，值得深入反思。

一、智能手机在伦敦骚乱中的作用

（一）不易追踪的 BBM 发起大规模串联

"城市混搭"的博主乔纳森·艾克伍认为，黑莓通信（BBM）所提供的社交平台在这场骚乱中扮演了更重要角色[2]，英国警方也很赞同这一看法[3]。以下是一条 2011 年 8 月 7 日群发的集结游行短信："伦敦各地的人快到市中心牛津广场集合，这里的商店有大量免费商品等你来抢！让我们用暴力把那些警察送回家！见到兄弟打个招呼，见到警察就开枪！"类似这样的短信在人群中不断转发。

与警方相比，年轻人更擅长利用智能手机的移动互联功能发起串联。英国年轻人是黑莓手机的主要客户群。根据研究，有 37% 的英国青少年拥有黑莓手机。[4] 较之 Twitter，BBM 系统是通过加密网络免费群发信息，很难被政府追踪，因此深受青少年追捧。

---

① 独家分析：伦敦骚乱愈演愈烈的多种原因.（2011 - 08 - 09）[2022 - 01 - 24]. http://www.chinadaily.com.cn/hqgj/2011 - 08/09/content_13076737.htm.

② ADAMS W L. Were Twitter or BlackBerrys Used to Fan Flames of London's Riots?. http://www.time.com/time/world/article/0, 8599, 2087337, 00.html#ixzz1bDCe4cVV.

③ Blackberry Maker to Aid London Police in Riot Probe. http://www.foxnews.com/scitech/2011/08/09/rioters-use-blackberry-network-to-spread-london-violence/.

④ WELLS M. From Enfield to Brixton via Blackberry: London riots day two roundup. http://www.guardian.co.uk/uk/blog/2011/aug/08/london-riots-day-two-roundup.

（二）移动定位系统的双刃性

鉴于上述特点，黑莓公司于 2011 年 8 月 8 日下午 3 点 07 分在 Twitter 上发表声明："我们会竭尽全力协助政府当局。"[1]

另外需要注意的是，骚乱发生后，Twitter 有两个著名的标签迅速聚拢人气。一个是伦敦骚乱（♯londonriots♯），在这里人们相互讨论着事件的发展，甚至有人利用 Twitter 绘制了事件地图，比英国《卫报》的地图要早两天推出。《卫报》刊登了整个活动的动态路线图，可以根据时间进展看到整个活动在城市与地区的蔓延过程。

另外一个标签是骚乱清理（♯riotcleanup♯），通过这个标签，民众被再次召集起来清理骚乱过后的街道垃圾，恢复正常社会秩序。人们通过手机上的社会网络平台不但可以相互联结，也可以准确定位；不但可以推进串联活动，也可以帮助警察和政府跟踪事情进展，迅速调整策略，控制整体局势。

二、案例透析与启示

（一）移动互联网中信息流动的蝴蝶效应的再反思

"蝴蝶效应"最常见的阐述是："一只蝴蝶在巴西轻拍翅膀，可以导致一个月后得克萨斯州的一场龙卷风。"即事物发展的结果，对初始条件具有极为微妙的依赖性，初始条件的极小偏差，将会引起结果的极大差异。[2] 党生翠认为，网络舆论的蝴蝶效应是指，在网络舆论这个自组织中，具有奇异吸引子的微小信息经过分形和迭代的传递，形成具有不确定性的能量冲击波，最终形成传播效果的指数级放大，可能会对现实世界产生巨大或深远的影响。[3] 在这次骚乱中，初始信息中死者是"孩子的父亲""非洲裔""非主流的年轻人"，在网络上都是非常敏感的词汇，非常具有煽动性，伦敦警方并没有敏感地意识到这些微小信息的传播力。如果将类似于"这名死者确实非法携带武器，并且首先开枪危及警察安全"的信息及时查实并公布，就可能避免事态失控。[4] 然而因为初始信息处理失当，

① WELLS M. From Enfield to Brixton via Blackberry：London riots day two roundup. http://www. guardian. co. uk/uk/blog/2011/aug/08/london-riots-day-two-roundup.

② 韩立新，霍江河."蝴蝶效应"与网络舆论生成机制. 当代传播，2008(6)：4.

③ 党生翠. 网络舆论中的蝴蝶效应：混沌理论视野的解释. 内蒙古大学学报（哲学社会科学版），2011，43(3)：6.

④ 李文鹏. 伦敦骚乱凸显新媒体"双刃剑"专家：应及时化解热点. 齐鲁晚报，2011 - 01 - 11.

此类信息一触即发，并迅速蔓延至伦敦以外的多个地区甚至全英，使得后期事件的处理难度不断升级，提高社会管理成本。

（二）个人隐私与公共安全的平衡

2011 年 8 月 11 日英国首相卡梅伦表示，英国政府正在考虑在骚乱发生时关闭社交网站，并禁止发送短信，以阻止骚乱者利用其相互串联。他说："信息自由流通可以用来做好事，但同样可以用来干坏事。如果有人利用社交网络制造暴力，我们需要阻止他们。所以，我们正与警方、情报部门和业界合作，研究是否应当在我们知道有人策划暴力、骚乱和犯罪时，阻止他们通过这些社交网站和服务串联。"① 伦敦当局也与 Twitter、Facebook、黑莓等公司一起召开会议，协商网络监管，讨论如何更好地监控网上的犯罪动向②，特别敦促警方要研究黑莓这样的封闭网络。一些人对伦敦警方在危机时刻关闭新媒体的主张极其不满，认为违背西方世界所谓"民主自由"价值观。而由伦敦骚乱所引发的美国的动荡，也使得美国警方希望关闭短信系统来防止加利福尼亚州的形势恶化，但此举亦遭到包括希拉里·克林顿在内的美国多方的反对，认为是对个人表达自由的亵渎。③

在突发事件危及公共安全时，暂时牺牲个人表达自由来保障大多数人的利益无疑是政府和公民的应尽责任，伦敦警察在骚乱开始表现出缺位与失措，但随即调整策略，主动利用媒体控制局势，比如通过监测社交媒体网站 Twitter 和黑莓手机的信息，成功阻止了对奥运场馆、牛津街和维斯菲尔德购物中心的预谋攻击。④

（三）移动互联环境下国际治理的新挑战

Web 2.0 时代的参与性媒体技术，如 SNS、Weblog、RSS，颠覆了人们的时空感觉，社会结构以及城市、国家和整个世界的关系。⑤ 互联网的最大特性在于联结信息世界与物质世界⑥，模糊了生产和消费之间的界限，大规模合作性的生

---

① 英国考虑骚乱时关闭社交网站并禁止发送手机短信. 新华网，2011 - 08 - 12.

② 英国政府与社交媒体网站商讨网络监管. 新华网，2011 - 08 - 26.

③ STEPNIAK B. Cell phone service shut down to deter organized riots. http://www. wealthwire. com/news/liberty/1692.

④ 社交网络为英国警方所用 预谋骚乱被挫败. 中国新闻网，2011 - 08 - 17.

⑤ CASTELLS M. The space of flows//SUSSERI. ed. The Castells reader on cities and social theory. Oxford：Blackwell，1996；SASSEN S. Reading the city in a global digital age：the limits of topographic representation//SASSEN S. ed. Global networks，linked cities. New York：Routledge，2002.

⑥ 王菲. 媒介大融合. 广州：南方日报出版社，2007.

产方式使得全球范围内便宜的生产和便宜的消费成为可能①，但同时也往往被市场、国家和国际组织等各类机构利用意识形态操纵②。所以不同的利益团体就会在管制的过程中相互联结、协商、斗争。结果，融合就不仅体现为新的消费习惯、新的商业模式和服务体系，而是在很多方面颠覆传统的从上到下的监管方式。

各国政府都希望利用互联网为其全球外交及国际战略服务，但都面临网络安全与犯罪的治理挑战，在移动互联的环境下，政府之间应该加强协作，共同建立能够兼顾各方利益，且符合网络社会基本特征的治理体系和有助于履行社会责任的全球网络空间，使得新媒体成为疏导民意、体察民情的晴雨表而非引发社会动荡的助推器。

（四）青少年媒体素养教育的新内涵

BBC 公布的伦敦警察局统计数据表明，在各地方法庭接受审讯的犯罪嫌疑人中，95％为男性，82％不到 30 岁，其中 69％不足 24 岁。③青少年是新媒体的主要使用者，也是社会发展的未来，媒介素养教育在新媒体环境中不能只注重媒体技能使用的教授，更应注重培养其对媒体内容的批判性思考和鉴别能力，提高其关于媒体使用的社会责任感和公民意识。

---

① BENKLER Y. The wealth of networks：how social production transforms markets and freedom. New Haven and London：Yale University Press，2006.

② BLACKMAN C R. Convergence between telecommunications and other media. Telecommunications Policy，1998：163-170.

③ 英国骚乱：没那么简单. 中国新闻周刊，2011-08-19.

第四篇
新媒体舆论研究的热点

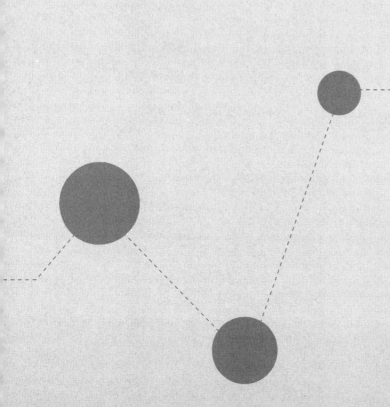

第八章　新媒体谣言研究

新媒体谣言是指通过新媒体传播，没有事实依据，带有攻击性、目的性的话语。新媒体谣言传播具有突发性且流传速度极快，因此易对正常的社会秩序造成不良影响。新媒体谣言尤其是网络政治谣言由于真伪难辨、蛊惑性强，容易带来严重社会问题，甚至引发社会动荡和导致政局失稳。2013 年 9 月最高人民法院和最高人民检察院公布《最高人民法院、最高人民检察院关于办理利用信息网络实施诽谤等刑事案件适用法律若干问题的解释》，明确了新媒体谣言在什么情况下构成犯罪。该司法解释于 2013 年 9 月 10 日起施行。

第一节　谣言的演变

谣言古已有之，中西学者均进行过有关研究。随着信息技术的不断发展，科技改变了整个社会的运行方式，人与人之间的交流也出现了新的形式。原来建立在人际传播基础上的谣言，其传播形式也随之多变。随着互联网技术和便携式终端的不断更新，谣言与人类"赛跑"。

一、谣言的概念研究

有人类历史以来，就有了谣言。古希腊和古罗马人视谣言为"神谕"，通过有形的建筑与无形的文学对谣言女神（法玛，即拉丁语 Fama）顶礼膜拜。

谣在中国开始是指徒歌，所谓"曲合乐曰歌，徒歌曰谣"，配上乐曲的韵语是"歌"，不配乐曲的韵语是"谣"。随后由名词"谣"衍生出动词"造谣""传谣"等，总体来说是中性的。

荀子在《致士》篇中，警戒君子"凡流言、流说、流事、流谋、流誉、流诉，不官而衡至者，君子慎之，闻听而明誉之"。

忠而见疑的屈原在《离骚》中感慨"众女嫉余之蛾眉兮，谣诼谓余以善淫"，谣言积毁销骨的威力由此可见一斑。

《战国策·秦策二》所记载的"曾参杀人"的故事以及《韩非子·内储上》所讲述的"三人成虎"的譬喻都强调了谣言经反复传播后对人心所产生的强大影响。

《吕氏春秋·慎行论》对谣言传播过程中的内容歪曲进行了言简意赅的描述："故狗似玃,玃似母猴,母猴似人,人之与狗则远矣。"

经过两千年的演变,在现代汉语中,谣言几乎等同于"恶意"制造与传播的"谎言"。换言之,在现代中文语境下,谣言并没有继承"徒歌"的意思,只保留了"造谣、诽谤"之意。①

虽然谣言古已有之,但它被当作学术问题进行讨论和研究,从研究文献的角度看,西方早于我国。德国学者诺伊鲍尔、美国社会学家纳普、法国学者卡普费雷等人从不同角度对谣言进行了大量的研究和探讨,下面就对中外学者的研究情况进行介绍,以此厘清谣言研究的发展脉络。

（一）从史学角度

德国学者诺伊鲍尔认为:谣言是历史发展的产物。它绝不是凭空臆造出来的,也不完全是邪恶的化身,而是历史的一部分,并对人类文明的进程施加了不容忽视的影响。谣言"首先是人们所描述的那种随历史发展而变化的习俗,可以是截然不同的各种现象。另外,'谣言'还是在某一群体中以听传或类似的交际方式传播的信息。大家都说的还不是谣言,据说大家都在说的才是谣言。谣言是不完整的引言,谁引的不得而知,也没有人知道是谁说的"②。这说明就谣言而言无法确定谁是传播者,但可以确定谣言是通过人际传播扩散的。

（二）从社会心理学角度

《社会心理学词典》将"谣言"解释为:"没有事实根据的传闻,故意捏造的、口耳相传的消息。有一部分谣言属于诽谤性质的消息,有一部分属于夸大其词的传闻。"③ 周晓虹在《传播的畸变:对"SARS"传言的一种心理学分析》中根据对 SARS 事件始末的分析,认为无论是在传统社会还是现代社会,谣言都是一种常见的社会心理现象,或者说是一种以信息传播为特征的集群行为。法国学者勒莫认为"一则谣言的历史,首先应该是某一群体有能力互相交流的历史,而

---

① 金屏. 谣言:概念的反思及其对现代社会的启示. 中北大学学报（社会科学版）,2010,26(1):22-26.

② 诺伊鲍尔. 谣言女神. 顾牧,译. 北京:中信出版社,2004:10.

③ 时蓉华. 社会心理学词典. 成都:四川人民出版社,1988:243.

集体记忆、实验的社会空间和机遇则是用不同方法促成谣言的工具"①。也就是说，当社会稳定受到挑战，人民生命受到威胁时，谣言容易产生和传播，这是人没有安全感的一种心理投射。

奥尔波特②等更是认为，谣言的产生源于人的需求，"任何人类需求都可能给谣言提供推动力。性兴趣是产生许多流言蜚语与大多数丑闻的原因；焦虑是我们常听到的恐怖威胁性谣言的动力；希望与渴望产生白日梦式的谣言；仇恨产生指责性的谣言与诽谤"③。所以，每一种谣言的产生都有着深刻的社会心理原因。

（三）从社会舆论的角度

我国学者刘建明认为，谣言作为社会舆论出现，是没有任何根据的事实描述，并带有诽谤的意见指向，因此谣言不是中性的传闻，而是具有攻击性的负向舆论。④ 而法国学者勒莫却认为，谣言与公众舆论之间的关系是复杂的。"从其结构的整个方面看，舆论是极易用概念来表达的，而谣言却更加变化不定，它更容易流入形象或隐喻的模子中，这种模子可以被说成一种变动中的概念或一种预感的概念，那里正在加工出各种新概念和或新表象。"⑤

同时他认为"谣言是对失衡或社会不安状况的一种反应"⑥，我国学者陈力丹也提出相类似的观点，"流言是公众应付社会生活的一种应激状态，是公众解决疑难问题的不得已形式"⑦。勒莫和陈力丹都倾向于认为谣言是特殊社会状态下的产物，强调它的社会性。

胡泳则进一步强化了谣言的舆论性质，认为谣言是一种社会抗议。随着新媒体的不断涌现，任何一个群体都可以通过此发表言论，无不挑动着社会的神经。"在沉寂不动和激烈反抗之间还存在着一个广大的中间区域。谣言正是中间地带的抵抗中一种有力的手段，谣言武器在现代反抗者手中不像过往的革命者使用得那

---

① 勒莫．黑寡妇：谣言的示意及传播．唐家龙，译．北京：商务印书馆，1999：125－126.

② 乌尔顿·W．奥尔波特（Gordon W. Allport，1897—1967），美国人格心理学家，实验社会心理学之父，"社会促进"（social facilitation）概念的提出者，美国人本主义心理学家的代表人物之一。1939 年当选为美国心理学会主席，1964 年获美国心理学会颁发的杰出科学贡献奖。代表作有《谣言心理学》《人格：心理学的解释》《人格的本质》《生成：人格心理学的基本看法》。

③ 奥尔波特，等．谣言心理学．刘水平，译．沈阳：辽宁教育出版社，2003：18.

④ 刘建明．社会舆论原理．北京：华夏出版社，2002：211.

⑤ 同①182.

⑥ 同①125.

⑦ 陈力丹．舆论学：舆论导向研究．北京：中国广播电视出版社，1999：102.

样强悍，但它又比斯科特曾经观察到的作为'弱者的武器'发挥的功能更强大。"① 这一看法的依据是卡普费雷提出的"谣言既是社会现象，也是政治现象"。谣言与当局的一种关系："它揭露秘密，提出假设，迫使当局开口说话，同时，又对当局作为唯一权威性来源的地位提出异议。"② 所以，谣言构成了一种反权力，即对权力的某种制衡。

二、谣言传播形式流变

随着信息技术的不断发展，科技改变了整个社会的运行方式，人与人之间的交流也出现了新的形式。原来建立在人际传播基础上的谣言，其传播形式也随之多变。与之前的网络谣言相比，微博谣言成为时代的"新宠"。总之，随着互联网技术和便携式终端的不断更新，谣言与人类"赛跑"。但是传统谣言、网络谣言与微博谣言的联系和区别，需要我们进一步梳理，以此提高人们对新媒体条件下谣言传播的认识。

（一）传统谣言与网络谣言的关系

传统谣言与网络谣言是一对相对概念，传统谣言建立在人际传播的基础上，以口耳相传为基本路径，在人与人之间进行传播，尤其是在熟人社会。由于传统谣言传播受到人所处的时空限制，所以对于不同地域的人来讲，在一方为谣言，而在另一方可能是旧闻或者成为"新闻"。这时传统谣言呈现出信息的滞后性，这种滞后性又反过来制约传统谣言所产生影响的广度和深度。同时，人在传统谣言面前变得无所适从，无法依靠个人力量判断谣言的真伪。

网络谣言是在计算机技术的基础上构建的网络传播，从一个 ID 用户向另一个或者多个 ID 用户传递，它摆脱了熟人社会的范围，可以在虚拟社会中跨时空自由传播。它几乎不受到地域和时间的限制，在一定时间发生的谣言，全世界会很快知晓。所以网络谣言又呈现出传播的及时性。为了使网民相信，掀起社会波澜，网络谣言往往呈现出细节的完整性：时间、地点、情节一般都一一列出。同时在某些情况下，网民可以集群体之智慧，通过各自所知道的相关知识来从不同角度验证谣言，主动破解谣言。"周老虎事件"便是有力的证明。

---

① 胡泳. 谣言作为一种社会抗议. 传播与社会学刊（香港），2009（9）.
② 卡普费雷. 谣言. 郑若麟，边芹，译. 上海：上海人民出版社，1991：14.

（二）微博谣言与网络谣言的异同

微博兼具人际传播和大众传播的属性。微博是 Web 2.0 的产物，Web 2.0 时代秉持"去中心化"的理念，强调用户建设、用户参与和用户主导，它改变了 Web 1.0 时代被动接收信息的模式，转为主动创造互联网信息。它的标志性应用是博客、维基和论坛。微博是在博客的基础上衍生出来的。微博上的谣言也和网络社区上的谣言一样，同属于网络谣言。

微博迅速发展并成为最为流行的新媒体，关键在于它依托移动互联网的发展和手机功能的变革。在社会向信息化转型的过程中，人们越来越希望摆脱固定网络的限制，移动互联网正好可以满足人们对随时随地上网的需求。手机操作系统升级，手机界面增宽变薄，智能手机不断向移动平台转变，无不响应着移动互联网未来无限发展的号角。微博也正是由于移动互联网和智能手机互相推动式的发展而出现。

（三）手机微博谣言与网络微博谣言

尽管微博同样可以在电脑上用，但手机上的微博谣言与网络上的微博谣言仍有不同之处：基于手机的可移动性，微博谣言传播更加迅速、扩散速度更快；微博可以被关注（订阅）和转发，通过手机实现了信息的实时传播。

这二者的相同之处在于：140 个字的字数限制不能完整提供可验证的情节。

总之，微博在赢得大众普遍欢迎的同时，自身的传播特征也使得谣言频频光顾。基于手机媒体的微博谣言以更快的速度实时向世界传递是目前亟须研究和解决的问题。

第二节　新媒体条件下谣言的传播与消解模型

2011 年是中国网络谣言的高发年，例如 3 月的"谣盐"恐慌，6 月的"郭美美事件"，以及紧随其后"7·23"甬温线特别重大铁路交通事故引发的谣言。在半年多的时间里谣言频繁出现，波及全国、影响巨大，微博作为新媒体在其中扮演的角色自然受到多方关注，如何管理微博，控制谣言的产生、传播也成为热门话题。

尽管微博是目前最受欢迎的新媒体之一，但它与谣言并不存在本质上的联系，并非因微博而产生谣言，但若要应对利用微博大肆传播的谣言，有效地消解谣言，则需要对谣言本身做进一步的思考与研究。

　　我们在分析前人研究的基础上，提出事件的重要性、事件的模糊性和信息的不对称性构成谣言传播法则的观点，并据此建立网络谣言传播、扩散及消解模型，以期为人类正确处理谣言提供思想支持和实践指导。

一、奥尔波特模型

　　1947年，美国心理学家奥尔波特等认为，谣言产生有两个基本条件：第一，故事的主题必须对传谣者和听谣言有某种重要性；第二，事实必须由某种模糊性掩盖起来。[①] 依据这两个基本条件，他们提出了谣言的基本法则（这里"法则"指的是规律）：事实的重要性和模糊性与谣言传播有关，并提出了以下公式：

$$R = i \times a$$

　　公式中，R＝谣言（rumor），i＝重要性（important），a＝模糊性（ambiguity）。其中，R表示谣言流行的强度和广度；i表示事件对某一群体的重要性；a表示该事件或证据的模糊性。当i与a这两个条件同时具备时，谣言方可产生。这说明，事件对某群体越重要，事件的模糊程度越高，则谣言产生的可能性就越大，传播的强度就越高、传播的范围就越广。

　　在此公式的基础上，1953年克罗斯试图通过向公式中加入传播者即人的因素来进一步完善该公式：$R = i \times a \times l/c$，这里的$c$（critical ability）表示的是"人的判断能力"[②]。这个公式表明：谣言的传播同"人的判断能力"成反比，人的成熟能够成功抵挡谣言对个人的影响，甚至阻止谣言的进一步扩散。谣言是漫天飞舞，还是尘埃落定，除了取决于事件的重要性和模糊性外，还取决于公众是否对该事件具有理性的认识和评价。虽然克罗斯注意到了人对谣言传播的重要影响，但也无形中使得这一公式的成立增大了难度：即如何评价人的判断能力，依靠哪些标准来确定。众所周知，人作为认识世界和改造世界的主体，影响人判断能力的因素很多，比如人的认识水平、社会背景、社会地位以及受他人影响的程度等，所以人的判断能力的衡量是非常复杂的过程，相应地，克罗斯的这一谣言公式也就缺乏可操作性，为如何从本质上消解谣言增加了困难。

　　在前人研究的基础上，我们认为谣言法则可以通过增加信息的不对称性一项加以完善，谣言公式可以补充为：

---

①　奥尔波特，等. 谣言心理学. 刘水平，译. 沈阳：辽宁教育出版社，2003：17.
②　王灿发，何雯. 突发公共事件的谣言传播系统及过程分析. 青年记者，2009(22)：2.

$$R=i\times a\times ia$$

其中 ia 指信息的不对称性（information asymmetry），即：

谣言＝事件的重要性×事件的模糊性×信息的不对称性

信息不对称性越大，谣言传播越快；反过来，信息不对称性越小，谣言传播越慢，甚至不再传播。谣言传播与事件的重要性、模糊性与信息的不对称性成正比例关系，三者缺一不可。

下面以 2011 年"7·23"甬温线特别重大铁路交通事故引发的谣言为例来解释。

首先，从事件的重要性来讲，尽管我国高铁事业对经济建设、未来国家发展格局具有重大战略意义，但当高铁出现重大事故时，对高铁安全性的质疑以及对车上人员性命安危的担忧还是引起了全国乃至全世界的关注。因为它不仅关乎个体生命的安全，更重要的是它关乎一个国家对全体公民生命的尊重和保障。

其次，从事件的模糊性来讲，7 月 23 日所发生的这一事故是事实，而不是人为虚构、编造出来的事情。但是事故发生之后，铁道部没有及时公布如何救援、采取何种措施，以及为什么采取这种措施等相关信息，致使事故的模糊性增强，公众猜测不断，于是在微博上谣言开始出现并乘势肆虐。在事故发生 26 小时之内，更多相关事故信息的官方公布一直处于空白状态，而微博上的"神秘手"图片引发了"掩埋活人"谣言，这一谣言瞬间在网友中乃至全国引起极大的反响，怀疑声、质疑声、谴责声，一浪高过一浪。而随后铁道部召开的记者招待会，又因铁道部新闻发言人王勇平的回答"至于你信不信（由你），我反正信了"，平息谣言传播的机会再次丧失。这种傲慢的缺乏生命关怀的解释，不仅没有减少网民对救援工作的质疑，相反激起了大众的愤怒，使得事故的模糊性一再增强，从而造成了谣言未减少反而增多的混乱局面。

最后，为什么这次事故会连续不断引发谣言？我们认为是信息的不对称性造成谣言此起彼伏。信息不对称的主体是政府机构与公众。政府机构作为社会管理者，与作为被管理者的公众相比，所掌握的信息要多得多，而且往往掌握第一手资料。《中华人民共和国宪法》规定，公民有知情权。这种权利要求政府机构公开信息。当然，这种信息公开不能危及国家安全。所以从这个角度来讲，政府机构与公众之间的信息不对称是可以消除的。这一事件中官方所掌握的事故情况、相关求援及处理信息与大众所获知的信息是不对称的，官方所公开的信息无法满足公众对了解事件真相的渴求。此外，这次事故引发一连串谣言，更深层的原因是公众对铁道部长久以来的不满甚至反感情绪的集中爆发，是对铁道部不信任的强烈表现。

二、网络谣言传播、扩散及消解模型

基于补充后的谣言法则以及上述对微博上"7·23"甬温线特别重大铁路交通事故引发的谣言传播的个案分析，我们认为决定谣言传播的事件的重要性（i）是无法减弱的，因为事件特别是重大事件的发生，往往关乎人类的生存，关乎社会的稳定，所以重要性在事件发生后是不会人为降低的，在一定时间内它几乎是恒定的。事件发生后，由于人们对事发原因及机关背景一时之间无法做出准确判断，所以事件存在模糊性（a）。从理论上讲，只有当人们对事件进行调查并深入其本质获得真实信息时，事件的模糊性才能降低。简单来讲，就是要依靠信息的不断注入来降低模糊性。但值得注意的是，如果人们所获得的信息引起更多的怀疑，那么事件的模糊性不降反升，所以事件由模糊走向清晰是个比较复杂的过程。信息的不对称性，是指政府机构和公众双方所掌握的信息不均衡，而这种信息掌握上的不对称，容易造成公众对事件的曲解和对政府机构的不信任，也容易滋生更多的谣言。相反，如果政府机构和公众双方能够在信息掌握上实现对称，那么谣言将失去存在的可能。通过对构成谣言的三个因素的考察，我们可以得出结论：在事件的重要性无法改变和事件的模糊性难以确定的条件下，信息的不对称性（ia）是消解谣言的关键因素。因微博谣言仍属于网络谣言，据此，建立以消除信息的不对称性为主要因素的网络谣言传播、扩散及消解模型（见图 8-1）。

首先，这个模型说明了网络谣言的生成条件和传播、扩散路径。

谣言的产生是和人类追求自身安全紧密相关的。任何有关人类生命、生活等安全的事情都有可能导致人类产生疑问和困惑，例如地震、核辐射、交通事故等，好事者则将这种心理上的不安全感、猜测公之于众，共鸣者则奉为"良言"四处传播，于是谣言始成。人类对生命转瞬即逝本能性的恐惧，以及对人身安全的高度警惕心理，一旦受谣言影响，便会相信谣言透露出的信息，无形中又促进了谣言传播。网络的出现恰好加速了谣言的扩散，这里的网络不仅仅指互联网、手机，而是指向社会网络这一更大的范围，包括微博等。

其次，这个模型提出了依托网络消解谣言的三方力量，即政府机构、媒体和公众。如前所述，尽管信息不对称的主体是政府机构和公众，但由于新闻媒体是政府机构和公众之间实现信息对称的桥梁，故而这三方力量能否在谣言传播过程

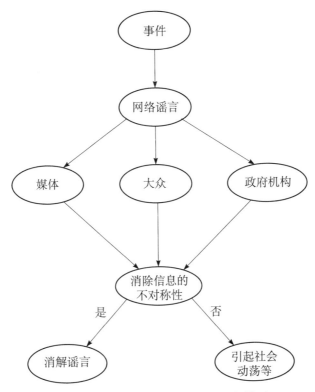

图 8 - 1　网络谣言传播、扩散及消解模型

中消除信息的不对称性是消解谣言的关键。如果三方合力能够消除信息的不对称性，那么公众就不会相信谣言，不会迷失自我、盲目行动，相反他们会自觉地传播真实的信息，从而在真实信息的不断传播过程中消除谣言。

2011 年 3 月的"谣盐"恐慌，就是一起典型的信息不对称加快谣言传播的案例。①

其实，从科学与专业的角度看，食盐里碘的含量是很低的，就算吃很多盐，也起不到多大的防辐射效果。而且日本核电站泄露的放射性物质极少，再加上稀释作用，到中国沿海的影响几乎可以忽略不计，也就不存在污染海盐的问题。但是，绝大多数民众缺乏核辐射方面的专业知识，这种专业信息的不对称在恐慌心理的催化下加快了谣言传播。

---

① 2011 年 3 月，日本核电站爆炸引发的"核泄漏"恐慌在我国蔓延，绍兴、宁波、福州等沿海城市开始出现抢盐潮，不少居民纷纷奔走各大超市抢购盐以备战日本核辐射污染。出现抢盐潮原因有二：一是传言吃碘盐可防辐射；二是谣传核泄漏污染了海盐。

最后，这是依托网络，以传播学中对信息系统及其规律的研究为根本，构建的网络谣言传播、扩散和消解模型。与传统模型的不同之处在于，该模型在充分尊重网络世界自由、平等精神的基础上，强调和注重消解谣言的疏导，并没有设立如何预防虚假信息传播的渠道或者变量。在网络中，信息的自由流动是其他力量难以阻挡的，阻挡只能带来更多的问题，产生更可怕的效应。网民在面对"横行"的谣言时都有自己的判断能力，即便一时受其误导，但在信息几乎实时传播的情况下，真相也会通过各种渠道瞬时被揭晓，因此如何合理地消解网络谣言才是重点。

三、基于"网络谣言传播、扩散及消解模型"的网络谣言消解之策

（一）政府机构应增强公信力，实事求是地公开信息，奠定消解谣言的基础

目前，我国发展处于重要的转型阶段，尽管经济实现了高速的发展，但是在这一片繁荣之下，社会矛盾也呈增长之势。贫富差距的加大，农民的土地问题，官员的腐败问题，资源享有的不平等问题等，无不在挑战政府的公信力。在这种形势下，如果政府机构坚持信息公开的有选择性，那么将会变主动为被动，出现难以估量的后果，在英国伦敦，借助 Twitter 和黑莓手机等新媒体掀起的大规模骚乱就是例证。所以，提升政府公信力，实事求是地公开信息是消解谣言的基础。在《论语·颜渊》中，子贡向孔子请教如何治理政事，孔子认为有三个要素，即粮食、士兵和人民的信任。如果不得已要去掉两项，孔子认为首先是士兵，其次是粮食。那么，人民的信任自然成为一个国家、一个政府治理政事的根本，没有人民的信任，国家、政府将无法建立。即便是在和平稳定时期，当政府得不到人民的信任，政府无论怎样做都会受到人民的质疑和批评，陷入"塔西佗陷阱"而难以自拔。"7·23"甬温线特别重大铁路交通事故引发的谣言，就表达了公众对铁道部的不信任。长期以来，铁道部一直被外界称为"铁老大"，这种称呼也体现了公众对铁道部强势地位的不满情绪，加之公众对其服务质量长期低于合理水平的无奈，所以面对谣言，铁道部发言人的发言激化了人们的不信任感，谣言的传播并没有因为记者招待会的召开而消解，反而产生了更多的谣言。因此，提升公众对政府机构的信任，是政府应对危机、消解谣言、稳定民心的基础。

而政府机构提高公信力的有效途径是在不危及国家安全的情况下，发挥自身的信息优势，秉承实事求是的原则，公开、透明、及时地利用微博等媒体发布信

息，争取在第一时间向公众解释问题、说明问题，消解谣言产生的危机。

实事求是地公开信息，不是简单地发布某市某地发生了某重大事件，而是触及事件的真相，即它不单单包括告知公众结果，还应该包括告知事件处理过程中的真实信息。也就是说，事件调查过程的真实与结果的真实同样重要，政府机构有义务将这两方面的信息公之于众。任何重大事件的发生，政府机构只满足于控制信息，从而以此息事宁人的做法，已经成为过去式，在微博等新媒体不断涌现的情况下，政府机构尽可能多地公开信息才是成功辟谣、维护稳定和提升公信力的正道。只有做到这一点，信息的不对称性才能有效消解，否则它将再一次为谣言的生长提供土壤。因此，从某种程度上讲，信息对称性的实现消除了事件的模糊性，提高了事件透明度，提高了政府机构的公信力，从而也降低了公众由于所掌握信息不足而被谣言左右的可能性。

（二）注意"塔西佗陷阱"带来的影响

本来所有的技术都是相对的，没有绝对的成熟或不成熟，我国高铁技术亦然，事故的发生原本就是一个概率事件。但是，铁路线路具有的"自然垄断"性质使得铁路的管理体制具有高度的行政垄断特点，不仅政企、政资不分，而且整个行业，就是一家超级垄断企业。长期以来，铁道部不注重与民众和媒体打交道。在一些民众中，铁道部是"不受欢迎的部门"，所以难免陷入"塔西佗陷阱"。

而铁道部举办的记者招待会不仅没有减少舆论对铁道部的不满，反而引发更多的质疑和愤怒。一时间，"埋车头是为了掩埋证据""为了通车不救人"等谣言不胫而走，"我反正信了"也被众多网民冠以"高铁体"进行调侃。

除了"塔西佗陷阱"，还有"子贡陷阱"。

据《论语》记载，子贡曾感慨："纣之不善，不如是之甚也。是以君子恶居下流，天下之恶皆归焉。"大意是：商纣王坏，但也没坏到传言中那种程度。所以，君子以身居下流为耻，居下流者，往往会变成吸谣体质，天下一切坏事都可能被归到他头上。换言之，"君子"（个人/组织）应该重视名誉和公信力；没了名誉和公信力，谣言就可能主动上门，辟谣也没人信。

例如，孔祥熙陷于"子贡陷阱"而百口莫辩。1941年12月，以《大公报》为首的重庆新闻界爆出"孔祥熙飞机运洋狗"丑闻。媒体抨击道：自香港逃难来重庆的飞机，竟装来了箱笼、老妈与洋狗，而多少人尚危悬。据杨天石教授的考证，"孔祥熙飞机运洋狗"事件"是一篇貌似确凿而严重违离真相的报道"。事后调查显示，飞机上的4只洋狗实系"两位美国驾驶员见仍有余位，顺便携带到渝",与孔家并无关系。宋庆龄当时也在飞机上,据她给宋子文的私人信函,"当时飞机上共有 23 人,你可以想象每个人能带几件行李。……我没能带上我的很多文件和其他无价文章,更别说我的狗和衣服了"①。

后来《大公报》刊登了辟谣文章,文章末尾还盖上了国民政府交通部部长张嘉璈的个人印章,以张嘉璈的个人信誉为辟谣文章的可信度背书。即便如此,因为孔祥熙贪腐之名远播,个人信誉已经破产,社会舆论鲜有人愿意相信这种辟谣。

1942 年 1 月,"飞机运洋狗"这一谣言在昆明传开,以西南联大学子为首的昆明学生群情激奋,数千人上街游行,高呼口号"打倒以飞机运洋狗的孔祥熙""打倒国贼孔祥熙!""香港危急,飞机不救要人,而运狼犬,孔祥熙罪恶滔天!"……掀起了一场声势浩大的"驱孔运动"。

杨天石教授的考据文章刊出前,"孔祥熙飞机运洋狗"一直被学术界视作信史。"子贡陷阱"的威力由此可见一斑。

(三)新媒体是成功消解谣言的重要平台

从信息的不对称性来讲,不对称的双方是政府机构与公众,但媒体作为政府机构与公众之间的沟通渠道,在实现双方信息对称的过程中发挥着重要作用,它既是谣言产生、扩散的土壤,也可以成为辟谣的重要平台。微博作为当下时效性最强的媒体,自然成为谣言传播的聚居地。在微博,一方面首先出现了对"7·23"甬温线特别重大铁路交通事故救援工作的质疑,公众没有得到准确的解释才使一开始的质疑变成漫天飞舞的谣言,从这一角度讲,微博客观上促进了谣言的扩散;但另一方面,微博也可以及时发布真实信息,消除信息的不对称性,进而成为辟谣成功的重要平台。例如,微博上流传"35 人死亡上限论",称"超过 36 人市委书记将被撤职,所以一开始就注定了死亡人数不会超过 35"。有人在微博上还发图列举了从 1993 年到 2011 年每年国内重大事故死亡人数,恰好都是 35 人。之所以如此,是因为 35 人以上死亡市委书记就要被撤职,所以为降低事故级别,官方瞒报了死亡人数。就此,新浪微博虚假消息辟谣官方账号"微博辟谣"7 月 25 日发表声明,称经过网友查证,在相关微博所列举的近年我国每年发生的事故或灾害死亡数字中,18 个数字与事实不符。对此,发布此消息的 12 名用户被新浪微博官方暂停发布和被关注功能一周。② 尽管谣言可借助微博瞬间聚

---

① 杨天石.“飞机洋狗”事件与打倒孔祥熙运动.南方周末,2010 - 3 - 18.
② 王灿发,何雯.突发公共事件的谣言传播系统及过程分析.青年记者,2009(22):2.

集网民抨击政府机构瞒报信息，但是媒体也可以在充分提供调查信息的基础上通过微博将谣言粉碎。

（四）公众对真相不懈追求的特点造就了公众是成功消解谣言的最终推动者

公众由于对生命的珍视，以及所掌握知识的有限，易受谣言的影响，在信息不对称的前提下，他们可能是谣言的传播者。但从谣言传播、扩散到消解的整个过程来看，公众对科学的崇尚和对真理的追求使得他们会质疑谣言，若政府机构及媒体不断提供公众所缺失的信息，公众会由谣言的传播者转变为拥护正确信息、消解谣言的最终推动者。

当政府机构通过媒体发布正确的信息以揭穿谣言的荒谬时，谣言并不会自行消亡，甚至造谣者会变本加厉地采取各种手段与政府机构对抗，但公众接收到政府机构持续不断公开的信息后，往往会自我说服，相信政府机构的判断，并在这种情况下，传播权威信息。比如，我国政府机构及时有效地处理日本地震引发的网络"谣盐"问题，赢得了公众的赞赏。广大网民不仅纷纷谴责造谣者，并且主动通过网络传递政府机构发布的权威信息。公众的主动参与，将政府机构由上而下的信息传递转变为由下而上的辟谣过程，形成了消解谣言的坚实的群众基础。

第九章　群体性事件中的新媒体舆论

当前，我国正处在社会转型期，随着社会管理体制改革的深入、社会结构的巨大变迁、社会利益格局的深刻调整、传统社会控制方式的失灵、价值观念的日益多元，以往累积的社会问题凸显，近年来频繁发生的群体性事件就是社会矛盾交织冲突的集中表现。

《2013年中国社会形势分析与预测》报告指出，2012年，国际经济社会环境中的不稳定、不确定因素仍然突出，中国在就业、劳动关系、收入分配、社会管理等方面，仍然面临各种问题和挑战。报告显示，中国社会现阶段处于矛盾多发期，近年来每年因各种社会矛盾而发生的群体性事件多达数万起，甚至十余万起，2013年情况也不乐观。据中国全国总工会统计，2012年1月至8月，全国共发生120多起围绕工资纠纷、规模在百人以上的集体停工事件，发生在19个省、规模在30人以上的有270多起。

群体性事件成为影响社会稳定的一个重要因素，它的频繁发生及越来越明显的对抗形式，已经引起社会各方面的关注。近年来，许多学者从不同角度对群体性事件进行研究。本章在借鉴以往学者相关研究的基础上，结合一些群体性事件的例子，对群体性事件特别是网络群体性事件的含义、主要特征进行系统的梳理归纳，并探讨群体性事件的发生过程和发生机制。

第一节　群体性事件——具有中国特色的概念

"群体性事件"是一个具有中国特色的概念，又称为"群体性突发事件""群体性治安事件""集群行为""集合行为"等。群体性事件在海外研究文献中没有统一的提法，西方多称之为"集群行为""集合行为"等。

一、群体性事件的概念界定

美国社会学家帕克在《社会学导论》一书中，最早从社会学角度将"集合行为"（也即群体性事件）定义为"在集体共同的推动和影响下发生个人行为的一种情绪冲动"①。

波普诺指出，集群行为"是指那些在无组织的、相对自发的和不稳定的情况下，因为某种普遍的影响和鼓舞而发生的行为"②。

由于国内学者的认识角度不同，他们对群体性事件的界定也不尽相同。归纳起来主要有以下几种。

（1）强调对社会的影响和破坏。如孔丽霞认为，"所谓群体性事件，指某些利益要求相同或相近的群众或团体、组织，在利益受损或不能满足时，受人策动，经过酝酿，或者在某一细小事件的刺激下，最终采取集会、游行，集体上访、罢课、罢市、罢工，集体围攻冲击党政机关、重点建设工程和其他要害部门，集体阻断交通，集体械斗甚至集体采取打、砸、抢、烧、杀等方式，以求解决问题，并造成甚至引发某种治安后果的非法的集体活动"③。

（2）强调突发性。如李良栋等认为，所谓群体性突发事件，是指"预先没有预料到的突如其来的或者事先没有向主管机关申请登记获得批准的非法游行、静坐、示威和其他各种类型的大规模的人群聚集活动"④。

（3）强调引发事件的中介因素。如陈月生指出，群体性突发事件，是指"受特定的中介性社会事项刺激而突然爆发，以寻求共同利益的人为主，采取自发或有组织的聚众方式，与公众秩序和安全发生矛盾或对抗的行为和活动"⑤。

（4）强调社会转型的影响。如中国行政管理学会课题组认为，我国社会转型时期群体性冲突事件，是指"在我国计划经济体制向社会主义市场经济体制转轨，从传统农业社会向现代工业社会转型的过程中，由人民内部矛盾引发，或因人民内部矛盾处理不当而积累、激发，由部分公众参与，有一定组织和目的，采取围堵党政机关、静坐请愿、阻塞交通、集会、聚众闹事、群体上访等行为，并对政府管理和社会秩序造成影响甚至使一定范围陷入一定强度对峙状态的群体事件"⑥。

---

① PARK R E. Introduction to the science of sociology. Chicago：University of Chicago Press，1921.

② POPENOE D. Sociology. New York：Prentice Hall Inc. ，1995.

③ 孔丽霞. 关于对群体性突发事件的认识及处置策略. 西北第二民族学院学报，1999(Sl)：25－27.

④ 李良栋，等. 稳定：压倒一切的大局. 北京：中共中央党校出版社，1999：85.

⑤ 陈月生. 群体性突发事件与舆情. 天津：天津社会科学院出版社，2005：12.

⑥ 中国行政管理学会课题组. 中国转型期群体性突发事件对策研究. 北京：学苑出版社，2003：1.

（5）强调事件中的舆情因素。如王来华认为，群体性突发事件是指"一定数量的人在一定的舆情空间内，受某些中介性社会事项影响或刺激，为实现某一目的，采取静坐、围堵、集会、游行等方式，与党政权力机关形成对立或对抗关系，造成社会秩序混乱和社会公私财物遭破坏以及人身伤害的事件"①。

群体性事件更像一个官方术语。2004年，《关于积极预防和妥善处理群体性事件的工作意见》称群体性事件是"由人民内部矛盾引发、群众认为自身权益受到侵害，通过非法聚集、围堵等方式，向有关机关或单位表达意愿、提出要求等事件及其酝酿、形成过程中的串联、聚集等活动"。

2005年，中组部发言人坦言，当前中国改革、社会转型和现代化建设进入了关键时期，有些矛盾得不到疏解，因而发生了一些群体性事件。此时，"群体性事件"逐渐从一个从贬义词演变为中性词。

上述这些对"群体性事件"的概念进行的表述，视角不同，得出的结论自然也不尽相同。但综观这些定义，分别包含群体性事件的以下几个构成因素。

（1）主体。由不特定数量的人参与，可能有组织者，也可能没有组织者，这些人通常是某些利益要求相同或相近的群体。

（2）原因。爆发群体性事件一般是为了解决具体的利益问题。往往直接涉及一部分群体的利益，采取群体行为的方式扩大社会或政治影响，对有责任者施加压力，促使具体的利益问题得到解决。因此，群体性事件的爆发基本上都是因为资源分配不均。

（3）目的。原因决定目的。群体性事件中，有共同的直接利益诉求或无直接利益诉求的群体，以群集活动的方式形成集体力量，借以改变其政治、经济处境和维护自身利益。因此，群体性事件爆发的目的是纠正和改进不当的资源配置和补偿利益损失。

（4）表现形式。聚众行为是群体性事件重要的表现形式，指的是由一定数量的人参与其中，参与者往往是利益关系比较一致的人，包括自发的和有组织的，以多种群体行为方式发泄情绪，展示群体的力量。一般来说，现实群体性事件的常见方式是游行示威、请愿静坐、集会、阻塞交通、打砸抢等。

（5）影响。不论什么内容和规模的群体性事件，都必然不同程度地对公共秩

---

① 王来华. 舆情研究概论：理论、方法和现实热点. 天津：天津社会科学院出版社，2005：12.

序、公共安全造成或大或小的影响，容易引发矛盾冲突，有的甚至造成社会震荡。

综上所述，我们这样定义群体性事件：它是指某些利益要求相同或相近的人所组成的群体，因资源分配不均采取自发或有组织的聚众行为，这些行为不同程度地对公共秩序、公共安全造成或大或小的影响，以求纠正和改进不当的资源配置，补偿利益损失和发泄情绪。这些聚众方式主要包括游行示威、请愿静坐、集会、阻塞交通、打砸抢等行为。

二、新媒体群体性事件的概念界定

随着新媒体技术的不断发展，手机用户、网民数量的不断增加，当今的群体性事件无一不与新媒体紧密联系起来。因此，我们有必要在了解"群体性事件"这一概念的基础上，对"新媒体群体性事件"加以界定。

"新媒体群体性事件"的前期研究主要体现在"群体性事件"的研究成果中。

较早给出网络群体性事件定义的是北京大学社会学系的夏学銮教授。夏学銮教授把网络群体性事件称为"网络集体行为"，他认为，"网络集体行为是指在某一时间内，网民自发或有组织聚集在某个网络公共领域，多个网民发帖子，进行网络表达的行为"[①]。

后来又有很多学者对网络群体性事件加以定义，他们对网络群体性事件的定义可以分为两类：一是把网络群体性事件看作现实与虚拟并存的群体性事件；二是把网络群体性事件等同于舆论。

但是研究者对网络群体性事件的内涵达成了一个共识，即众多网民在网络空间表达共同诉求。然而，学者们对网络群体性事件的界定在某种程度上有失偏颇。

网络群体性事件是当前群体性事件的一种新的表现形式，它是群体性事件与网络相结合的产物。不能简单地把网民的诉求看作"发泄不满""制造舆论""造成不良的社会影响"等。事实上，网络群体性事件能够折射出转型时期的社会动态。

综合国内外学者的研究并结合我们的研究角度，我们认为网络群体性事件是指在一定的时期，由现实事件引发，借助新媒体平台，有一定数量的相关新媒体

---

① 夏学銮. 网络社会学建构. 北京大学学报（哲学社会科学版），2004，41(1)：7.

群体及社会群体就某一话题自发或有组织地在新媒体空间上集中表达诉求，对网络虚拟世界乃至现实世界造成较大影响的群体行为。

三、群体性事件的特征

（一）群体性

这是群体性事件的基本特征，群体性一般是指利益一致或相近的人的聚集状态。这些人往往有一致的利益诉求、动机等。相当多事件的起因是资源分配的不均，而又涉及部分人的自身利益，这些共同的利益目标吸引相同利益者，并把他们维系在一起。构成群体的人数可以是几十人、几百人，甚至成千上万人，这取决于事件的起因、涉及面、群众情绪、带来的影响等因素。

（二）突发性和传播的迅速性

这是群体性事件的重要特征。由于外部偶然事件的突然刺激，大量的人群在短时间内聚集起来，往往出人意料，使人猝不及防。具体来说，突发性又表现为有先兆的突发和无先兆的突发。有先兆的突发是指由于矛盾和问题已经形成，已表现出某种事件的先兆；无先兆的突发多表现为在某种特定条件的刺激下，一下子就爆发群体性事件。显然，后者的突发性特征更为明显。

新媒体群体性事件中的本体事件一经发生，一般 2~3 个小时后就会在网上出现，6 个小时后就会被多家网站转载，24 小时后网上的跟帖和讨论就会形成一个高潮。

由于群体性事件具有引发因素多层次、参与人不同、内容多变、形式多样等特点，群体性事件往往由于引发原因、行为性质、行为方式以及控制手段的变化，而出现难以预料的变化，群体性矛盾由于处理不及时、不妥当，有可能激化。

（三）非理性与理性并存

群体性事件通常具有明显的情绪性。情绪性既存在于个体心态中并作用于个体心态，也存在于群体心态中并作用于群体心态。情绪性具有明显的"同频共振"规律。在群体性事件中，人与人之间通过暗示、模仿、情绪互相感染，参与人员的非理性因素逐渐增长，以至于达到狂热的程度。在特定社会环境的刺激下，人们的情绪会激烈地宣泄出来，导致行为失控。此外，由于人多势众，事件参与者往往在一种法不责众的心理下，会不顾现行社会规范的约束，做出一些违反法律和社会规范的事情。

由于身体缺席和虚拟出场的特征，网络社会完全变成了一个"陌生人社会"，网民抛弃了现实社会的角色和道德约束，可以无所顾忌地发表自己的观点，宣泄在现实生活中无法表达的情绪，这也使得网络群体性事件容易走向一种非理性状态。据统计，群体极化倾向在网络上发生的比例是现实生活中面对面时的两倍多。

群体性事件往往是社会深层矛盾激化的外在表现。任何参与群体性事件的主体，即因为社会资源配置不合理而聚集在一起的某些利益要求相同或相近的群体，同负责处置事件的权力机关、责任部门或另一部分群体，在情绪上、利益要求上是对立的。正是因为有了这种对立性才有了群体行为。一般对立的群体性事件通常是以群体上访、请愿静坐等对峙形式表现出来的，参与者的情绪可以自行控制。而严重对立的群体性事件是指事件主体同维护治安秩序者形成严重对抗，妨碍公共秩序、公共安全，造成人员伤害、严重财产损失等严重后果。

（四）互动性

网络群体性事件往往直接引发现实社会的群体性事件，即使不直接引发，也会在社会思想文化领域造成一些影响。如重庆、三亚等地发生的出租车司机罢运事件，就是网络群体性事件和现实群体性事件互相感染和交互的结果。

（五）跨地域性

由于以互联网为代表的新媒体具有传播信息快速及时、跨地域的特点，通常一个地方性事件经由网络的聚焦、放大和传播，可以成为一个全国性事件，突破事件所发生的地域范围。

第二节　群体性事件的演化机制

根据我们所掌握的有关群体性事件的相关文献资料来看，目前对群体性事件的研究多从概念、特征、成因等方面着手，很少涉及群体性事件内在的演化机制。而突发性群体性事件作为离散随机事件，其演化过程构成了一个复杂系统，只有对其演化机理和各种影响要素进行研究，才能针对事件本质特性和机理设计适合我国国情的群体性事件预警和应急管理体系。

我们的研究主要依据社会冲突理论和集群行为理论，尤其是斯梅尔塞的价值累加理论，分析群体性事件的主要影响因素，演化的动态和静态流程，从而阐述各个阶段的作用因素是如何推进群体性事件演化的。

一、理论依据

（一）社会冲突理论

西方的社会冲突理论（conflict theory）是当代西方社会学、政治学等学科中的一股以社会冲突为研究对象的重要社会思潮，是一种关于如何应对和解决社会发展过程中出现的社会矛盾的社会建设理论。它越来越多地受到西方社会学家的关注，并成为他们分析社会变迁和进步的主要论据。分析和研究社会冲突理论，对我们透视社会中普遍存在的社会矛盾与冲突、准确把握群体性事件的本质具有重要的指导意义。

社会冲突理论以科塞[①]、达伦多夫[②]为代表，重点研究社会冲突的起因、形式、制约因素及影响，是作为对结构功能主义理论的反思和对立物提出的。结构功能主义理论强调的是社会的稳定和整合，代表社会学的保守派，而社会冲突理论强调的是社会冲突对社会巩固和发展的积极作用，代表社会学的激进派。

社会冲突理论是在结构功能主义理论的基础上发展起来的。进入 20 世纪五六十年代后，美国社会矛盾凸显，社会动荡日益突出。该理论在 20 世纪 60 年代后期流行于美国和西欧国家，在西方社会学界引起巨大反响，并渗透到社会学各分支学科的经验研究中，在政治社会学、组织社会学、种族关系、社会分层、集体行为、婚姻家庭等领域出现了大量以冲突概念为框架的论著，在当代社会学发展中有重大的影响。

社会冲突理论吸收了结构功能主义理论的有益成分，同时对它所宣扬的社会均衡、稳定、和谐与秩序进行批判，指出了普遍存在于当时社会的各种利益分歧和社会各阶层之间的矛盾和冲突，合理地解释困扰人们的种种社会问题，并提出

---

① 刘易斯·科塞（Lewis Coser，1913—2003），社会学家，曾担任美国社会学学会主席，并任该会执委 10 年，后任学会理事。他还曾担任美国东部社会学学会主席、社会问题研究会主席。

② 拉尔夫·达伦多夫（Ralf Dahrendorf，1929—2009），生于德国汉堡，曾在汉堡大学学习哲学和古典语言学，1952 年从汉堡大学毕业后到伦敦经济学院攻读社会学，1956 年获博士学位。他曾在萨尔、汉堡、图宾根以及康斯坦斯大学任教。1967—1970 年任德国社会学协会会长。1974 年起任伦敦经济学院院长。达伦多夫是冲突理论的主要代表人物之一。早在 1958 年，他就对功能主义提出批评，从变迁、冲突、诸要素对系统分化的作用以及暴力等方面对社会进行解剖。他认为现代阶级冲突的根源不是占有和不占有生产资料之间的矛盾，而是权威的分享和排斥之间的矛盾。他还提出了社会人的概念。主要著作有《社会冲突理论探讨》《工业社会中的阶级冲突》《走出乌托邦》《社会人》《阶级后的冲突》《生活的机会》等。

了解决这些问题的办法，从而确立了该理论在学界的地位。

德国社会学家达伦多夫所创立的辩证冲突论产生了不可忽视的影响。达伦多夫的主要观点是，尽管人们可以对冲突加以引导，使之制度化，或者是消除激烈的冲突形式，但冲突在人类社会中是永远不可能消除的。由于权力和权威必然引起竞争、社会冲突、社会变迁，所以权力和权威就成了解释人类一切事物的关键点。他反对帕森斯结构功能理论只强调均衡、共识而忽视冲突。

达伦多夫认为，社会实际上具有辩证的两面，既有均衡又有冲突。在结构稳定的同时，社会又时刻处于变迁之中；在系统整合的同时，社会的各子系统又处于普遍存在的相互冲突之中；在功能协调的同时，社会的每一部分却既有正功能又有负功能；在达成价值共识的同时，总是一部分社会成员因为另一部分成员的压制而改变自己的价值观念。正是这种辩证的社会观，导引了达伦多夫的社会冲突理论，也正是由于这种辩证的社会观及以其为基色的辩证分析，达伦多夫的社会冲突理论才被称为辩证冲突理论。

根据辩证的社会观，达伦多夫指出，社会既始终处于变迁之中，又普遍存在着对立与冲突；社会冲突是社会变迁的根本动力，社会中的每一个要素都可能引发冲突、变迁甚至社会解体；社会成员、组织相互结合成社会并非源自彼此的共识与吸引力，而是由于双方之间的统治与压抑。社会冲突理论就产生于这种统治与压抑，它尽管可以得到暂时的控制或疏导，却始终与社会同在。实际上，社会冲突的最根本原因在于冲突双方经济利益的对立。冲突团体的矛盾爆发可以打破对峙局面，导致结构的变迁和权威与利益支配关系的再分配。他还认为一旦社会冲突形成，企图压制和消灭冲突是徒劳无益的。在现代社会中，只能通过制度化来调节冲突。

美国西方社会学家科塞是功能冲突学派的主要代表。科塞出生于德国柏林的一个犹太人家庭，跟很多知识分子一样，他先于1933年流亡于法国，后于1941年移民美国。在巴黎期间，他曾度过一段艰辛的岁月，后有幸进入巴黎大学的文理学院。经导师的点拨，他将自己的专业方向由比较文学转向社会学。法国社会学界仍笼罩在涂尔干的传统之下，但科塞很快厌倦了这种风格，便加入马克思主义小组，继续他在德国时就开始的对马克思著作的学习。受亨利·雅各比的影响，他又告别了正统马克思主义。

科塞的理论既有结构功能主义理论的背景，又有社会冲突理论的立场。他批判了功能主义过分强调社会的整合，把社会的冲突、越轨行为一律视为"社会病态"等问题，同时也反对达伦多夫过分强调冲突对社会稳定、整合造成的破坏性结果。与其他的冲突理论家相比，科塞更重视冲突的过程和结果，尤其是注意分析社会冲突的功能。他认为，社会冲突绝不仅是一种破坏社会稳定与整合，单纯引起变迁过程的因素，社会冲突对社会团结、一致、整合同样具有重要的促进作用。冲突在具有负功能的同时，也具有正功能。社会冲突的正功能主要表现在冲突对社会具有内部的整合功能、稳定功能，对新群体的形成具有促进的功能，对新制度和规范的建立具有激发功能，是重要的社会平衡机制；社会冲突的负功能主要表现在分裂、破坏群体的团结，甚至引起群体结构的解体，导致社会的不稳定。

在科塞看来，决定冲突功能是正功能还是负功能，最重要的是看冲突问题和社会结构。从冲突问题看，如果冲突问题的类型不涉及冲突双方的基础，冲突就具有积极的功能；反之，如果冲突涉及核心价值，冲突就会具有消极的功能。从冲突产生的社会结构来看，科塞认为，冲突具有正功能还是负功能与社会结构相关，在结构松散的开放性社会里，非实质性的社会冲突具有正功能；反之，在封闭的社会结构里，如果没有或只有不充分的对冲突的容忍或制度化，冲突将会具有负功能。在论述如何发泄不满和敌对情绪时，科塞提出了"社会安全阀"理论。社会冲突的"社会安全阀"功能好比锅炉上的"安全阀"，通过它可以使猛烈的蒸汽不断排泄出去，从而不至于破坏整个结构。"社会安全阀"的功能主要体现在两方面：一是社会减压，即减轻或缓解冲突双方的敌对情绪；二是社会预警，即向统治阶级或社会管理者显示民情。

（二）集群行为理论

社会心理学认为人同时具有理性个性与非理性个性，当理性个性丧失，非理性个性趋于一致时，群体理智远弱于个人理智，群体冒险精神大为提升，由此导致群体决策产生严重偏差甚至极化。针对此种现象，社会心理学领域探索了集群行为（collective behavior）理论。

集群行为是指"在不稳定的情况下具有不可预料性、相对自发性和无组织性等特质的对某一共同刺激产生一致反应的行为"①。集群行为主要包括"谣言、舆论、宣传等集群行为的初级阶段和形式，以及时尚、流行、恐慌、狂热等容易发生在相对分散群体中的行为，还包括聚众闹事、罢工、游行和示威等容易发生在

---

① POPENOE D. Sociology. New York：Prentice Hall Inc.，1995.

相对集中群体中且可能相对具有一定组织和目标的群体性事件；此外，还有学者将集群行为的内涵外延扩展到新的电子和网络环境下的各种集群现象"①。

法国学者古斯塔夫·勒庞最早对集群行为进行研究，他从公众—集群行为现象的最基本形式之一入手，研究公众所具有的不同于组成它的个体原有特点的一些新特征。

美国社会学家帕克②在《社会学导论》一书中对集群行为做了全面的详细介绍，他认为，"集群行为是社会互动产生的结果"③。

麦独孤认为个人的天性被群体中他人的感情表达所唤醒，认为组成公众的个体的初级本能和情绪互动导致公众的集群行为。④

波普诺⑤指出，"集群行为是那些在不稳定、无组织和相对自发的情况下，因为某种普遍的鼓舞和影响而发生的行为"⑥。

波普诺认为，集群行为发生的主要因素如下。

（1）环境因素：一定的环境因素促使人们对某一共同刺激自发地产生了共同反应，如周末或夜晚等群体易被动员和感染的时间、无规范可遵循的罕见情况，以及社会变迁导致的价值观冲突和体制欠缺等。

（2）相对剥夺：一种人们没有获得他们认为努力之后应得之物的情况。

（3）社会控制机制：当社会控制机制减弱甚至崩溃时，人们可能对现存制度的合法性产生怀疑，并试图通过集群行为对其进行改革和推翻重建。

奥尔波特的社会促进论。该理论通过联想速度、可逆透视和心理物理比较等

---

① BIMBER B，FLANAGIN A J，STOHL C. Reconceptualizing collective action in the contemporary media environment. Communication Theory，2005，Vol. 15.

② 罗伯特·E. 帕克（Robert E. Park，1864—1944），美国社会学家，芝加哥学派的主要代表人物之一。1864 年生于美国宾夕法尼亚州鲁泽恩郡一个商人家庭。就学于密歇根大学，1887 年获哲学学士学位。随后投身新闻界，热衷于城市社会问题和贫民阶层的调查报道。自 1898 年起，他先后到哈佛大学、海德堡大学深造，师从 W. 詹姆斯、J. 罗伊斯、G. 齐美尔等。1904—1905 年任哈佛大学哲学助理教授，曾协助黑人领袖 B. T. 华盛顿研究种族问题。1914—1936 年在芝加哥大学社会学系任教。1925 年任美国社会学会主席。代表作有《移民报刊及其控制》《社会学导论》。

③ PARK R E. Introduction to the Science of Sociology. Chicago：University of Chicago Press，1921.

④ MCDOUGALL W. The group mind. Michigan：G. P. Putnam's Sons，1920.

⑤ 戴维·波普诺（David Popenoe），新泽西州立大学社会与行为科学学院的社会学教授和副院长、拉特杰尔大学人文与科学学院社会学教授。他在社会组织和社会变迁、家庭、社会变迁等方面有高深的造诣，发表过大量的论著。代表作有《家巢的扰动：现代社会中的家庭变迁及其衰落》《社会学》。

⑥ POPENOE D. Sociology. New York：Prentice Hall Inc.，1995.

一系列实验证实了他人在场会促进个人完成任务，即群体中的个体会受到群体中他人的影响而表现出与个人独处时不同的特质。

斯梅尔塞①的价值累加理论。该理论认为产生群体性事件需要六个条件：环境条件、社会结构压力、诱发因素、共同感知、群体情绪和行动动员、控制机制失效。

社会冲突理论和集群行为理论，特别是价值累加理论对群体发展规律和演化机理的解释，不仅从微观层面关注在社会冲突、结构压力加大背景下诱发因素所折射的行动者的日常生活体验、结构性怨恨和共同信念，而且从中观层面关注情绪感染和行动动员是如何进一步推动集体行为发生的，还从宏观层面分析在互动过程中缺乏控制的主事件和次生事件最终如何导致网络群体性事件的发生。

二、新媒体群体性事件发生的基本过程

我们将新媒体群体性事件发生的基本过程归纳如下：某个事件在特定的社会语境和众多刺激性因素的影响下，某个新媒体用户就该事件在网络上发帖，关于该事件的帖子相对于其他帖子更能吸引新媒体用户的注意力，也更受新媒体用户认可，从而有大量的新媒体用户点击浏览该帖子，进而有部分新媒体用户回帖，对该帖子发表个人看法，与其他网友产生意见交互和情绪感染，甚至有些新媒体用户鼓动采取某些特殊行为，其中一些提议在越聚越多的新媒体用户中引发共鸣并得到响应，该事件演化为新媒体群体性事件。最后，在政府介入后，信息得到公开，事件得到解决、平息，重新回到常态。

基于此，我们把新媒体群体性事件的发展分为六个阶段：事件常态、新媒体新闻事件、新媒体热点事件、新媒体群体性事件、事件应对、事件平息（见图 9 - 1）。

其中，新媒体新闻事件是指新媒体用户最开始将某一刺激性事件以帖子的方式发表在网络论坛上，以个人发布报道的形式向新媒体用户传播，此时对应的帖子为网络新闻事件帖子。

---

① 尼尔·J. 斯梅尔塞（Neil J. Smelser，1930—2017），1952 年获罗兹奖学金赴牛津大学就读。1958 年获哈佛大学哲学博士学位。后在旧金山精神分析研究所进修，并在加利福尼亚大学伯克利分校任教，1972 年成为该校社会学教授。1969—1973 年和 1980—1981 年，两度担任国际关系研究所副所长。曾在一些社会学研究机构及学术团体任职。主要著作有《经济与社会》《工业革命中的社会变迁》《集体行为理论》《经济生活的社会学》《社会学解释论文集》《社会科学的比较方法》《变化中的学术市场》等。

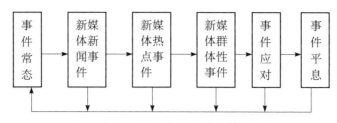

图 9 - 1　新媒体群体性事件的发展阶段

当新媒体用户对该帖子表现出更多的注意力时，越来越多的新媒体用户开始点击、浏览该帖子，甚至有新媒体用户回复该帖以表达个人意见，新媒体用户情绪相互感染，新媒体用户共同感知和群体意识逐渐形成，此时新闻事件帖子浏览量持续上升继而成为网络热点帖子（简称网络热帖），事件升级为网络热点事件。

当新媒体用户的情绪进一步激化，鼓动和号召进一步的行动，且该提议在越聚越多的新媒体用户中引发共鸣，并得到其他新媒体用户的响应和付诸实践，行动动员实现，集群行为不断涌现，此时该事件就成了新媒体群体性事件，对应的帖子是网络群体性事件帖子。

三、群体性事件发生的社会语境分析

（一）社会转型

近些年，中国社会、经济、政治、文化等实现了长足发展、人民生活水平普遍提高的同时，也产生了许多深层次矛盾和问题，这些矛盾和问题积累到一定程度，就容易激怒民众，导致群体性事件大面积爆发，这是历史发展的必然。这种必然性主要是由我国处于社会转型期即社会变迁所导致的。郑杭生在 20 世纪 80 年代提出了"社会转型论"，认为中国的社会转型，是中国的社会生活和组织模式从传统走向现代、迈向更加现代和更新现代的过程。而社会快速转型期的一个鲜明特点，是它具有两面性和极端复杂性。

我国有关转型包括经济体制转型、政治体制转型、社会转型和开放转型。这种转型给社会各个方面都带来了深刻的变化，这种变化主要表现为：利益结构的重组和社会阶层的分化；传统权威的流失和社会权力的转移；社会体制的变迁和社会发展方向的变化；社会群体之间、个体之间、不同的社会力量之间的竞争和冲突加剧；信仰危机和价值观的多元化；社会心理的焦虑和迷茫。[①]

---

① 林默彪. 社会转型与转型社会的基本特征. 社会主义研究，2004(6)：2.

塞缪尔·亨廷顿[①]曾指出："现代性孕育着稳定，而现代化过程则滋生着动乱。"[②] 社会转型期的种种深刻变化最终导致社会的不稳定，群体性事件频发也是这种不稳定的表现。

2001 年，我国人均 GDP 突破 1 000 美元。世界各国发展的历史经验表明，在人均 GDP 从 1 000 美元向 3 000 美元过渡的时期，是现代化进程中的一个关键阶段。它往往是产业结构快速转型、利益格局剧烈变化、政治体制不断应对新挑战的时期，是社会矛盾加剧、经济容易失序、道德容易失范的时期。

2012 年我国国内生产总值（GDP）为 538 580 亿元，年末全国总人口为 135 922 万人，人均 GDP 为 39 771 元。截至 2012 年年末，人民币兑美元汇率中间价为 6.285 5，这就意味着 2012 年我国人均 GDP 超过了 6 300 美元。

2020 年，我国 GDP 是美国的 70.4%，成为百年来第一个 GDP 总量达到美国七成以上的国家。2020 年，中国人均 GDP 为 1.05 万美元，当年全世界人均 GDP 为 1.09 万美元。

2022 年 2 月，国家统计局发布《2021 年国民经济和社会发展统计公报》，公报显示，2021 年，我国 GDP 比上年增长 8.1%，两年平均增长 5.1%，在全球主要经济体中名列前茅；经济规模突破 110 万亿元，达到 114.4 万亿元，稳居全球第二大经济体。2021 年，我国人均 GDP 突破 8 万元，达到 80 976 元，按年平均汇率折算达 12 551 美元，超过世界人均 GDP 水平。我国人均 GDP 连续三年超过 1 万美元，首次超过世界人均 GDP 水平。

（二）社会结构压力

研究我国社会转型期的社会结构变迁及社会语境，可以发现斯梅塞尔的"价值累加理论"和科塞的冲突构成要素都表现得非常明显。因此，作为集体行为、集体行动和社会冲突的表现形式，群体性事件的发生便是不可避免的了。

按照斯梅尔塞的理论，群体性事件多发原因如下。

（1）环境条件。迅速发展的新媒体为群体性事件产生提供了依托平台和实现

---

① 塞缪尔·亨廷顿（Samuel Huntington，1927—2008）：美国当代著名的国际政治理论家。他早年就读于耶鲁大学、芝加哥大学和哈佛大学，1951 年在哈佛大学获博士学位后留校任教，并先后在美国政府许多部门担任过公职或充当顾问。曾任哈佛大学阿尔伯特·魏斯赫德三世学院教授，哈佛国际和地区问题研究所所长，约翰·奥林战略研究所主任。曾任卡特政府国家安全计划顾问，《外交政策》杂志发言人与主编之一，是《文明的冲突与世界秩序的重建》一书的作者。

② 亨廷顿. 变化社会中的政治秩序. 北京：三联书店，1989.

空间。

（2）社会结构压力。当前中国正处在社会转型期，不断发生的社会冲突孕育大量的社会风险，在某些冲突环节容易形成社会结构的薄弱地带，严重时可能导致社会结构的断裂。

（3）诱发因素。在社会结构紧张的背景下，刺激性事件的出现极易成为民众发泄不满和表达利益诉求的突破点。

（4）共同感知。在社会结构压力和刺激性事件的共同作用下，相关民众容易形成某种认同和共鸣，进而产生普遍情绪和共同信念。

（5）群体情绪和行动动员。在普遍情绪和共同信念的驱动下，具有认同感和归属感的网民逐渐聚集在一起，网络群体逐渐形成。群体在聚众规模不断扩大中实现情绪相互感染，产生集体兴奋，响应活跃人物的行动号召，完成动员过程。

（6）控制机制失效。主事件和次生事件不断互动扩散，网络群体性事件产生。

我们认为社会结构压力主要包括以下几方面。

1. 公正失衡

随着改革开放的深入发展和社会转型的不断推进，原有的社会利益格局被打破，不同的社会阶层之间出现了新的利益分化与组合。由于人们拥有的政治、经济等社会资源不同，加之多种所有制和多种分配方式的影响，人们的社会财富占有量出现了很大的差距。处在社会底层的群体很少能够抓住社会转型带来的机遇、分享改革开放带来的成果，却承担着社会转型和改革的很多成本和代价，甚至有时已获得的收益也遭到侵蚀；而另一些群体却凭借大量的社会资源积聚了巨额的社会财富。贫富差距悬殊、资源配置不公平等，使相对弱势群体在心理上产生了极大的失落感、不公正感和相对被剥夺感，进而导致对政府和社会的强烈不满，仇官、仇富等不良情绪不断滋生，社会冲突频发，社会风险不断积累，这也是他们将不满诉诸网络进而形成网络群体性事件的最根本诱因。

2. 政府初期处置失当

一些地方政府在运行方面还存在着诸多问题：政策的制定不够公开透明、体制的操作规则模糊、政策多变，内部的管理不够充分有效，外部沟通缺乏有效的公民参与渠道等。在网络和媒体越来越发达的今天，一些负面新闻容易成倍放大，加上一些地方政府自身的原因，公信力危机加剧，进而危害了整体的政府公信力形象。

3. 社会心理变化

心理变化是个体参与群体行为中的波动起源和强劲动力。个体行为的主观心理因素主要表现为以下几点。

一是公众的维权意识、民主参与意识不断提升。这使得公众在自身权益得不到保障或受到损害的情况下，积极寻求可行的手段来解决现实问题。网络的迅速发展和有利特性成为公众维护权益、表达诉求的良好平台。

二是相对剥夺感日益增强。相对剥夺感是人们通过与参照群体的比较而产生的一种自身利益被其他群体剥夺的内心感受。我国的贫富差距不可避免地给人们带来一种相对剥夺感，在这种心理的驱使下，人们难免会产生一种不满，对剥夺他们利益的群体怀有敌视，甚至怨恨和仇恨。

三是价值观混乱。传统的价值信念、道德文化和社会规范在现代化进程中出现断裂，有时会产生价值观混乱，社会行为失范，价值取向无责任化、极端化、粗俗化等问题。在网络的匿名作用下，参与群体更容易做出非理性的极化决策和行为。

四是法制意识淡薄。人们的思想发生了积极的变化，但相应文化素质的提高却远远滞后，民主法制意识缺乏或不成熟，缺少理性的主体意识，普遍存在"法不责众"的意识，维权采用非正规途径。因为不用担心被追究责任，这在客观上鼓励更多的人参与网络群体性事件，进而影响了网络群体性事件的发生频率和影响广度。

四、群体性事件演化的影响因素及作用机制分析

(一) 群体性事件演化的影响因素

1. 刺激性诱发因素

首先，能够反映典型矛盾与集中冲突、涉及网民切身利益、引爆网民共同经验的认同以引起网民的共鸣、吸引网民大量关注的事件往往能促发网络群体性事件。在社会结构压力日益增强的背景下，任何一个涉及公众利益的偶然事件，都有可能导致网民不满甚至怨恨情绪的爆发和宣泄。为表达某种共同的情感，广大网民积极响应，借助互联网这个平台举行网络汇聚、网络声讨、网络动员等活动，进而形成大规模的网络群体性事件。

其次，违反道德和法律、挑战社会主流价值观、自身参与合法的诱因也容易促发网络群体性事件。事件中包含的不道德、不公正等极易引发网民非理性的强

烈的道德义愤刺激能够迅速引起广大网民的反感和厌恶。在以往经验的中，此类事件经由大众传媒报道后其影响范围迅速扩大，并上升到公众议程的高度，相关政府部门迫于上级政府和网络舆论的压力不得不关注事件，采取措施解决事件。"毒奶粉事件""楼歪歪"等都是网民群体在合法性出发点下对违反法律和道德、挑战社会主流价值观行为的声讨和追责。

最后，具有戏剧化效果、超出网民意料、受到人们的广泛关注、引起人们的强烈兴趣的事件也能促发网络群体性事件。只有信息受到人们的关注、引起人们的兴趣，才能成功地使人们产生集体意识和共同行为，才能成为网络群体性事件的诱因。在网络群体性事件中，衡量信息被网民关注程度和对网民影响力的指标就是点击率。网络让人们的思维逻辑更加形象化、情绪变得简单而毫无掩饰、想象力变得极其丰富多彩。加之网络言论观点绝对、毫不妥协和简单明了，任何一个细小的情绪都被无限地放大并无止境地传染开来，身陷其中的网民极易受到暗示，总是轻易地被打动。

2. 心理距离和共同感知

事件的参与者在决定自己是否参与某些网络行为（读帖、回帖、置顶等）的时候，首先会考虑自身与该事件的心理距离的大小。当事件关乎网民的切身利益，是他们密切关注的对象时，他们与该事件的心理距离较近，因而触发进一步的网络行为；反之他们与该事件的心理距离较远，亦不会触发进一步的网络行为。

共同感知是事件的参与者基于共同的态度、认识和目标等形成的一种群体内部的思想和情感认同。通常与同一事件的心理距离越近的网民越容易形成共同感知。对于网络群体性事件来说，共同感知的形成尤为重要，因为它是网络群体性事件集群行为参与者的黏合剂。在心理距离近的前提下，共同利益和关注、共同经验与比较、共同情感与传统道德让有着异质性的网民摒除不同成见，拥有和关注共同的话题、任务，形成对某项议题的共同感知，增强群体凝聚力，进一步产生共同群体和阶层的归属感和认同感，为网络群体性事件的发生构建拥有强大共同信念的集群群体，为个体行为酝酿成集群行动准备了条件。

3. 情绪感染

感染理论认为集群行为是人们情绪感染的结果。在群体中，个人的情绪极易受到群体情绪的感染和暗示。参与集群行为的人，其有意识的人格已经丧失，无意识的人格占据主导地位。在一定的社会心理基础上，又受到暗示的影响，人们的情绪朝着特定方向发展，并具有将这一情绪立即转化为行动的倾向。在人群密集的场合，并受到动员或组织，人们的情绪极易相互感染，而且这些感染是连锁式、循环式的反应过程。在情绪感染的过程中，人们缺乏理性的分析判断能力。

处于高度激动、兴奋状态中的人，群体意识、群体内聚力明显增强，极易相信流言、谣言，并在群体成员之间迅速扩散、感染。这种群体情景的扩展使群体激动情绪进一步高涨，采取行动的倾向更加强烈。在这种情况下，事件参与人员的行为主要被他们的情绪左右。在这种情绪状态下，他们会摆脱社会道德规范和法律规范的束缚，产生偏激行为，带来难以预料的后果。

4. 行为动员

在网络环境下，行为动员是引发集群行为的一个必要条件。我们着重探讨意见领袖在网络舆情、网络舆论、人肉搜索等各类网络集群行为中所起的作用。意见领袖是指活跃在人际传播网络中，经常为他人提供意见、观点或建议，并对他人施加影响的人物。而在网络时代，网上表现最活跃、能够掌控信息和透视信息的草根网民就可以称为"意见领袖"。意见领袖的权威涉及诸多因素，权威性越高，活跃度越高，行动动员能力越强。通过积极频繁的信息发布和对相关网络议题的设定，意见领袖通过宣传、示范、渲染、暗示等方式，强化网民在结构性紧张和共同感知的普遍信念阶段形成的认知、情绪与态度，号召网民维护自己的利益或者共同的道德和价值观，动员网民将对某事的态度转化为对某事的具体行为的参与和响应。

意见领袖最初发布的信息，可能是一则新闻、一张照片或者一段对话，但他们对这些信息的加工和分析，却常常能挑动社会最敏感的神经，引发网友的疯狂转帖、跟帖评论甚至人肉搜索。

例如"70码事件"，有目击者声称，谭某被撞出大约5米高后再重重摔在20米以外的地方，可能当场死亡。同日，肇事者胡某被刑事拘留，但有网友发现肇事者的QQ还在更新，因此质疑肇事者是否被及时拘捕。

事故发生当晚，即5月7日晚，相关帖子片即在网上成为热帖。

事发第二天，即5月8日，杭州交警召开新闻发布会，提及"当时车速在70码（公里）"，由此引发舆论不满。

同日晚间，一些杭州市民及浙江大学学生自发走上街头为谭某举行追思会。浙江大学论坛上传出一封《天堂里有没有车来车往？——浙大学子致杭州市市长的一封公开信》，在网上被广泛转载。公开信就杭州警方的新闻发布会内容提出质疑，首推车速"70码"的判定，更尖锐直指有关部门监管不力。

"19楼"论坛对此事进行详细专题报道，网友们在自发悼念死者的同时，对肇事者进行了人肉搜索。网友"铁面包工头"在"19楼"发动网友力量收集该事故有力的证据。在此事件中，一批"意见领袖"代表广大网民表达了他们对事实的渴望、对撞人行为的愤怒，以及对"富二代""权力腐败""权钱交易"等社会矛盾的联想，网民的集体智慧还催生了网络名词"欺实马"，使得该事件演变为网络热议的"欺实马事件"。

5月14日，事故鉴定完成，专家称"车速肯定不是70码"。杭州市公安局当日向媒体发布交通肇事案鉴定报告，认定事故车在事发路段的行车时速在84.1公里到101.2公里之间，且肇事车辆的发动机进排气系统、前照灯、悬挂、轮胎与轮辋、车身内部已在原车型的基础上被改装或部分改装。但是网友质疑该鉴定报告的可信性，且受害人父亲拒绝在鉴定报告上签字。同时，杭州市公安局发言人证实胡某还在羁押中。

5月15日，杭州警方以交通肇事罪向检察院提请批捕，并认定本次事故由胡某承担全部责任。同时杭州警方也就早前的70码说法向公众道歉。

7月20日，被告人胡某被杭州市西湖区人民法院以交通肇事罪一审判处有期徒刑3年。

5. 网络、传统媒体的互动及集群行为涌现

网络媒体和传统媒体的互动是网络群体性事件频发，并导致集群行为涌现的重要因素。随着网络的快速发展，受众对传统媒体的依赖度大为降低，然而，从网络群体性事件的发展看，吸引公众普遍关注甚至引起政府关注的事件，往往经由传统媒体发布，并深入地追踪报道。事件的发展及最后问题的解决往往是传统媒体与网络媒体互动的结果。我们对网络群体性事件进行分析会发现，大多数网络群体性事件都有这样的进程：网上发布议题→网民大量转载、回帖关注→传统媒体深化议题，设置媒体议程→公众议程→网民再次转载、回帖关注→传统媒体再报道→……→议题退出公众议程。

"孙志刚事件"的消息最早源于西祠胡同的一个讨论区"桃花坞"，该讨论区内的网友大多是来自全国各地的媒体人。2003年3月底，一位在北京学传媒的研究生在讨论区里发了一个帖子，称他有个同学的同学，莫名其妙地死在了广州，家人正在四处奔波想弄明白原因。该帖发布后，并未引起大量转载和讨论。然

而，4月25日，该事件一经《南方都市报》披露，立即引起公众广泛关注。后又经新浪等网站的转载，立即吸引了公众眼球，随即引起了网络热议，这时"孙志刚事件"也由地方媒体报道的地方新闻变成全国新闻，一时间成为全国关注的焦点。随后，全国各级各类新闻媒体全面介入该事件的报道。

网络时代的社会控制机制将不断弱化——传统意义上的社会控制主要指政府等通过各种干预和预防措施来对集群行为的产生和发展施加影响，而网络环境下的集群行为更易受到舆论和传播的影响；传统媒体本该履行把关责任，通过对新闻信息进行取舍或修改来决定输出新闻的类型和质量，进而影响或控制公众舆论的内容或走向，但为了迎合受众的需求，争夺公众注意力资源，传统媒体也愿意追逐网络舆论热点，有时弱化甚至放弃了自身的把关和控制权力。

在民众对政府合法性信任度逐渐降低和社会控制机制弱化的背景下，网络媒体和传统媒体的互动及其影响势必导致更多的人积极投入和参与集群行为。

（二）各影响因素的作用机制分析

当今社会处于转型期，各种社会现实所导致的社会矛盾的激化，容易使相对弱势的大众对现实环境产生不满，对其他群体产生敌对和仇视心理。大众在现实环境中形成的不平衡感、被剥夺感会促使其产生各种外显的或内隐的需求和动机，这正是人们进入网络或参与网络群体性事件的根本原因。

当一个网络新闻事件包含剥夺共同利益、违背共同经验和伤害共同情感等刺激因素时，该事件往往能够获得网民的热切关注，进而引发网民对与该事件的心理距离远近判断。当该事件与网民心理距离近时，网民会进一步关注和参与事件的传播与讨论，形成进一步的信念认同和共同感知，自觉归属凝聚进入对应群体和阶层；反之，当该事件与网民心理距离远时，共同感知无法形成，网友无法凝聚成特定群体，该事件将迅速在网络中淹没沉降。

在具体的网络行为表现中，当网民由诱发因素刺激、心理诉求驱动和共同感知号召而希望对某一新闻事件施加一定影响时，就可以通过点击、浏览、回复、转发、置顶和加精等大量网络行为一致地建构网络舆论热点来影响该事件，甚至推动该事件演变为网络热点事件。

在社会背景、结构性压力、刺激性诱发因素和共同感知的普遍信念的共同作用下，参与者的情绪感染和行为动员构成了网络群体性事件的群体构建和集体行动的驱动力。当网民点击、浏览和关注某网络热点时，如果有基于实现共同利益诉求和维护普遍道德价值的网民情绪的激发、积累和释放，以及群体行为的动员、响应和互动，那么网民进一步采取回帖支持、讨论等响应行为动员的网络行为，进一步构建网络群体，动员集体行动，推动网络热点事件向网络群体性事件发展。反之，如果没有对应的情绪感染和行动动员，网民不会采取进一步构建网络群体、动员集体行动的行为，网络热点事件将逐渐消亡、沉降。

在此基础上，积极迎合网民需求偏好的传统媒体的加入，以及网络媒体和传统媒体的互动，起到了在网络群体性事件集群行为中催化主事件和次生事件涌现并互动的作用。

网络群体性事件的主事件是指导致网络群体性事件爆发的初始事件，次生事件是指在网络群体性事件演化过程中，由主事件引发的派生次级事件。主事件和次生事件紧密互动，相互影响，主事件和次生事件不断涌现，构成集群行为。作为原始刺激源，网络群体性事件背后隐藏的社会矛盾通过包含易吸引网民关注的各种要素的刺激性诱因事件的释放迅速积聚网民的关注热度。随着事件的持续升温，为了争夺公众注意力资源，传统媒体在极短的时间内加入，积极参与事件传播，激化受众情绪，动员网民表达诉求、维护利益，形成一级次生事件；在传统媒体的助力下，网民持续关注事件和产生行动动员与响应，引发事件在网络平台的二次升温和扩散，而新生网络热点将引发传统媒体的跟进参与和互动，并对下一阶段的网络热点乃至集群行为产生进一步的催化作用。如此循环往复，主事件和次生事件不断互动和涌现，网络群体性事件发生。

网络群体性事件发生后，相关的责任部门对事件高度重视，政府对事件进行调查、调节，将涉及事件的信息公开，这在一定程度上促成了事件的解决。至此，网络群体性事件逐渐消散、平息。

五、网络群体性事件的演化机制分析

网络群体性事件演化机制是研究网络群体性事件的产生、发展的规律。我们所研究的网络群体性事件演化机制主要包括以下内容（见图 9-2）。

综上所述，我们得出了网络群体性事件演化轨迹的理论模型，在这模型中，网络群体性事件的演化是一个动态演进、不断放大的过程。这个过程共分为六个阶段：

第一阶段是事件的常态期，此时的事件并没有得到网民的关注，处于群体性事件爆发的酝酿阶段。

第二阶段是社会冲突和矛盾不断积累，社会结构紧张，进而形成大大小小的

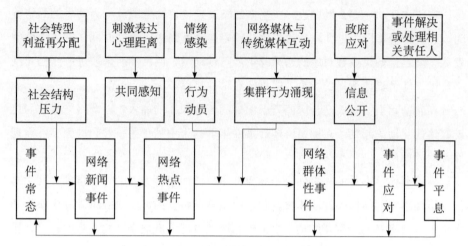

图 9-2　网络群体性事件的演化模型

网络新闻事件，这是网络群体性事件发生的背景和起源。在网络迅速发展、社会冲突和结构性紧张加剧的背景下，一些社会矛盾和社会风险无法有效调解排除，公众尤其是某些群体被剥夺感日益增强，进而产生不满和怨恨，再加之现实社会的公众参与制度不健全、利益诉求渠道缺乏或不畅，促使公众诉诸网络来宣泄情绪、消除紧张、表达需求，出现诸多网络新闻形式的网上倾诉、网上求助和网上举报等行为，大大小小的网络新闻事件不断出现。

　　第三阶段是在网络发展和社会结构压力不断增大的背景下，包含刺激性诱因、极易引发网民关注进而产生共同感知和认同信念等要素的网络新闻事件转化为网络热点事件。在网络中，每天都有成千上万的网络新闻帖子出现，其中就有积累的社会冲突和沉淀的社会风险的具体表达，但只有少量网络新闻事件都能演变成网络热点事件进而导致网络群体性事件。其中，网络新闻事件是否使用刺激性表达、所包含刺激性诱因是否能引发网民兴趣并吸引网民关注是关键因素，只有具备了这些因素才能争取到稀缺的网民注意力资源，才有可能进一步使网民产生某种共同信念的感知和普遍情绪的共鸣，进而推动群体意识的形成和网络集群的出现。在现实网络中，网民的点击率是事件被网民关注度和对网民影响力的直接体现。随着网络新闻事件的被关注度迅速上升，事件发展为网络热点事件。

　　第四阶段是在网民情绪感染和活跃者行动动员驱动下，网络媒体与传统媒体紧密互动，主事件和次生事件呼应，网络集群行为涌现，网络热点事件转化为网络群体性事件。在这个阶段，一方面在刺激性诱因和共同信念的推动下，网民积聚成群，其情绪相互暗示、相互感染，形成去个性化的集体意识，在活跃者号召维护利益、匡扶正义的推动下，网民情绪极易极化，内部动员逐渐实现；另一方面，政府应对失当、社会控制机制弱化，传统媒体的加入又进一步促进了事件的立体传播，网络媒体和传统媒体的互动和交织渲染促使越来越多的网民加入进来，主事件和次生事件互动扩散，集群行为不断涌现，最终转化为网络群体性事件。

第五阶段是网络群体性事件形成，网络舆论不断扩散，事件影响范围不断扩大，政府部门高度重视，将事件涉及的信息公之于众，使得公众了解事件的真相，从而有利于事件的解决。

第六阶段是事件得到了解决，此时群体性事件得到平息，渐渐又恢复常态。

在整个网络群体性事件演化过程中，每个阶段起主导作用的影响因素会有所不同。另外，各个阶段相互交织转化，形成了一个结合社会语境、网络热点感知要素、网络集群行为情绪感染和行为动员驱动，以及网络媒体与传统媒体互动引致的主事件和次生事件涌现的动态演化过程。

第五篇

对策与展望

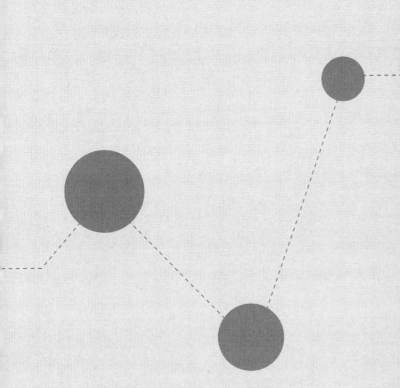

第十章　新媒体舆情的应对策略

　　舆情处置是指对于网络事件引发的舆论危机，通过利用一些舆情监测手段，分析舆情发展态势，加强与网络的沟通，以面对面的方式和媒体的语言风格，确保新闻和信息的权威性和一致性，最大限度地消除小道消息、虚假信息，变被动为主动，先入为主，确保更准、更快、更好地引导舆情的一系列危机处理方法。

　　舆情应对的首要条件是了解舆情发展态势，分析舆情民意动向。而全面的信息数据来源则需要由网络舆情监测系统提供。

　　新媒体舆情应对的理论基础是生命周期理论，因为网络舆情的发展遵循生命周期理论（见图 10-1）。

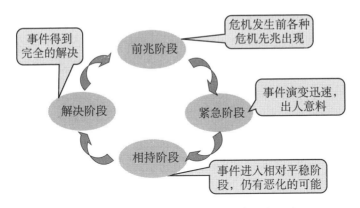

图 10-1　网络舆情的发展遵循生命周期理论

网络舆情管理如同反导弹拦截：处置越早，成本越低，效果越好。

第一节　日常的舆情监控与分析

　　舆情监控，指的是整合互联网信息采集技术及信息智能处理技术，通过对互联网海量信息的自动抓取、自动分类聚类、主题检测、专题聚焦，满足用户的网络舆情监测和新闻专题追踪等信息需求，形成简报、报告、图表等分析结果，为用户全面掌握群众思想动态，做出正确舆论引导，提供依据。舆情分析则是指根据特定问题的需要，对针对此问题的舆情进行深层次的思维加工和分析研究，并得到相关结论的过程。

一、舆情监控

实施舆情监控必须具备三个条件：（1）监控的主体必须是有执法权的国家部门。（2）被监控对象有危害社会、危害国家的重大嫌疑。（3）监控的程序必须合理合法，不得侵害个人隐私以及正常的商业利益，必须维护个人和团体的合法权益，监控的目的是维护国家的安全与稳定。

一旦发生危害国家和社会安全的舆情问题，如谣言、非法集资活动，我们应当如何正确处理呢？正确的方式是：舆情监测系统及时发现问题并预警，针对危机，第一时间内启动危机公关预案，快速利用多种舆情疏导手段进行澄清，如在官方网站发文，在主流论坛发帖，召开新闻发布会等，与谣言赛跑，更早地告知民众真相，而不是简单粗暴地封堵消息。好的舆情监测系统应该做到实时发现问题，快速制定疏导预案，将疏导的信息及时发送给各大网站。

网络舆情监测系统有大幅减少人工搜集的工作量、全面覆盖、实时监测、辅助舆情分析等优点，它通常包括三个基本模块：网络舆情采集系统、网络舆情分析引擎、舆情服务系统。

舆情监测系统需要综合运用搜索引擎技术、文本处理技术、知识管理方法、自然语言处理、手机短信平台，通过对互联网海量信息的自动获取、提取、分类、聚类、主题监测、专题聚焦，满足用户对网络舆情监测和热点事件专题追踪等需求。

舆情监测系统集成了舆情监测、舆情采集、舆情智能分析、舆情处理、舆情预警、舆情搜索、舆情报告辅助生成、舆情短信自动提醒等核心功能。

二、舆情分析

主要的舆情分析方法有：（1）内容分析法。它是一种对信息内容进行客观系统的定量分析的专门方法，目的是弄清或测验信息中本质性的事实和趋势。提示信息所含的隐性情报内容，对事物发展进行情报预测。（2）实证分析法。它是通过分析大量案例和相关数据后试图得出某些结论的一种常见研究方法。

对舆情的分析首先要明确事件或话题所处的阶段，一般分为引发期、酝酿期、发生期、发展期、高潮期、处理期、平息期和反馈期等不同阶段。其次,应该在分析某一舆情热点之前对其进行科学的类型界定。热点事件一般主要分为突发自然灾害事件、生产安全事故、群体性事件、公共卫生事件、公权力形象、司法事件、经济民生事件、社会思潮、境外涉华突发事件等。

针对舆情的影响力、民众利益的关切度和对公共部门形象的破坏程度,舆情分析的观点参数设置与数据分析框架应注意反映如下情况:事件发展概况与脉络,民众的主要观点与情绪;民众处于认知、态度表达阶段还是处于行动阶段;引起民众从认知发展到社会运动,甚至到社会骚乱的程度;组织化程度与有无行动计划性;慎用政治化解读,分析有无明确的利益诉求;有没有对现存社会体制构成巨大冲击;由反华势力支持或被反华势力利用的可能性有多大;行动的对象目标明确与否,其具体指向是哪些部门甚至哪种现存体制等。舆情分析研究人员要成为"非参与性的观察者",要防止成为"非观察性的参与者",既要保持中立,又要敏锐。

第二节 应对原则

本节列举了应对新媒体舆论问题的基本原则,不过归根结底,虚拟的互联网世界其实是现实社会的缩影,解决现实社会的矛盾才是解决问题的根本之道。

一、黄金 24 小时法则

新媒体平台上负面信息处置的关键时间是信息发布后的 24 小时内。如果能24 小时内及时处置,就可能化解危机,防止其变成舆论热点;否则就可能演变成新媒体事件。因此各级管理部门要建立新媒体舆情监测预警系统,对新媒体平台进行全天候的跟踪监控,一旦出现舆论监督和其他负面信息,要力争在第一时间发现,并迅速反映给当事方和上级主管部门。

尽量在第一时间发布新闻,赢得话语权,先入为主,掌握主导权。危机管理实质上是危机沟通管理。真实透明的信息、开放式的报道、人本化的沟通,不仅不会引发恐慌,给政府添乱,而且会促进网络民间力量与政府力量良性互动,产生积极效应。

第一时间发布信息。及时准确地向公众发布事件信息,是负责任政府的重要表现,它对公众了解事件真相、避免误信谣传、稳定人心,具有重要意义。

第一时间掌握舆论引导权。第一时间发布信息，有助于政府掌控危机事件，稳定人心，避免出现歪曲性报道并防止谣言传播。

第一时间掌握新闻主导权。危机具有高度的破坏性，因而会天然地成为公众关注的焦点，激起他们的兴奋情绪。对此，若引导得好，会向着危机管理的有利方面发展；若引导不好，则有害于危机事件的处理。媒体既是公众情绪的风向标，也是公众情绪的催化剂。

对于新媒体平台上出现的舆情信息，原则上应实行属地管理。所在地区的宣传部门是发现舆情的第一责任人；在发现涉及本地的新媒体舆情后，要尽快启动应对机制，迅速联系舆论关注的相关单位或个人，通报新媒体舆情信息，了解事件的真实情况，搜集整理舆论应对材料；当事单位或当事人是舆论应对的第一责任人，必须根据新媒体舆论反映的情况快速做出反应。

二、信息公开原则

新媒体环境下，应该及时公开信息，而不是、也不可能封堵信息。

公开是原则，不公开是例外。在突发事件中，要速报事实，慎报原因，既不失语，又不妄语。

（一）政府相关部门要善于发挥主场优势，警惕主场劣势

政府的主场优势表现为公权力优势、媒体优势、知情优势，主场劣势表现为网民对公权力的不信任感，对司法公正的失望，对社会公正的信心缺乏。

在舆情应对中充分发挥主场优势，政府掌握的信息远比网民个人所了解的全面而专业，我国政府对新闻媒体具有重大影响力，而且最主要的一条是，政府应该具有权威性。宣传部门要充分发挥媒体优势，不失语、不妄语，发挥信息优势，学会有节奏地抛出系统化的专业信息，利用政府与公众之间的信息不对称，有力地引导舆论，但也要警惕政府的主场优势变成主场劣势，这会导致政府公信力的流失。

（二）"抢旗帜"和切割战术

在网络舆情中要勇于"抢旗帜"。在舆情频发的今天，要高扬社会公正司法公正、以人为本和谐社会的旗帜，积极排查和解决社会各种不和谐、不稳定因素，维护人民群众的切身利益，不要因为种种顾忌，把这样的旗帜让给网络意见领袖，而让广大网民对政府失望。

要善于使用切割战术，即中央和地方切割，政府和无良官员切割。

第一，宜疏不宜堵，保证信息的公开透明化。突发的热点事件尤其是负面事件，必然会引起网络舆论的广泛关注。此时形成的网络舆情会包含各种声音，其中不乏偏激的不理性声音，甚至有时候这种声音占主流。在处理相关事件时应该通用事实说话，公开信息，设置议题议程，疏导舆论。而不是封堵杂音、堵塞舆论通道，这更多的时候只会适得其反，因为只有事实才是引导舆论的根本。

第二，宜解不宜避，主动承担应有的责任。舆情危机的爆发，大多数时候是因为对突发事件问责处置回避、不积极解答，而问责又是事件的舆论焦点。因此在应对舆情时要求主动解答公众疑问，不能回避，更不能回绝。

突发事件应对三要素是：公布事实、官员问责、惩戒违法人员（见图10-2）。

图 10 - 2　突发事件应对三要素

三、积极主动与媒体和民众沟通

越来越多的政府部门与官员意识到积极主动与媒体和民众沟通的必要性，越来越多的政府部门与官员开通微博。不过，目前的不少政务微博、官员微博，形式大于内容，缺乏实质性常态化的互动。在微博上，所有人都平等，不会因为你是官员影响力就高人一等。

新媒体舆论的引导策略可以归纳为：快速发现新媒体舆情，明确舆论责任主体，主动设置新媒体议程，第一时间发布信息，认真回应质询议题，坦诚对待公众疑虑，适时进行权威评论，积极开展民意互动（见图10-3）。

在突发事件中，政府部门要主动组织与积极策划新闻宣传，主动通过媒体赢得公众的信任。

与媒体沟通最终是与记者的沟通，而记者——不是你朋友，也不是你的敌人；不是你上级，也不是你的下级。记者，永远是你的挑战者。

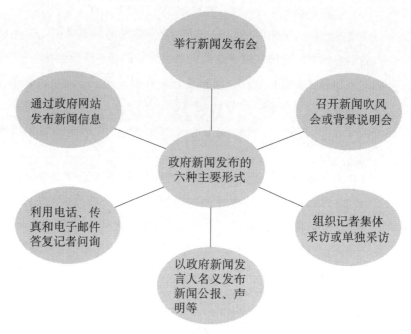

图 10-3　新闻发布的多种形式

突发事件发生后，新闻发言人作为政府的代言人，要尽快与媒体进行沟通，认真回应质询，坦诚对待公众疑虑。

新闻发言人的危机公关也主要表现在与媒体的沟通上。作为政府代表的新闻发言人要最早、最先、最快说出事情的真相。

新闻发言人要有力地传递主信息。在出场之前，必须清楚自己的立场是什么，主信息是什么，通常称为 SOCO，即 single（唯一的）、over-riding（最重要的）、communications（沟通）、objects（目标）。

应对媒体，新闻发布的具体传播控制策略主要有以下几种。

（1）进行报道管理。要处理好报道角度、报道口径、报道尺度、报道形式，并且要跟进报道。

（2）不间断发布最新信息。随时发布事件动态信息；及时公布政府的应对举措；调动社会积极参与应对；及时公布事后结果。

（3）发挥主流媒体（包括主流新媒体）的作用。主流媒体能准确及时地提供真实的权威信息，公众就会减少通过其他方式搜集信息的行为，各种谣言和"小道消息"自然会消失。政府如果采用"不报"或"瞒报"的做法，则首先会影响到主流媒体的信息发布，使主流媒体在舆论竞争中处于被动地位，同时大大降低舆论引导的有效性和影响力，不利于社会稳定。

（4）适时组织专家进行引导。政府相关部门要适时进行权威评论，组织专门的专家队伍，通过专家发布评论和指导，围绕专家意见展开报道。

在与媒体积极主动沟通时，要提出报道要求，掌握核心信息传播渠道，确保信息输出规范可控。

与媒体打交道的5项基本原则是：态度诚实；信息公开；前后一致；信息清晰；备有预案。

与记者沟通的10条黄金法则是：任何一次与媒体的沟通都是一次机会，而不是威胁；了解记者的采访安排；认真做好采访前的调研和准备；掌控采访过程；做到有礼貌，有耐心；交流简单清晰，不说行话、套话；回答要准确简洁；不说"无可奉告"；不说谎，不猜测，不推测；不发表个人观点。

在发生灾难性突发事件时，新闻发言人站出来的第一件事就是以人性化的方式表示对事情的关心，然后公布行动和对事件的全局看法。因为在灾难性突发事件中，人民的情感受到伤害，他们会感到恐惧、愤怒和困惑。

四、政务微博成为应对突发事件的优选渠道

根据新浪微博2021年8月提供的财报数据，从2019年开始，微博日活就一直维持在2亿以上，月活一直维持在4.5亿以上。从整体来看，其用户量变化不大。

政务微博已经成为应对突发事件的优选渠道。如北京"7·21暴雨事件"，政府官方微博直面舆论，及时、主动地介入突发事件，赢得了公众的好评。另外，基层政务微博凸显问政影响力，有不少基层政务微博上榜，带动微博正能量。

在北京"7·21暴雨事件"中，"北京发布""北京消防""平安北京""交通北京"与16区县政务微博持续不断发布官方信息，合力形成了官方舆论场。暴雨过后，有谣言称房山一养老院200名老人死于暴雨灾害，房山区政府官方微博"funhill房山"第一时间发布调查结果，表示养老院死亡人数为零，有力地澄清了事实。作为此次灾害较为严重的地区，房山政务微博"funhill房山"直播救灾，做到了信息公开透明，为政府应对灾害赢得了主动权和加分评价。

从"5·26飙车案"深圳交警直面网友质疑起，越来越多的案例表明，政务微博可以形成政府舆论场，有助于抢占舆论引导权。同时，对于突发性公共事

件，政务微博应及时主动介入，发出权威的声音，进行正面引导。

五、解决现实社会矛盾是解决问题的根本之道

虚拟的互联网世界其实是现实社会的缩影。解决好民生问题，完善常规利益表达和博弈机制是应对网络舆情的基础。

例如，拆迁是众多危机事件的导火索。在拆迁过程中，出于对公共利益的考虑，政府及执法部门应该保持中立、作为裁判，而不是维护开发商的利益。作为一种商业活动，开发商应该事先评估拆迁风险。

网络舆论引导能力也是一种执政能力。"言塞湖"的诞生，往往是由于民意在早期受到冷落，演变成中期的"民议"、后期的"民怨"。民意在任何一个环节上被冷落与搁置，都可能导致舆情能量的聚集。彻底阻截"言塞湖"，当从"清淤"始。

第十一章　新媒体舆论的未来展望

互联网的应用始于美国。1969 年，美国军方主导的阿帕网（ARPANET）将美国西南部四所著名大学的计算机连接起来。这是互联网的雏形，在这之后，互联网的应用逐渐从军方拓展至民间，由美国延伸至全世界。

1973 年 4 月，美国著名的摩托罗拉公司工程技术员马丁·库珀发明了世界上第一部推向民用的手机，马丁·库珀因此也被称为"手机之父"。1981 年，全球首个移动通信网络北欧移动通信（Nord Mobile Telephony）相继在沙特阿拉伯、瑞典和挪威开通。①

互联网和手机作为新媒体的两大典型代表，一诞生就具备了媒体的天然属性，其所具备的传播优势让两者的普及速度比以往任何媒介形式都要快。据测算，互联网从投入商用到拥有 5 000 万用户用了 4 年，而广播和电视分别用了 28 年和 12 年②；从发明电话至 2001 年，固定电话花了 125 年的时间用户才突破 10 亿，而移动电话只花了 21 年就达到了同一水平，全球移动用户从 10 亿到 20 亿只用了 3 年时间。③

根据工信部发布的数据，截至 2021 年 12 月，中国手机用户达到 16.43 亿户。根据调查公司 App Annie 发布的数据，截至 2021 年 1 月，全球手机用户数为 52.2 亿，互联网用户数为 46.6 亿，而社交媒体用户数为 42 亿。

互联网与手机媒体用户不仅在数量上达到了其他媒体所不能比的规模，也深刻地改变着其生活方式。著名传播学者麦克卢汉在 20 世纪提出"媒介即讯息"的观点，他认为，一个时代真正有意义的讯息不是媒介所传播的内容，而是媒介形式本身。按照麦克卢汉的理论假设，媒介形式是划分社会不同发展阶段的标志性产物，互联网的广泛使用造就"互联网一代"，手机媒体造就"手机一代"，新媒体时代的人们，无论是思维方式还是行动指南都不同于使用传统媒体的用户。

---

① 匡文波. 网络传播学概论. 北京：高等教育出版社，2009：196.
② 王树柏，司久岳. 信息传播全球化的挑战与对策. 国际新闻界，2000(4)：8.
③ 同①.

2006 年，由于以用户创建内容为指导思想的——如 YouTube 和 MySpace 等——各种互联网应用的爆炸性影响，"YOU"（你）被《时代》杂志选为 2006 "年度人物"。《时代》杂志在颁奖词中提到，人们对新媒体的大规模使用所造就的巨大影响力，"Not only change the world, but also change the way the world changes"（不仅改变了世界，还改变了世界改变的模式）。

无论是从使用者个人的生活改变看，还是从宏观的社会变革看，新媒体舆论的发展速度与现时影响力都有目共睹，因此，要对新媒体舆论的未来发展做出预测无疑是困难的。在本章，我们只能在前文已有分析的基础上，对中国新媒体舆论的未来及管理做出一定的判断和建议。

第一节　新媒体的展望

预测未来是很难的，因为影响技术发展的不可预测的变量很多。如现在流行的"元宇宙"，目前商业炒作的因素居多。"元宇宙"一词诞生于 1992 年的科幻小说《雪崩》，小说描绘了一个庞大的虚拟现实世界，其中，人们使用数字化身，并相互竞争以提高自己的地位，现在看来，小说描述的还是超前的未来世界。关于"元宇宙"，学界比较认可的思想源头是美国数学家和计算机专家弗诺·文奇（Vernor Steffen Vinge），他在 1981 年出版的小说《真名实姓》（*True Names*）中创造性地构思了一个通过脑机接口进入并获得感官体验的虚拟世界。

一、新媒体成为主流媒体

因为话语体系与参照标准的不同，长期以来，对于什么样的媒体才算得上是"主流媒体"，无论是学界还是业界，都存在着较大争论。在官方话语体系下，以《人民日报》、新华社为代表的正部级建制的媒体单位被认为是主流媒体的典型；而在民间市场化的标准参照系下，受众群体庞大、报道内容形成社会影响力、推动社会改革的媒体诸如湖南卫视、《南方都市报》等被看作主流媒体。尽管以往的主流媒体定义存在各种各样的争论，但是对主流媒体的界定都有一个共同点，那就是将互联网、手机媒体等新媒体形式排除在外，人们更倾向于将主流媒体的定义圈局限于传统媒体（报纸、广播与电视）内部。

我们认为，判断一种媒体是否已经主流化，可以从两个维度考察：用户数量与社会影响力。一方面，应用该媒体的人数众多，足以使其不再是社会中的少部分边缘族群；另一方面，该媒体通过用户使用，实现较大的社会影响。如果从这两个方面来考察命题"新媒体是否已经成为主流媒体"，毫无疑问，以互联网和手机媒体为代表的新媒体已经成为真正意义上的主流媒体。

根据中国互联网络信息中心 2022 年 2 月 25 日发布的第 49 次《中国互联网络发展状况统计报告》，截至 2021 年 12 月，我国网民规模达 10.32 亿，互联网普及率达 73.0％。

根据新浪网 2021 年 1 月 27 日的报道，截至 2021 年 1 月，世界人口数量为 78.3 亿。全球有 52.2 亿人使用手机，相当于世界总人口的 66.6％。2021 年 1 月，全球使用互联网的人数达到了 46.6 亿，比 2020 年同期增加了 3.16 亿，增长了 7.3％。目前，全球互联网普及率为 59.5％。

与互联网和手机媒体高覆盖率形成对比的是"报纸消亡论"的出现。报纸通常被认为是传统媒体的最典型代表，在多种语境下，重要的报纸也均无争议地被视为"主流媒体"。然而，正是这样一种典型的"主流媒体"，目前正遭受着"是否会退出历史舞台"的严峻考验。

在报业最为发达的美国，报纸似乎正从人们的视野中逐渐退出。据新闻学者范东升统计，从 2007 年年末至 2010 年 3 月，美国共有 200 家报社关闭，其中 13 家停刊后转为网站继续出版，有的付费报纸停刊后转为免费报，或减少出版刊期。其中不乏《基督教科学箴言报》这样的百年大报。由美国皮尤卓越新闻项目发布的《新闻媒体状况》报告称，越来越多的美国人倾向于从互联网获取新闻，其数量已超过报纸读者。报告显示，截至 2010 年 12 月，有 41％的美国人通过互联网获取"大部分国内和国际新闻"，较 2009 年上升了 17％；通过报纸获取新闻的读者占 40％，而 2008 年这一比例为 46％，2006 年为 52％。项目主任汤姆·罗森斯蒂尔表示，新闻读者正在快速转向网络，平板电脑和智能手机的传播使这一趋势进一步加速。[①]

在我国，2008 年报纸总印量首次出现下降，较 2007 年下滑 2.45％，2009 年持续这一下降态势，较 2008 年下滑 6.78％。而网络新闻的用户数量经过持续不断的增长，到 2011 年 6 月底已达 3.6 亿，占总体网民比例为 74.7％。互联网与手机等新媒体所带来的冲击被普遍认为是报业生存的"达摩克利斯之剑"。报纸的衰落之路也正是新媒体的主流化之路，在人们接收新闻信息的总时空有限的前

---

① 任海军 . 美国网络新闻读者数量首超报纸读者 . 新华网，2011 - 03 - 15.

提下，挤压报纸的正是新媒体。

更重要的是，当电脑连接到网络时，赋予了用户接触全球网络信息的机会（其中就包括从传统媒体上复制到新媒体上的信息，如报纸电子版），而传统媒体却做不到这一点。

因此，单纯从用户规模来看，以互联网与手机媒体为代表的新媒体，以其前所未有的信息优势，全面成为主流媒体，并对已有传统媒体的发展空间造成一定的挤压效应。

不单单是在数量上主流化，新媒体的主流化更体现在其影响力上。"上访不如上网"——在当下中国，这是很多普通老百姓对互联网等新媒体作用的表层理解，即通过推动互联网舆论的发展，来实现在现实生活中很难达成的个人诉求。"互联网维权"成为当下的热门词。这在一定程度上反映出舆论的承载平台正从现实社会转向虚拟的新媒体。尤其是博客、微博等自媒体应用形式出现之后，每个公民都成为新闻信息的制造者与传播者，而为制造与传播提供平台的新媒体，影响力也日渐强盛。

2004 年发生的"孙志刚事件"被视为新媒体影响力发育的重要节点。"孙志刚事件"虽然是由传统媒体报道，但真正引发全社会关注却是在网络媒体转载之后，门户网站对《南方都市报》这一报道的转载使"孙志刚事件"由地方性新闻升级为全国新闻。人们在门户网站的跟帖中、在论坛上、在个人博客上，纷纷讨论远在千里之外的这一事件。网络上舆论的形成与扩大，伴随着事件揭发、调查、审判的每一个环节，推动着事件朝良性的方向发展，并最终促使官方做出正面回应，直接导致了收容遣送制度的废除。

如果没有网络媒体的互动参与，仅凭借当时发行量 130 万份的《南方都市报》（已经是当时中国发行量最大的都市报）的传播，很难想象这一事件会成为全国性事件，并惊动中央最高层。"孙志刚事件"之后，"重庆'钉子户'事件"、"邓玉娇事件"、"躲猫猫事件"、杭州飙车案、微博"打拐"事件……全国性公共事件的解决形成了共通的发展路径：传统媒体报道→网络媒体转载→网络舆论形成→造成现实压力→相关高层指示→问题得到解决。

微博等自媒体的出现是新媒体舆论发展的另一个关键点，在自媒体出现之前，不具备采访权的网络媒体的新闻事件的信息来源只能是传统媒体。自媒体尤其是微博出现之后，信息源由原来的少数媒体垄断一下子延伸至所有人，每个人的自媒体都成为信息发布平台，以至于有人说："粉丝超过一万个，其影响力相当于一本杂志；假如粉丝超过十万个，其影响力相当于一份都市报；假如粉丝超过了一百万，其影响力相当于一份全国性的报纸；粉丝超过一千万，就相当于CCTV了。"①

在自媒体时代，网络媒体实现了极大的信息解放，"我爸是李刚事件""郭美美事件""7·23"甬温线特别重大铁路交通事故等一系列公共事件都自网络媒体肇始，随后才是传统媒体跟进，最终推动事件的现实发展。可以说，以微博为代表的自媒体的涌现，使得网络媒体的影响力达到了前所未有的高度。

当然，鱼龙混杂的自媒体夹杂着泥沙俱下的海量信息，这让人们开始怀疑新媒体是否具备足够的公信力，而受众的信任度也是衡量一种媒介形式是否能成为主流媒体的重要指标。为了对这一问题做出更为精确的回答，前期我们以新媒体用户为研究对象，对新媒体的信任度问题进行了定量研究。在针对北京、武汉、广州、成都4个城市的4 000名对象进行调查后，我们得出调查结论：人们对手机、网络、报纸、广播、电视新闻的信任度分别为22.4％、19.6％、20.7％、12.6％、34.2％。② 这在一定程度上颠覆了人们对新媒体不信任的传统观点。

前面的实证研究发现，借助智能手机终端的阅读已经成为新闻阅读的主要方式；阅读社交媒体的用户，数量远远多于传统媒体的受众；新冠肺炎疫情期间，纸媒"受伤"最严重，疫情后，依然在低谷徘徊；微信群是信任度最高的媒体。因此，舆论引导要重视智能手机终端和社交媒体平台。③

根据马克·格兰诺维特在《弱连接的力量》中提出的强联系和弱联系理论，微信属于典型的强联系媒体，微信通讯录中的好友，都是用户熟知或是知晓的人，彼此之间的了解程度较高。④

近20年来，智能手机阅读使纸质媒体阅读率大幅下降，新冠肺炎疫情加速了这种趋势。尤其走市场路线的都市报（包括晚报、晨报、生活类）正面临着很大的挑战。

都市报，狭义来讲指的是在20世纪90年代的中国新闻改革中出现的一种面向媒体市场、以满足受众需求为主的综合性报纸。都市报的报名中一般含有"都

---

① 微博"大V"为何更要讲社会责任. 新华网，2013-08-11.
② 匡文波. 新媒体是主流媒体吗?：基于手机媒体的定量研究. 国际新闻界，2011，33(6)：5.
③ KUANG W B. Social media in China. Gordonsville：Palgrave Macmillan，2018：17.
④ 格兰诺维特，斯威德伯格. 经济生活中的社会学. 瞿铁鹏，姜志辉，译. 上海：上海人民出版社，2014：51.

市报"字眼，但也有以"早报""快报"等命名者。广义的都市报，又称都市类报纸，除狭义都市报外，还包括晚报等综合性报纸。都市报与传统的党报不同，前者按照市场规律办报，依据读者的需要采编稿件，信息量大，可读性强，全方位报道市民关心的政治、经济、社会、文化、体育、生活等多个领域的内容。都市报与党报、专业行业报并列中国三大类主要报纸。

1992 年第一份晨报《黑龙江晨报》创办，标志着我国的报业市场化开始萌动。都市报最为鼎盛的时期是 1998 年至 2008 年。当时市场最为活跃的《广州日报》创利就达约 8 亿元，就连处于西北边陲的《都市消费晨报》发行量也曾创下 20 万份的纪录，仅广告收入亦达 4 亿元之多。

在都市报中，最早停刊的是 2014 年停刊的上海《新闻晚报》。2017 年有大批的都市报相继停刊，其中有著名的《汕头都市报》《楚天金报》《渤海早报》《京华时报》等。

2019 年，全国大概有近 40 份都市报相继休刊，其中包括北京的《北京晨报》《法制晚报》，山西的《三晋都市报》，辽宁的《华商晨报》，天津的《城市快报》，哈尔滨的《黑龙江晨报》，成都的《天府早报》《成都晚报》等。

2020 年的新冠肺炎疫情，进一步恶化了传统媒体的经营状况。

在我国特殊的国情下，社交媒体受报道政策因素影响小、报道及时，成为许多用户的新闻选择。①

受社交媒体冲击最大的是电视媒体。近年来，以抖音为代表的视频类社交 App，分流了大量的电视受众。

根据 2020 年 5 月美国广告标准媒体指数（Standard Media Index）的数据，受新冠肺炎疫情的影响，2020 年 3 月美国电视广告收入下降了 12.8%，下滑至 37.8 亿美元。3 月广告收入的下降使美国第一季度电视广告收入下降了 54%，下滑至 108.4 亿美元。

根据 2020 年年初 eMarketer 发布的报告预测，2022 年电视广告收入占比将降至美国广告总量的 25% 以下。电视收看时间在减少，报告称，2020 年下降了 3%，下降幅度最大的是 17 岁以下的观众。

根据 2020 年 7 月 GroupM 发布的统计数据，2020 年美国电视广告规模达到了 610 亿美元，而这一数字与 2019 年相比下降了 7%。

---

① 匡文波. 手机媒体概论. 2 版. 北京：中国人民大学出版社，2012：19.

加拿大电信业巨头贝尔公司旗下的新闻资讯网 CP24 的一份研究报告显示，未来三年内（2020 年至 2023 年）加拿大或有 40 家报刊和电视台，以及 200 家广播电台被迫停业。

由于收视率的下降，电视广告市场不断萎缩。2011 年电视广告收入突破 700 亿美元的门槛之后，这个数字已经成为美国电视广告市场的天花板。新冠肺炎疫情加速了传统电视广告收入下降的趋势。

不过，与纸质媒体不同，电视媒体处于"受到冲击"阶段，而不是"全面退场"阶段。

2020 年 12 月，中国记协发布了《中国新闻事业发展报告（2020 年发布）》，笔者梳理了一部分与广播电视相关的内容：

截至 2019 年全国共有广播电视播出机构 2 591 家，其中广播电台 62 座，电视台 72 座，教育电视台 35 座，广播电视台 2 422 座（占播出机构总量的 93%）；共有广播电视频率频道 4 659 个，其中广播频率 3 067 个、电视频道 1 592 个（含各级教育电视台开办的 38 个教育教学类频道）；全国广播、电视节目综合人口覆盖率分别为 99.13%、99.39%。

2019 年全国广播电视行业总收入为 8 107.45 亿元，同比增长 16.62%。全国广播电视广告收入为 2 075.27 亿元，同比增长 11.30%；广播电视和网络视听机构通过互联网取得的新媒体广告收入为 828.76 亿元，同比增长 68.49%。有线电视网络收入为 753.35 亿元，同比下降 3.35%，其中传统有线电视网络业务收入（收视维护费、付费数字电视等）为 637.23 亿元，同比下降 4.62%。

综上所述，新媒体不仅在数量上达到甚至超过了传统媒体，在影响力方面也不逊于传统媒体。由此可见，无论人们是否愿意承认，新媒体实际上已经成为主流媒体的重要组成部分。其实"新"和"旧"都只是相对概念，曾经，广播电视相对于报纸是新媒体，现在互联网与手机相对于报纸、广播、电视是新媒体，在它们之后，肯定还会出现更"新"的媒介形式。只要这种新媒体能够适应社会的发展，就必定会有一个主流化的过程，我们看到，互联网与手机媒体已经在我们这个时代完成了主流化的过程，而且这一主流化趋势还有逐渐加强的可能性。

二、新媒体平台和形式多样化

2011 年 10 月，美国苹果公司创办人乔布斯辞世，在互联网和现实生活中世界各地的人都发起了大规模的悼念活动。作为一名商人，乔布斯不仅帮助公司在电子产品市场赢得巨大的份额，同时，也深刻地改变了很多人通信、娱乐乃至生活的方式。乔布斯在世期间日渐壮大的影响力也从另一个侧面反映出人们对新媒体平台与形式的日益渴求。

而事实上，历史演变至今，新媒体的平台与形式正日益多样化。在大众媒体诞生之前，人们若想了解千里之外的新闻事件，只能是抵达现场或者通过漫长而低效率的口耳相传；报纸出现之后，人们在家中便能通过文字知晓千里之外的新闻事件；之后又出现了广播、电视，人们获知信息的手段更加丰富立体；互联网的出现进一步颠覆了信息的传受方式，人们对信息的获取更加随心所欲，可以通过鼠标跳过不感兴趣的新闻片段直奔主题，可以直接从另一个个体获知来自现场的第一手信息；手机媒体兴起之后，人们利用手中的"迷你电脑"① 随时随地就能做到在家中利用互联网所能做到的一切。

报纸、广播、电视、互联网、手机媒体……在诞生之初，都是当时的"新媒体"，可以说，正是人们对信息的掌控欲望推动了媒体平台的演进。发展至今，最新概念下的"新媒体"以互联网与手机媒体为典型代表。仅以手机媒体为例，每个人的手机媒体平台各不相同，有生产厂家的不同，有功能功效的不同，还有所应用通信技术的不同……当然，我们主要关心的不是个体之间的差异，我们期待"新媒体"这一整体概念的进一步演变。在未来，在互联网与手机媒体之后，又会有怎样的新媒体平台出现？

根据既有的新媒体平台演变史，我们可以推断出新一代媒体平台的部分特征。从技术角度出发，未来的新媒体平台一定能使人们更方便、更自由地掌控信息；按照麦克卢汉"媒介是人的延伸"的观点，媒介将有助于人们获取自身器官难以获取的信息，并且这一"延伸"将更加自由而不受束缚；在未来，新媒体技术将把更远的信息更及时地呈送到人们面前。从影响力来讲，新媒体平台将进一步深度嵌入人们的日常生活，成为日常生活不可缺少的重要部分。新媒体将无处不在，而且潜移默化地影响着人们的社会决策与生活方式。利用新媒体平台不再是可有可无的事情，而是人们监测周围环境，保持与整体社会共同发展的重要工具。

在新媒体技术发展的过程中，到底是人们对新媒体平台的应用越来越自由方

---

① 手机已经是具有通信功能的"迷你电脑"。

便，还是人们的日常生活日渐被媒介技术所捆绑、束缚，这将成为一个无解的争议性话题，只有时间能验证。但是无论争议如何，我们都无法回到"身临其境"的口耳媒介时代，历史的车轮总会不断向前，"新媒体"总会不断演进，新媒体的承载平台也会更新换代、层出不穷。

在未来，新媒体不仅会在"硬件"的平台方面形成更多新样式，在"软件"应用方面，也会更加多样化。

以互联网为例，互联网实现民用之初，人们普遍将其应用于获取更多的信息，这是在信息匮乏的大背景下理所当然的事情。Web 1.0 时代，天南海北的人们利用国际互联网彼此共享信息，自由与分享成为互联网精神的代名词。在这期间诞生了门户网站，这一"信息的虚拟超级市场"在最大程度上集成了海量信息，门户网站成为互联网时代最初的"佼佼者"。当海量信息汹涌袭来，人们不再受困于信息匮乏，互联网的应用形式发生了新的变化，门户网站的风头不再，被搜索引擎取而代之。搜索引擎满足了人们对信息进行甄选的需求，信息的获取变得更加个人化、主动化而有选择性，因此，搜索引擎成为新一代的互联网典型应用形式。搜索引擎之后，互联网应用形式发展再向前，人们不再局限于有选择性地、有目的地获取信息，人们有了与信息发布平台实现互动、发布个人信息的强烈愿望。于是，人们摸索出更多的新媒体形式来创制内容，与平台互动，实现使用者彼此之间的互动。我们便看到了大规模的自媒体应用形式的涌现，微博、个人主页等应用形式开始引领风潮。

从获得信息的需求，到甄选信息的需求，再到互动参与、创制信息的需求，在这一演进过程中，用户的各种需求不断被满足。如今，互联网发展正处在 Web 2.0 时代与 Web 3.0 时代的交界点上。Web 2.0 的核心价值在于强调用户参与内容生产，互动性大大提高。

Web 3.0 是指网站内的信息可以直接和其他网站相关信息进行交互，能通过第三方信息平台同时对多家网站的信息进行整合使用；用户在互联网上拥有自己的数据，并能在不同网站上使用；完全基于 Web，用浏览器即可以实现复杂的系统程序才具有的功能。[①] 关于这一定义，有一个有趣的比喻：可以把用户存储于互联网上的信息比作存在银行里的货币。在 Web 3.0 时代，用户支取货币不必再去特定的银行，凭借个人验证信息就可以在任何地方的任何一台联网 ATM 机上

---

① 邹莹 . Web 3.0：互联网新时代 . 电脑与电信，2009(12)：3.

实现。而越来越多的互联网网站，届时都将加入网站的类"银联"组织，用户个人定制的信息在互联网上是流动的形态，可随时随地支取。可以说，Web 3.0 时代的最大特征就是在互动时代（Web 2.0 时代）的基础上实现用户数据的整合，并以此为手段，为用户提供更加个性化的信息服务。由此可见，不同网站间服务的融合和集成，将是互联网在下一个阶段的发展趋势，下一种新媒体形式也将遵循这一趋势。不同站点之间的界限将被打破，单个站点的商业价值将在总体中得到实现，一个更加自由互联的网络将通过新的应用形式呈现在人们面前。

第二节　新媒体舆论的展望

展望新媒体舆论的未来很难，因为不可预测的变量很多。如新冠肺炎疫情的暴发对新媒体舆论产生了较大的影响。

一、新媒体舆论的国际化

互联网的技术特性是超文本、超链接，这为新媒体舆论的传播提供了理论意义上无限延伸的可能性。传播范围的无边界使得新媒体舆论的影响力在短时间内可以实现从无到有、从小到大。

虽然网民总体数量在 2021 年 1 月即达到了 46.6 亿之巨，但是由于政治、经济等各方面的差异，各个国家（地区）之间的差距也很明显。例如，北美洲网民比例最高，达到近 80%，但是非洲的互联网渗透率却仍旧徘徊在 10% 左右。[①] 而在有些国家，由于政治、经济原因，互联网发展基本处于停滞状态。因此，在未来的互联网发展进程中，互联网技术的普及远没有结束，仍有很大的空间。

技术的大范围使用为基于技术条件的新媒体舆论的扩展提供了可能性。新媒体在推动社会变革中起到重大作用，也说明了新媒体舆论正在国际化，国与国的边界在相互连通的互联网上被打破。

在环境保护、性别平等运动等全球性行动的发展中都可以看到人们通过互联网与手机终端，不分国界地传递关于行动的信息，来自世界各地的网民在互联网平台分享这些信息，并在现实生活中做出相关的行为。舆论经历了"现实引爆→互联网扩散→现实回应→互联网进一步传播"的循环过程。

---

① 据威锋网数据，见 http://bbs.weiphone.com/read-htm-tid-1881723.html。

至于 Twitter 等新媒体应用形式在其中起到的作用，各国各领域学者表达了并不一致的观点。有人认为 Twitter 起到的作用并没有人们所认为的那么大，行动只是沿着既有的现实轨迹发展。我们认为，Twitter 等社交媒体在事件中本身是中立的，新媒体仅仅作为一种基于互联网的技术平台，并没有倾向性，是利用新媒体技术的人们使其具备了客观推动事件发展的作用。现实的社会压力自然是行动爆发的主要原因，但是在新媒体出现之前，人们并没有如此方便快捷地彼此传播意见和信息的平台，新媒体将拥有同样行为倾向的人们聚集在一起，促使人们用现实行为推动了行动的产生与发展。技术虽然只是提供可能性，但这种可能性有时却是十分关键的。

在未来，新媒体技术会进一步普及，与此同时，新媒体舆论国际化的趋势将越来越明显，影响力也将伴随新媒体主流化的进程而加强。前面我们提到，在 Web 3.0 时代，虚拟空间的界限将随着新型应用形式的发明而逐渐模糊，这一技术改进也将更加有利于新媒体舆论的国际化与影响力扩张。届时，人们将通过新媒体，突破现实的时空限制，将舆论引发、扩散。

二、新媒体舆论管理需要创新管理思维

新媒体不仅用户数量庞大，新媒体舆论的社会影响力也日渐凸显。在重视其正面影响力的同时，我们也应看到新媒体产生了一定的负面效应。如何加强对新媒体舆论的管理，使其与社会稳步发展同方向，是相关管理部门需要解决的问题。

法律是维护社会正义的一条底线，新媒体平台虽然是虚拟空间，但是使用新媒体的毕竟是现实人，自然需要遵守现实的法律制度。面对日新月异的新媒体革新，管理者需要及时跟进，建立健全完善的法律管理机制，防止新媒体舆论走偏。对在新媒体平台上实施的违法犯罪行为进行惩治，这是最基本也是最重要的管理守则。

利用新媒体是容易的，如何利用好才是难题，"数字化"是引导新媒体舆论走出的第一步。政府上网工程收益甚微的症结就在于，已开通的网站虽然在一定程度上实现了"数字化"，却并没有真正做到"互动性"。

以微博为代表的新一波新媒体应用浪潮摆在各级政府部门面前，新媒体舆论已经对政府部门形成了加强管理的更大压力。信息具有流通性、增值性和时效性等特点，只有在流通中才能增加其价值。如果政府部门能最大限度地减少信息阻

塞、信息闲置和信息封锁现象，公众就能及时通过媒体等合法渠道公开、公平地获取政府信息并加以利用，从而使信息资源适时地为推动社会进步发挥积极作用。在民主法治社会，政府可以依法规范媒体的传播行为，对媒体进行直接或间接的监督和制约，但这种监督和制约必须限制在一定范围内，不能妨碍媒体正常的信息传播。这也是新媒体"互动性"的要求。互动是充分而自由的互动，是双向而流通的互动。

新媒体舆论壮大的社会大背景是，社会组织的茁壮成长与社会权力的重新分配，在这一过程中，政府应主动适应变化，积极将政府职能转变融入其中。在新媒体舆论的管理过程中，逐渐由被动的管理者向主动的参与者转变。新媒体理应成为一个多元化平台，一个准公共领域，有普通民众的声音，也有政府的声音，多方之间互相平等博弈，并由此促进社会事务的整体进步。

对新媒体内容进行监管存在不少难点，主要表现为：（1）传播者身份的隐蔽性。（2）用户与信息量的海量性。新媒体传播的信息量数以亿计，要想实现对新媒体全面及时的控制是很难的。（3）跨地域传播带来的挑战。（4）新媒体在新闻传播中存在的问题，冲击传统的舆论调控机制。（5）政策法规滞后。

新媒体所带来的各种负面效应，促使各国政府对其内容进行监管。非法或不当的新媒体内容成了管理对象。各国政府认同率较高的非法或不当内容主要有：（1）教唆性、煽动性内容。（2）诬蔑、侮辱、诽谤、恶意攻击等违反道德甚至违法的言论及虚假的新闻信息。（3）色情是各国政府公认的最需要管制的非法和有害的内容。

世界各国对新媒体内容进行规范管理的法律模式因价值观、立法传统、新媒体发展程度的不同而有所不同。有的国家主张对新媒体进行严格的控制，采取必要的措施维护本国或本民族的价值观，保护本国、本民族的文化传统，保护网上信息的纯洁性，严厉打击网上的色情、暴力、血腥、恐怖活动及虚假信息；有的国家主张对新媒体内容不加干预，认为新媒体的无政府主义和自由主义至上；有的国家则在对新媒体内容进行立法规范的同时，鼓励业者自律。

新媒体传播信息数量庞大、内容繁杂、形式多样，信息具有隐蔽性、传播快、影响面广等特点，信息的发布者、传播者、接收者不容易掌握；参与新媒体新闻传播业务的既有各类企业，又有新闻媒体，主体复杂。所有这些，都使新媒体传播的内容监管变得更加复杂。

新媒体有其特殊的产业发展规律与技术特点。在制定有关新媒体内容监管的政策与法规时，要注重政策的可操作性。新媒体传播是零门槛的传播方式，数以亿计的用户中的任何人都可能成为传播主体，因此，很难采用传统的审批制进行管理。鉴于新媒体的特殊规律，建议采取"登记制＋追惩制"进行管理。

新媒体是没有国界的，是世界的，可以借鉴目前成熟的、成功的国际新媒体政策与立法。与此同时，新媒体的管理者和缔造者一样需要富有创新精神。

新媒体舆论管理是一项极其复杂、艰巨而又长期的任务。任何一种管理手段都只能起到一定的作用，而不能解决新媒体有害信息传播中的全部问题。新媒体的内容监管应该是一种综合管理，在管理模式的选择上应该确立一个综合管理框架，综合法律、政策、技术、伦理等多种管理手段，使它们互相配合、互相协调。只有这样，才能最终实现对新媒体舆论的有效管理，才能给人类社会创造一个健康、有序的新媒体信息交流环境。

参考文献

一、著作

奥尔波特，等．谣言心理学．刘水平，译．沈阳：辽宁教育出版社，2003.

查德威克．互联网政治学．任孟山，译．北京：华夏出版社，2010.

陈力丹．新闻理论十讲．2 版．上海：复旦大学出版社，2020.

陈力丹．舆论学：舆论导向研究．北京：中国广播电视出版社，1999.

陈月生．群体性突发事件与舆情．天津：天津社会科学院出版社，2005.

戴雨果，李希光，曾荣．如何应对西方记者．北京：党建读物出版社，2012.

丁俊杰，张树庭．网络舆情及突发公共事件危机管理经典案例．北京：中共中央党校出版社，2010.

费斯克，等．关键概念：传播与文化研究辞典．李彬，译注．北京：新华出版社，2004.

甘惜分．新闻理论基础．北京：中国人民大学出版社，1982.

宫承波．新媒体概论．北京：中国广播电视出版社，2007.

郭庆光．传播学教程．2 版．北京：中国人民大学出版社，2011.

亨廷顿．变化社会中的政治秩序．王冠华，等译．北京：三联书店，1989.

胡钰．新闻与舆论．北京：中国广播电视出版社，2001.

蒋宏，徐剑．新媒体导论．上海：上海交通大学出版社，2006.

卡普费雷．谣言．郑若麟，边芹，译．上海：上海人民出版社，1991.

匡文波．公务员媒介素养．北京：新华出版社，2012.

匡文波．手机媒体概论．2 版．北京：中国人民大学出版社，2012.

匡文波．手机媒体：新媒体中的新革命．北京：华夏出版社，2010.

匡文波．网络传播学概论．3 版．北京：高等教育出版社，2009.

匡文波．网民分析．北京：北京大学出版社，2003.

匡文波．新媒体概论．3 版．北京：中国人民大学出版社，2019.

勒莫．黑寡妇：谣言的示意及传播．唐家龙，译．北京：商务印书馆，1999.

雷跃捷．媒介批评．北京：北京大学出版社，2007.

李普曼．公众舆论．阎克文，江红，译．上海：上海人民出版社，2006.

李普曼．舆论学．林珊，译．北京：华夏出版社，1989.

刘建明．社会舆论原理．北京：华夏出版社，2002.

罗杰斯．创新的扩散．辛欣，译．北京：中央编译出版社，2002.

孟志强，彭建梅，刘佑平．2011年度中国慈善捐助报告．北京：中国社会出版社，2012.

诺伊鲍尔．谣言女神．顾牧，译．北京：中信出版社，2004.

桑斯坦．网络共和国：网络社会中的民主问题．黄维明，译．上海：上海人民出版社，2003.

沙莲香．社会心理学．北京：中国人民大学出版社，2002.

王来华．舆情研究概论：理论、方法和现实热点．天津：天津社会科学院出版社，2003.

王天意．网络舆论引导与和谐论坛建设．北京：人民出版社，2008.

谢新洲，严富昌．IPTV技术与管理．北京：华夏出版社，2010.

谢耘耕．中国社会舆情与危机管理报告（2011）．北京：社会科学文献出版社，2011.

熊澄宇，金兼斌．新媒体研究前沿．北京：清华大学出版社，2012.

于建嵘．抗争性政治．北京：人民出版社，2010.

余红．网络时政论坛舆论领袖研究：以强国社区"中日论坛"为例．武汉：华中科技大学出版社，2010.

喻国明．解构民意：一个舆论学者的实证研究．北京：华夏出版社，2001.

喻国明．中国社会舆情年度报告（2012）．北京：人民日报出版社，2012.

张国良．传播学原理．3版．上海：复旦大学出版社，2021.

中国行政管理学会课题组．中国转型期群体性突发事件对策研究．北京：学苑出版社，2003.

FISHBEIN M，AJZEN I. Predicting and changing behavior：the reasoned action approach. New York：Psychology Press，2010.

POPENOE D. Sociology. New York：Prentice Hall Inc. ，1995.

二、文章

陈然．网络论坛舆论领袖的识别与筛选：对凯迪社区的实证研究．当代传播，2010(2)：3.

戴丽娜．微博舆论领袖的识别方法与管理策略研究．新闻记者，2012

（9）：4.

韩运荣，高顺杰．微博舆论传播模式探究．现代传播（中国传媒大学学报），2012，34（7）：5.

黄艳．微博的媒体特征及传统媒体的应对．东南传播，2011（1）：84-86.

匡文波．论新媒体传播中的"蝴蝶效应"及其对策．国际新闻界，2009（8）：4.

匡文波．微博热的冷思考．新闻与写作，2012（2）：28-30.

匡文波．"新媒体"概念辨析．国际新闻界，2008（6）：4.

李异平，赵玲．论微博公共领域中公共精神的缺失．东南传播，2011（6）：15-17.

李瑗瑗．微博舆论的形成机制及特点分析．新闻界，2010（6）：51-52.

刘彦伯．浅析微博与公共领域之间的关系：以"微博打拐"为例分析．新闻传播，2011（3）：97.

任孟山，朱振明．试论伊朗"Twitter革命"中社会媒体的政治传播功能．国际新闻界，2009（9）：24-28.

宋华．微博公共领域影响扩大 微博问政渐成风潮．人民网，2011-02-25.

王珏，曾剑平，周葆华，等．基于聚类分析的网络论坛意见领袖发现方法．计算机工程，2011，37（5）：44-46，49.

夏学銮．网络社会学建构．北京大学学报（哲学社会科学版），2004，41（1）：7.

薛可，陈晞．BBS中的"舆论领袖"影响力传播模型研究：以上海交通大学"饮水思源"BBS为例．新闻大学，2010（4）：7.

余红．网络论坛舆论领袖筛选模型初探．新闻与传播研究，2008（2）：10.

张跣．微博与公共领域．文艺研究，2010（12）：95-103.

郑燕．网民的自由与边界：关于微博公共领域中言论自由的反思．社会科学研究，2012（1）：187-191.

邹莹．Web 3.0：互联网新时代．电脑与电信，2009（12）：7-9.

三、报告

国家行政学院．2011年中国政务微博客评估报告，2012.

中国社会科学院．中国社会心态研究报告（2012—2013），2013.

图书在版编目（CIP）数据

新媒体舆论 / 匡文波著 . -- 北京：中国人民大学
出版社，2022.8
（新闻传播学文库）
ISBN 978-7-300-30906-4

Ⅰ.①新… Ⅱ.①匡… Ⅲ.①传播媒介－研究 Ⅳ.
①G206.2

中国版本图书馆 CIP 数据核字（2022）第 139536 号

新闻传播学文库
新媒体舆论
匡文波　著
Xinmeiti Yulun

出版发行	中国人民大学出版社				
社　　址	北京中关村大街 31 号		**邮政编码**	100080	
电　　话	010 - 62511242（总编室）		010 - 62511770（质管部）		
	010 - 82501766（邮购部）		010 - 62514148（门市部）		
	010 - 62515195（发行公司）		010 - 62515275（盗版举报）		
网　　址	http://www.crup.com.cn				
经　　销	新华书店				
印　　刷	北京昌联印刷有限公司				
规　　格	170 mm×240 mm　16 开本		**版　　次**	2022 年 8 月第 1 版	
印　　张	19.75 插页 2		**印　　次**	2022 年 8 月第 1 次印刷	
字　　数	336 000		**定　　价**	69.80 元	